U0502020

永不放弃

郭佳蕾 ◎编著

光明日报出版社

图书在版编目（CIP）数据

永不放弃 / 郭佳蕾编著. —北京：光明日报出版社，
2018.1
　ISBN 978-7-5194-3743-5

　Ⅰ.①永… Ⅱ.①郭… Ⅲ.①王永－生平事迹 Ⅳ.
①K825.38

中国版本图书馆CIP数据核字（2017）第304149号

书　　名：永不放弃

著　　者：郭佳蕾

责任编辑：庄　宁　　　　　　责任校对：傅泉泽
封面设计：许亚凡　　　　　　责任印制：曹　诤
出版发行：光明日报出版社
地　　址：北京市西城区永安路106号，100050
电　　话：010-67078241（咨询），010-63131930（邮购）
　　　　　010-63497501、63370061（团购）
传　　真：010-67078227，67078255
网　　址：http://book.gmw.cn
E－m a i l：gmcbs@gmw.cn　zhuangning@gmw.cn
法律顾问：北京德恒律师事务所龚柳方律师

印　　刷：北京天宇万达印刷有限公司
装　　订：北京天宇万达印刷有限公司
本书如有破损、缺页、装订错误，请与本社联系调换

开　　本：787mm×1092mm　　1/16
字　　数：510千字　　　　　印　　张：26.5
版　　次：2018年4月第1版　　印　　次：2018年4月第1次印刷
书　　号：ISBN 978-7-5194-3743-5

定　　价：68.00元

前　言

【人物档案】王永，湖南邵阳人，1974 年出生，中共党员，衡阳师范学院美术系毕业，北大国际 EMBA，香港理工大学管理学博士，湖畔大学首期学员。现任品牌联盟（北京）咨询股份公司董事长，品牌联盟商学院院长，顺风车（拼车）发起人，微微拼车创始人兼董事长，第九、十、十一届全国青联委员，第九、十届湖南省青联副主席，八、九、十、十一届北京市青联委员，全国政协中国经济社会理事会理事。

2017 年"雨水"这天，恰逢周六。被春寒裹挟多日的北京，终于迎来了久违的温暖春光。笔者在三环附近的一个咖啡厅里见到了王永。一件深蓝色哑光皮质羽绒服，为他平添几分时尚气质。这与他平日工作场合里的形象并无太多差别，笑容满面、亲切温和的他总能给人一种轻松愉悦、如沐春风的感觉。尽管一小时前，他还在陪发烧的儿子去医院。

靠窗而坐，午后的阳光透过茶色玻璃落在白色的桌台上。王永向笔者推荐道："这里有一款可以'冒烟'的下午茶很好吃。"他说的是加了干冰的杨枝甘露。一端上来，他就拿起手机拍照，记录生活中的点滴美好已经成为他多年来的习惯。王永是一个非常讲求生活情调的人。设计师出身的他，天生具有独特的审美情趣，永远热爱生活，懂得制造浪漫。今年元旦，他带着妻子去塞班岛拍摄了一套唯美的婚纱照，来纪念他们相伴的 20 年。

王永是典型的湖南人，"耐得烦、霸得蛮"的性格，敢想敢干，越挫越勇，永远精力充沛，永远斗志昂扬，用他的话说，他属于自带"发动机"的人。

在别人眼中，他拥有创业天赋。从 1996 年到京创业成立"王永工作室"开始，陆续创建多家企业，涉及美术设计、品牌咨询、移动互联网等多个行业；他肩扛社会责任，出资帮助贫困儿童就学、参与希望小学的捐建、在高校设立奖学金，二十年如一日地坚持开"顺风车"，免费搭载乘客上万名，参与的公益项目不胜枚举；他勤于笔耕，出版了《中国总经理》《品牌革命》《尊敬的力量》等多部专著，在《人民日报》《环球时报》等报刊发表文章数百篇，坚持品牌就是力量，帮助国内数百家企业进行品牌建设和推广，已经成为中国品牌建设的推动者；他颇具社会影响，在互联网自媒体时代，坚持在博客、微博、微信上与世界坦诚交流，并用自己的行动和言语，影响着国际社会对中国的认识……

成功的前提是不断坚持与突破，而其根基则是永含赤子之心。在王永看来，从1996年来到北京，他只坚持做了三件事。

　　第一件事情是成立"楚星设计"。从1996年开始，作为创始人、董事长和设计总监的他，完成了从平面设计师向优秀的设计管理者的全面蜕变，并把楚星集团发展成总资产超过1亿元，年设计生产能力达5亿元的国内知名品牌设计策划机构，多次被评为北京市优秀私营企业，2005年楚星设计并入品牌中国（现为品牌联盟）。21年的时间过去了，他一直在坚持，从未停止。

　　第二件事情是2005年成立"品牌中国产业联盟"。他同样是创始人，并担任联盟秘书长。10多年的时间，致力于对世界品牌的影响研究，并对中国的品牌力量和现状做出反思与呼吁，旨在为品牌产业服务，让中国更受世界人民的尊敬。联盟一直坚持围绕"一个理念"，学习"两个榜样"，固化"三大活动"，开展"四项业务"，整合"五大资源"，打造中国品牌活动与传播第一平台。12年时间，即使遇上各种困难和误解，他也不曾放弃。

　　第三件事情是顺风车公益活动。王永开顺风车从1998年开始到现在有将近20年的时间，他让数十万车主身边的空座成为他人回家的希望，用实际行动推动顺风车制度的建立。在王永坚持不懈的呼吁和参与下，北京市交通委于2014年元旦出台了《关于北京市小客车合乘出行的意见》，第一次以政府文件的形式为顺风车和拼车正名。

　　一项是企业，一项是平台，一项是公益，这三件事看似毫无关联，但其实它们之间有着千丝万缕的联系：品牌联盟作为"力量"帮助中国企业解决难题；楚星设计并入品牌联盟，发展成为公益事业提供资金的坚强后盾；公益事业的社会效益正是品牌的力量作用……三者互相关联，互相推动，共同为社会创造价值。

　　如果说前两件事是带有商业价值事业的话，顺风车则完全是王永对社会的回馈。一个人做公益能坚持多久？王永给出的答案是"20年+"。从一个人开顺风车免费搭人，到一群人联合起来做"春节回家顺风车"等各种公益活动，全国顺风车组织的兴起和壮大，再到数次提案促进《关于北京市小客车合乘出行的意见》的出台，拼车成为合法行为，王永的公益善举就像一颗绿色的种子，慢慢植入社会的土壤之中，为更多的人开出善与爱的花朵。

　　什么是公益？有人说公益是"雷锋式"的助人为乐、不图回报；有人说公益是一个眼神，一个微笑，一种向善的力量；也有人认为公益是有钱人做的事。在王永看来，公益不同于慈善，慈善一般而言指的是强者对弱者的帮扶，而公益关注的是社会公共利益。公益的形式可以五花八门、百花齐放，但绝不是攀比和作秀。真正的公益是投入自己的时间、精力和情感，让公益成为一种生活习惯和态度。涓滴成溪，百川入海，最终形成一种社会风气。

　　当笔者问到，这20年的顺风车公益之举他是如何坚持下来的？期间有没有过很痛苦甚至想放弃的时候？王永笑称："我不仅没有过痛苦，反而很享受，可以说，我享受了20年的公益。"王永是一个自我修复能力很强的人，能够在短时间内消化掉负面情绪，积极投入到下一件事情中。所以不管是质疑还是挫折，在他看来都不算什么。"面对生活，我们需要一颗勇敢的心"王永如是说。

不得不承认，王永的那些在别人看来不可思议、难以理解的行为和追求，都在他的永不放弃下，一步步实现。他的理想与人生价值，也在永不放弃中，一点点得到升华。

北京大学国家发展研究院的林毅夫教授曾对王永说，人一辈子最有价值和意义的事情，就是把你的事业跟国家和民族的利益结合起来。很多年以后，人们还会因为你做的事情记住你。

本书名为《永不放弃》。"永"既是王永的永，也是永远的永。谨以此书，记录王永与顺风车20年的点滴故事，一个人通过永不放弃的公益之心，唤起整个社会对公益的关注和践行。希望通过此书，更多人能够关注、参与、投入到公益顺风车的建设之中，推动顺风车之爱向下一个20年传递……

最后，向所有为顺风车公益之路做出贡献与努力的朋友们，向所有热衷于社会公益的朋友们致敬！

郭佳蕾

2017 年 3 月

目　录

第一章
一个人的公益
（1998-2008）

"有去马甸、双安的吗？搭车不要钱"

从 1998 年到 2010 年的十多年间，每天早晨八点，家住北京回龙观的王永都会洗漱完毕，穿着整洁的衬衫，发动自己的座驾出门。他没有直接去自己的公司，而是在 344 路车站前停了下来。

与此同时，大量北京回龙观社区的居民开始走上"战场"，他们中的人多数人要加入挤车的肉搏战，其中战场之一就是 344 路公交车站。

一辆 344 路到站，马上人挨人，人挤人，只要车上有一点空间就会迅速被填满，最后一个上车的人往往是被车门关闭的弹力塞进车的。

每次"搏斗"后，总会有人叹息着留在车外，此时王永就缓缓地开着自己的车，停在队伍长龙面前，摇开两个车窗，伸出光头大声喊着："有去马甸、双安的吗？我免费搭你们，不要钱。"

一个光头男人，开着大奔，免费捎同路人去上班，如果是你，你敢上车吗？

在当今共享经济如此发达的情况下，我们可能都会犹豫要不要上车，更不用说十几年前，人们的思想观念还比较封闭保守，王永这样"天上掉馅饼"的好事经常会引来不少的怀疑和白眼。刚开始的时候，几乎没人相信他的"免费车"。听到招呼，挤车人的脸上顿时浮现各种神情，唯独没有信任。很多人甚至直往后缩，还有人条件反射似的把手中的早点扔到车里。

后来，好不容易有人敢上前来询问，有些乘客再三确认是免费才会上车；有的人听说不要钱又从车上下去了，不敢坐；有人上车后抱紧包，几乎一言不发，全程无交流；还有丈夫上了车被妻子骂下来的，说多一事不如少一事，不要占小便宜……每天，王永都会遇到各种啼笑皆非、令人无奈的事情。有一次他曾问一个女孩坐不坐车，被她男友误会，上来就泼了一杯豆浆。

"顺风车最大的阻力在于人与人之间缺乏信任。"王永回忆说。

1996 年，22 岁的王永从湖南小城邵阳来到北京，开始融入这座巨大的城市。来时身上只有 300 元钱，开始创业时只能住地下三层的地下室……创业初期，艰辛不一而足。然而他还是快乐的，因为他终于可以离理想那么近。

与希望同在的，是他做好事的心。

"北京虽大，人与人之间却缺少温情。"这让性格热情活泼的王永觉得内心里缺少点什么。在他的农村老家，人们要出门就站在村口的路边等着搭乘过路车。久而久之，搭车成为当地一种约定俗成的习惯。上学的时候，同学们的自行车后座都载着人，如果老是后面没有人的话，就说明他人缘不好。"你想想，如果大家都赶着马车赶集，别人车上坐着五六个老乡有说有笑，你的车上就自己一个空空荡荡，心里得多难受！"他开始在路上拉人，尽量让人搭便车。

乡里乡亲之间互相帮忙很正常，然而，城市节奏快，人们互不相识，忽然有陌生人帮你，就会变得很奇怪。

明明是做好事，反过来却被人误解，这让王永既难过又孤独。

央视《真诚沟通》公益广告截图

1998 年的一个晚上，刚刚买车不久的王永，正在一条颠簸的路上行驶。突然下起一场暴雨，人们来不及躲雨。一个老太太在路边走着，前面的一辆车不知有意还是无意开地特别快。"唰"地溅了老太太一身泥水。王永看到了觉得过意不去，就把车停下来说要送她回家。顿时老太太就像祥林嫂般"呆滞的目光中放出一道光芒"，那种无助之人被点燃希望的瞬间，一下打动了王永。对自己来说，停车只是举手之劳，对别人来说，却是一根"救命稻草"。送到以后，王永又把老太太送到楼上，此时老人的儿子和儿媳正急得像热锅上的蚂蚁，外面下这么大雨，老人却没有带伞，也联系不上。一家人像对待救命恩人一样感谢王永……

开车回家的路上，王永下定决心要把有一搭无一搭的顺风车变成常态。"对我来讲没有增加成本和时间，没有增加很大的难度，但是对别人来讲会特别的温暖。这种事情其实我们人人都可以做的。"

从那开始，王永坚持提供免费搭车服务。那时候搭车不像现在，为了节能，为了环保，为了减缓交通压力。王永的初衷非常简单，就是想建立人和人之间的相互信任，少一点隔阂，多一点沟通。少一些冷漠，多一些温暖。

为了让别人相信自己，王永真可谓煞费苦心。后来他想到了"双规"的办法——每天在规定时间到规定地点找人搭车。人们第一次看到你可能不相信，甚至会觉得奇怪，但如果你天天来，别人就会慢慢地相信你。后来，王永还想到了请公交站的协管员帮助，有了"权威人士"的推荐，敢上来的人也越来越多。后来，只要王永的车一到，马上就能坐满，没上去的人也只能望车兴叹。

除此之外，王永还总结了很多搭车经验和说服技巧。比如，搭车前要搞清楚路线；对人要坦诚，如果别人怀疑，可以给对方看证件；搭车时不要先问别人去哪儿，要首先告诉别人自己去哪儿，如果顺路的话可以免费搭；跟人说话要亲切，口语化，如果文绉绉的别人觉得太假了就不会上来；别人不理你，或者是往前走的时候，你不要开车跟着人走，等等。对待男女乘客，技巧也不一样。对女士要把自己先袒露出来，说明自己去哪儿，是干什么的；对男士就会说"哥们儿，上来吧，我们可以一起走。"

王永的坚持与用心很快得到了更多的认可与感谢。有一次，一位大姐已经等了20分钟的出租，当王永路过停车时，她兴奋地主动上了车。她说："我之前搭过你的车，还记得车号。正想着你是否会出现时，车就来了……"王永觉得，在茫茫人海中，当一个人的出现被人期待，是一种幸福，这也是顺风车的魅力所在。

王永"顺风车"公益广告视频截图

打开车门，打开心门

10年里，王永换了三辆车，从红旗到本田再到奔驰。他说："我只有一个小梦想，让这个城市的角落都泛起平凡的感动。"

《环境与生活》杂志报道王永顺风车搭载乘客

王永经常在车上给年轻的外地朋友讲自己在北京的奋斗史。有一回，一个女孩搭车说要坐火车回老家邯郸，她觉得在北京待不下去了。王永问："我在北京住过地下三层水帘洞一样的房子，睡过沙发、地板，还曾每天骑自行车几十公里，你有我苦吗？"女孩摇了摇头，于是半路下车，不回老家了。后来还在北京成了家，有了自己的公司。有一次，一个农民工上了他的车，上车后第一句话就是："反正我现在一无所有，你爱怎么着就怎么着。"这个农民工似乎受了不少委屈，看起来很沮丧。于是王永一路走一路开导他，下车时，农民工对他说"好人还是有的"。

最危险的一次，是王永进城办事时，路过车站他习惯性地停车搭人。一名男子上了车，他跟很多人不同，一直问王永："你真的不收钱？那你图什么？"王永讲自己当年创业时的艰辛，受过很多人帮助，也想帮助别人。这样讲述了一路，男子沉默了一会儿，突然说"停车"，留下一句："兄弟，你以后要小心点，不是所有人都是好人"便径直走了。在下车的一瞬间，王永看到该男子腰间别着一把刀。

他搭过的人，有的慢慢成为他的效仿者。"有次在路上，有辆车忽地一下插到我前面。我平时开车算是比较快的，正纳闷这谁呢。那人朝我大声招呼：'嗨，王永！是我！'我说：'你谁啊？'他说：'我搭过你的车，你忘啦？我现在买了车，旁边这位就是我搭的顺风客。'旁边那哥们把头伸出来：'对对对，他正说你呢。'这种时候，当你看到自己的行为被别人效仿时，你会觉得特别舒服，特别温暖。"

一天早晨，王永收到一个来自深圳的快递。打开看有两本书和一封信。这是一封来自顺风车乘客张婉婷的来信。开了这么多年的顺风车，接到的感谢电话、短信不少，收到亲笔信还是第一次。一份朴实无华的来信，一股暖流传遍王永全身……

王永老师：

您好，有一年零四个月没见了。还记得第一次见您的时候是在北京的公交站台，外面下着很大的雨，我莫名坐上了您的车。当时心想哪里有这么傻的人，没事开着车在这里拉客。因为那时急着去学校，所以下车的时候只看了您一眼，说了声谢谢。也许您已经忘记那个女孩，因为您的车上不只有我一个。其实当时下车以后还是很后怕的，没想到自己那么大胆的上了一个陌生人的车，车上还那么多陌生人。

那一次的擦肩而过以后，我毕业来到了深圳。当天回到学校我就写下了一篇博客，偶然的机会我重温了一下博客内容，才发现上次见面到现在有一年零四个月了。其实说实话，我并不知道您是谁，也不知道您是做什么的，只是很想找到您，对您说声谢谢。现在的网络还真发达，无数次在百度上输入"搭顺风车"后，终于找到了点相关线索，找到相关您的照片，让我确定了，那个人就是您。我看到您的博客，把它收藏了起来，每天都会关注您的博客更新，这让我学到了很多东西，受益匪浅啊。

在深圳生活快两年了，发现深圳像您这样的人还真不多，每次在大雨中等车的时候多么期待有一个您出现，呵呵，可惜奇迹还没有出现。也许深圳就是这样一个城市，每一个年轻人都为了他们的梦想而拼搏着。像我们这样没有任何社会背景的农村孩子，生活在这样一个大都市，每天都是在骗与被骗中度过，每一次被骗以后就小心翼翼地把自己保护起来。我想如果此时真的有一辆陌生的私家车出现在我面前的时候，我一定不会坐。因为时间、地点，还有一些外在的因素全变了，人的心也就随着变了。所以北京的相遇，也许只有那么一次，却是最难忘的了。

看到您的生活还真是让人美慕，看见您一家人的游玩照片从里到外散发着幸福的味道。我也好开心啊，幸福之道也就是这样吧。

昨天去图书馆买书，给一品和易单（王永的儿子和女儿——编者注）两个小家伙挑选了两本，我想您的书香世家应该有很多书，这个就算给两个小家伙的礼物吧，呵呵。5月份可能会到北京出差，如果有缘，希望能够再见。

祝：健康、快乐、幸福！

张婉婷

2010 年 4 月

经女孩同意，王永在博客中公开了这封书信，并写道："确实，正如像她所言，我早已忘记她是谁，也早已忘记是哪一个下雨的早晨。此刻，我才发现我坚持了十多年的顺风车是多么需要认同和鼓励！虽然，我在面对别人的拒绝、非议、猜忌和谩骂时显得那么的坚强……"

有人说，王永是"行走的雷锋"，有人猜测，王永的座驾可能是世界上载人最多的奔驰车。但王永不愿意被叫作雷锋，甚至希望大家忽略他的奔驰车。在他看来，每一次停车、招呼、搭人，初衷都很简单，那就是"打开车门，打开心门"。

顺风车载回的爱情

在王永的"顺风车"上，每天都在上演着不同版本的都市情景剧，有在北京打工的"北漂"，有四处求职的大学生，也有人因为搭了他的车而相互结识，最终成为了生活中的好朋友，甚至结为夫妻。用王永的话说："我的车就是一个移动剧场。"而对于王永自己来说，顺风车带给他的最大收获，莫过于成就了他和妻子的一段美好姻缘。

王永这样介绍他的另一半："大家看到我是一个特别愿意说话的人，所以我找了一个叫'陈默'的人来做我的妻子，她是我印象最深刻的，也是我的第一个顺风车的乘客……"

时间倒回到1997年，那时的王永还是个怀揣梦想，从家乡湖南来到北京准备大干一番施展自己抱负的20岁出头的年轻小伙儿。别看王永现在是安全驾驶无事故的老司机，座驾也换代到了豪华大奔，那个时候的他还没有属于自己的车，甚至才刚刚开始学车。

王永学车的地方在海淀驾校，有一天上完课后，王永和几个同学都在校门外等车。这时，王永发现人群中有个女孩一边在打电话，一边在焦急地看手表，直觉告诉王永她一定有事着急走，但人多车少，好不容易来一辆车，她也未必能轮得上。王永便默默地走到路口，去拦了一辆出租车，他让司机把车开到女孩的旁边，自己下车对她说，看你着急，要不你先走吧。女孩犹豫了片刻，问王永：你去哪儿呀？王永说：我去大钟寺。哦，那我们顺路，要不一起走吧。就这样，王永搭上了那个女孩的顺风车，从此也拉开了两个年轻人的爱情序幕。

谈起这段相识的故事，王永和妻子陈默眼中都满是甜蜜，平时话不多的陈默也忍不住向笔者爆料："其实是他坐了我的顺风车，因为我的路程比他更远，是他先下车的。"王永则难掩坏笑地说："对对对，车费还是她付的呢。"

就这样，通过"顺风车"这个大"媒人"的撮合，王永和陈默终于在2000年喜结连理，成为了一家人。而结婚之后，开顺风车几乎还是王永每天出行的习惯，而妻子一开始并不知情，直到媒体大量报道出来，陈默才知道原来丈夫做着这样一件公益的事情。虽然起初也为他担心，但随着越来越多的人对王永所表示的认同，陈默也一直在默默地支持着他。王永和顺风车的工作人员加班讨论活动安排，陈默就贴心地给大家送来宵夜，王永为了工作和顺风车四处奔波，陈默就承担起家中照顾老人和孩子的责任。不仅如此，陈默和孩子都已经成为了王永最热忱的公益志愿者，一家人早已习惯给身边的人介绍推荐顺风车，鼓励更多的人参与进来，这也是让王永觉得特别温暖和感动的地方。

王永与妻子的牵手，缘起一趟满载爱意的顺风车。从小家的幸福到为大家带来温暖，他们希望顺风车能把每个人都搭载到幸福的目的地。

为什么做雷锋越来越难？

人做一件好事不难，难的是长时间做好事而不做坏事，王永对此话体会很深。2002年有段时间，他实在坚持不下去了。

"太难了，一腔热血老是被人误解，好事越做越寂寞。"每次王永摇下车窗，向排队的人招呼免费搭车的时候，迎来的往往是冷漠甚至白眼。甚至有人刚等他一过去，就在后头大声说："真有病，开个奔驰臭显摆什么？"

王永每天宽慰自己，这可能跟时下社会风气有关，电视不是常教育咱们"天下没有免费的午餐""不要跟陌生人说话"吗？但谁也架不住天天被人这么嘲讽啊。有一次，一家三口在雪中等车，他过去要捎他们去马甸，父亲和女儿想上车，母亲不让，说了一句："现在什么社会，你们还相信这种人。"

王永一下子急了，拉开车门对那位女士说："您说说现在是什么社会，我自己出车出油钱送你们，我又不缺钱，你说我图什么？"后来那位女士终于被王永死磨硬泡请上了车，她一路上跟王永道歉，"不是大姐不信你，实在是多少年没见过这种事了。"

有时候实在没办法，他不得不先"骗"人家说，我拉你到马甸吧，你给我10元钱，这时候反而很多人愿意上车。当然，上车以后王永就有时间详细介绍顺风车了，乘客们也就能接受免费的好意了。"免费没人坐，收费倒都敢坐了。"王永想不明白，为什么做雷锋越来越难？

满怀热情也禁不起漫长的消耗，王永打电话给一家报纸的读者热线，抱怨自己开了两年的顺风车屡遭冷眼，"经常拉不到人""在大城市不是你想帮人就能帮"，这让他感到很郁闷。报社派记者跟他一起去车站采访，写了篇《王先生的顺风车开的寂寞》。没想到，一下子他就火了。甚至还有回龙观的网友每天都去核实，发现王永真的是天天去344路车站免费拉人，于是成为他的粉丝。

后来，北京青年报、中央电视台、北京电视台、天津卫视、中央人民广播电台、北京交通台、新浪、搜狐、网易、凤凰网等多家主流媒体开始相继报道他的事迹，把王永"剃着光头、开着奔驰车顺风载人"的好人形象树立了起来。一系列的绰号给了他——"开奔驰的雷锋""小人物大英雄""顺风车王"。越来越多的人在路上认出他来，从现实到网络，他被喊成"奔驰哥"。每天他都乐滋滋地在网上看写自己的报道，给自己鼓劲儿。微博里一有评论质疑他是不是在作秀，马上有人替他回复：有本事你也秀个十几年，再过来喷好不好。

有时候雷锋不是你想当，想当就能当。在应邀录制某期北京交通广播1039《警法时空》栏目时，一位网友的参与短信让王永颇为伤感，"我看见车窗外冻得瑟瑟发抖的行人，也特别想顺路带他们一程，但是一想到招呼别人上车会遭到误解和白眼，一想到如果出了事故还得我负责，一想到被运管局的人抓住了，还会说我是黑车，我就打消了自己的念头。我这是干嘛呀我？"

网友的困惑也是王永10年来的真实写照。王永开始深思：我可以坚持10年，也还会一直坚持下去。问题是我一个人这样做有用吗？好多曾经搭过我的车的人，后来也开始尝试搭别人，但是绝大多数人都坚持不了，乘客误解，事故风险，弄不好还会有法律纠纷，想通过顺风车帮别人太难了！如果不能让更多的人加入到顺风车公益活动中，一个人的努力终将没有太大意义。

媒体报道图文资料

《环境与生活》杂志："让中国人习惯搭顺风车"　　　　被搭载的人到达目的地，和王永握手道别。
　　——访顺风车公益活动发起人王永

.

　　从 1998 年到 2008 年的 10 年间，王永开顺风车一直都是当个人"学雷锋"来做，并未想过把这上升到一个群体性的公益活动，他担心"人多了无法控制风险"。这种风险除了陌生人对社会的不信任，还有制度对顺风车的不认可，比如出了事故怎么办。此外，顺风车车主如果和乘客分摊成本，很容易被相关部门质疑为"非法营运"。

　　但随着时间的推进，王永开始思考更深层次的东西："别人误解是因为他们不了解顺风车，顺风车要想让更多人接受，除了需要不断宣传倡导之外，更需要政府法律的支持。如果不能实现"顺风车制度化"的目标，让每一个想做好事的'雷锋'得到鼓励和支持，权益得到法律保护，这个社会将越来越冷漠，'雷锋'也必然会越来越少。"

第二章
一群人的公益
（2008-2012）

推进顺风车制度化，善要靠引导

顺风车，英文叫"Carpool"，日文叫"相乗り"，法文叫"Covoiturage"，德文叫"Mitfahrgelegenheit"，西班牙文叫"Viaje compartido"，意大利文叫"concarreggio"，是一种起源于美国的旅行方式。顺风车的概念就是多人使用同一辆汽车来完成大家共同的旅程。不仅仅是私家车可以用来做顺风车，出租汽车也可以用来做顺风车。

顺风车的历史由来已久。在二战时期，为了节省燃油，欧美的老百姓们纷纷拼车出行。1973年的石油危机使得顺风车在美国进入了异常活跃的阶段，一些州规定空车不能上街，以有效地利用空车资源，同时减少汽车尾气带来的空气污染。有些国家为了鼓励这种乘车方式，规定载人多的车可以走快车道，空车则不能进入快车道。

"目前我国油价上涨，能源市场相对紧张，姑且不谈环保、道路资源占用以及人与人之间的和谐，单从节约能源和费用开支的角度来说，倡导实行顺风车制度，越发显得迫切和必要。减少私家车出行，改乘公交车或者搭载顺风车，这是我们能做到的、可以有效节约能源消耗的措施。"王永开始向有关部门提建议，希望能够把顺风车制度化，比如采取一些鼓励的政策让每辆车都能多载点人，这样可以节约很多资源。

王永想起上初中时学过的一篇课文——《一门新兴的职业》。文中说有一群人没事儿干，每天把自己收拾好，到马路边专搭特别好的车进城。到城里并没什么事，瞎晃悠一天又搭一个车回来，下车以后司机还给他一笔钱。老师让同学们猜这是什么职业，最后才知道那个国家规定再好的车如果只坐一个人不让上高速，如果坐两个或者三个人，不但让你上高速，还免收高速费。

这给了他很大的启发。2008年3月，王永委托全国政协常委、清华大学汽车工程系主任欧阳明高教授提交了一份关于解决北京堵车问题的提案——《倡导建立环保节能的顺风车制度》，希望可以有效缓解城市交通压力。"其实，实行顺风车制度并不难。比如我们可以在高峰时段规定：一个人驾驶的车辆不允许上高速或需要加倍收取高速费用，两到三个人可以正常上高速行驶，而四个人以上则可以免受高速费用，我想这样一来，顺风车就会马上被人们接受！另外，现在小区很多有内部局域网和论坛，网络便捷迅速，通过这一方式沟通，几个人组合'拼车'，AA制分摊费用也是一种可行的办法。"他动用自己积累的资源向政府进言，历数顺风车的好处。"可是有些政府官员很没耐心，最多三分钟就不耐烦了。"

跟有关部门打交道很久的王永，听到最多的回复就是："你这个建议真的很好，但是……"为了让他们听进去，王永不断研究、修正、简化自己的建议：在车里放一个终端，和交管局那边联网，乘客上下车就拿身份证刷一下，这对双方都是安全保障，一个车里坐满了人，可以在高速上走专用车道免于堵车。同时帮车主累积里程，如果一年里累积到一定里程，减免下一年的税费。"这样的话人们都会积极参与进来。北京市每年有上百亿的钱拿来治堵，政府出钱安装终端，不是不可能。"王永说。

事实上，所有人都对开顺风车的好处心知肚明：环保，节能，减缓交通压力，建立人与人之间的信任。可以说，顺风车是"落实科学发展观""构建和谐社会"最好的举措之一，但就是这样的好事却不断受到了来自方方面面的巨大阻力，让王永几乎"磨破嘴、跑断腿"。

这些阻碍不外乎两点，一是对顺风车安全问题的担忧，二是担心顺风车对出租车行业造成冲击。

对于第一个问题，王永认为：出现事故的可能性实在太小了。他开了10年的顺风车，到目前为止没有出现过任何事故。中国有句老话，叫"因噎废食"，我们总不能因为可能出现"万一"的事故，就把"一万"的好处放弃掉吧。万一出现事故，可以通过保险来解决这个问题。让所有的顺风车都上一个"车上乘员安全险"，这样提供"好意搭乘"的车主在乘客出现事故后所带来的损失则可以由保险公司进行赔付。对于第二个问题，王永认为，搭出租的人群和搭顺风车的人群基本上不重叠。一般人有特殊情况或者急事才打出租车，他们对时效性要求很强；而等着搭顺风车的人则多是出行比较有规律的白领阶层。

2008年8月2日，王永应邀参加杭州举办的APEC工商理事会中小企业峰会。在对话环节中，"壹基金"发起人李连杰分享了他为什么要投身"壹基金"慈善事业，以及他希望把"壹基金"建成一个上市公司的理念。这让做顺风车公益多年，饱受困惑的王永感受颇深。

对话结束后，他向李连杰先生提问：

"和您一样，我也热心于公益事业，我坚持10年开顺风车，就是在上下班途中免费邀请更多的人共乘同一辆车，以免造成能源浪费。您知道现在北京的交通压力很大，环境污染很严重，能源供应也日益短缺，而顺风车能有效缓解这些矛盾，更重要的是顺风车能帮助人们互相信任！这件事情我已经坚持了10年，搭过近万人，我希望把这件事情放大，让所有的人都来参与这件事情，但是有关部门对我的举动提出了不同意见，他们认为顺风车的实行可能会带来社会治安问题，也可能给出租车行业造成冲击。而事实上，在其他国家也会面临类似的问题，为什么人家能够解决，而我们不能呢？您认为我应该怎样才能够把顺风车这件事情的影响做大，让更多人参与其中呢？"

李连杰听后建议说："顺风车这个倡议非常好，我非常赞成！但我建议不能要求每一个人每天都这样做，这样执行起来难度非常大，而且不是每个人的思想水平、认识都能达到同样的高度。可以号召每个有车族一个月或者一周拉一次顺风车。这样一来，大家的压力就小了，阻力就小了，顺风车的推广就变得容易了。一句话，做任何事情首先要考虑到它的可行性，这样才能够持续。"

有了李连杰先生的肯定和支招，王永对"顺风车"计划的推广越来越有信心。他也开始宣传这样的理念，让大家在力所能及的范围内，每周或每月给予身边的人一次帮助。

2008 年 8 月北京奥运会期间，北京市花了大力气划出了奥运专用车道，对保障奥运交通起到了非常重要的作用。奥运会一结束，奥运车道便全面停用。能否让奥运车道发挥更大的作用，对北京交通做出贡献呢？就在王永百般思索的时候，他的好友、我国著名品牌专家李光斗打来电话，提醒王永能否提议有关部门把奥运车道变成 CAR POOL 专用道。CAR POOL，是拼车的意思。为了节省资源，很多国外政府规定：在高速公路上，有一条特别快车道叫 CAR POOL，供两个或两个以上的人共乘的车通行。所以，在堵车的时候，人们常常眼看着旁边坐了两个人的车飞驰而过而自己却停步不前。如果能把奥运车道变成"拼车专用道"（CAR POOL），那么就等于政府支持、鼓励拼车的行为，鼓励节能、环保、减缓交通压力的行为。由于拼车主要在有车族之间进行，所以也不用担心对出租车行业造成影响和冲击。这又将是一笔宝贵的"绿色奥运遗产"！

北京奥运专用车道

时间就在王永为推进顺风车制度化的不断奔走呼吁中驶入了 2009 年。

当年 3 月，杭州市政府率先"吃螃蟹"，为拼车正名，出台试点方案，试图改"堵"为"疏"，将一直处于"地下"状态的民间拼车行为阳光化和规范化。那时的杭州市市长正是现任北京市委书记蔡奇。后来，王永和蔡奇还成了腾讯微博的好友，蔡奇还帮王永转发过有关顺风车的微博。（详见《呼吁了 10 年的顺风车终于在杭州试点了》文章——编者注）。哈尔滨审议通过的《城市出租汽车客运管理条例》中规定："未经乘客同意不得合载；乘客同意合载时，可以与乘客协议租价和给付票据。"王永长期呼吁并坚持 10 年的顺风车事业终于看到曙光了。

后来他写了一篇谈顺风车的文章《汇聚全球智慧　求解堵城之困》的整版文章发表在《人民日报》。他把报纸寄给当时北京市委书记刘淇，很快他就收到北京市交通委发来的感谢信。王永不确定这中间是否有什么关联，但明显比以前给北京市两会交提案效果要好，顺风车也得到了有关部门的认同。

2010 年年底，北京市政府公布了《关于进一步推进首都交通科学发展　加大力度缓解交通拥堵工作的意见》，第 15 条中明确指出："鼓励单位开行班车，规范合乘，减少上下班小客车出行。""规范合乘"为推广顺风车提供了政策依据，但并没有提出"鼓励合乘"。"先规范再说"，官方的保守在王永看来无非是出于安全考虑，他建议应该规范细则，可以从小区内部或单位内部做起。"熟人间会放心很多。"王永说，同一社区在同一商区上班的四个人拼车上下班，一个月下来，每人只需要开一星期的车。另外，王永认为，仅仅"规范"是不够的，还应有具体经济政策鼓励，才能促进顺风车健康发展，发挥作用。搭顺风车这个问题看似简单，但涉及到如何把需求和供给有效结合起来，如何防范一旦出现事故双方的法律责任问题，以及区别顺风车和非法营运等问题。需要在调查研究的基础上，用法规制度加以规范。

王永的顺风车搭载超过万人，但每搭载一名乘客的背后，大约要招致 10 个人的白眼，100 个人的拒绝。因为人们之间有很强的戒心，也注重自我保护，这不难理解。所以，怎样推进顺风车的常态化、制度化，是王永的努力目标。这不仅需要民众之间的信任基础，更需要法律法规的配套。王永认为中国并不存在严重的信任危机和道德滑坡，"顺风车是一种善行，善要靠引导。"

刘坤明，王总喊你来北京！

从 1998 年到现在，王永开顺风车的脚步始终没有停下，大概有 100 万人拒绝过他，有 10 万人给过他白眼，有 2 万人说过他是神经病，但至少也有 1 万人坐过他的顺风车。

就是这 1 万多人，给了王永勇气和信心。他始终相信，中国是不缺乏爱心的民族，缺的是点燃爱心的火种。从小处着眼，一点一滴从细微之处做起，如果大家都能够对此给予足够的重视和关注，并积极参与其中，即便是举手之劳也会带动大多数人。

王永期盼有更多的人加入顺风车的队伍。欧美已有很多成熟的顺风车社团，但在中国，这方面几乎还是空白。随着私家车数量的激增，全国各大城市一片拥堵，高速发展的中国如此迫切地需要顺风车。2010 年年底，北京出台治堵综合方案，首次提出规范合乘出行。在王永看来，政府方面比较保守，但民间的公益力量可以先行一步，中国需要一个顺风车公益组织来推动顺风车的发展。

同样是 2010 年，河南郑州，八零后男孩刘坤明恰逢大学毕业，学设计出身的他很快找到一份像样的工作。如果按部就班地工作下去，月薪过万应该不成问题，说不定还能混得风生水起。

"就这么设计，设计到老吗？"这样的思考刘坤明从来没停止过。

上大学的时候，刘坤明没课就热衷到网上投标赚外快。有时候 1000 多，有时候 50 块的单也接。同学们私下暗竖大拇指，这家伙实力派……刘坤明是个很有想法的人，他想要做点自己的事儿，可做什么呢？

郑州西客站，刘坤明的火花迸发之地！

2011 年，刘坤明背着行李从郑州西客站赶回老家巩义，100 公里的路，大巴 15 块，来郑州办事儿的巩义车主有的只收 10 块钱高速费，有的干脆白坐，只为搭个伴儿。但奇怪的是，甭管你要钱不要钱，就是没人坐！刘坤明当时灵机一动，好事儿怎么还没人愿意呀，我给张罗张罗吧。这一张罗不要紧，刘坤明把自己的人生彻底改写了。

他先是业余时间在贴吧发帖子试水，慢慢发现竟然有几千人来浏览，还成功了很多单顺风车。这下子，刘坤明有信心了，他想：有个专门的地儿，乘客和车主的信任度马上提高！我自己弄个地儿，就能帮更多的人！

　　说干就干。2011 年 5 月份刘坤明拿着自己投标得来的 300 块钱，租了个空间，然后风风火火地在郑州贴吧做线上宣传，又热热闹闹地组织线下活动，挺忙乎。当时靠着一把子热情，他把郑州地图都背下来了，大街小巷的，门儿清！就是用这原始的方式，电话帮人牵线搭桥，也为很多人成功地搭载了顺风车。

　　2011 年年底，当时还在郑州既工作又兼职、小打小闹地做着自己这片儿区顺风车活动的刘坤明，觉得自己的春节顺风车活动搞得不错，就在微博上顺手 @ 了一下王永。他原本只是想跟同道中人来个共鸣，没想到这个顺手 @，彻底改变了他的生活！

　　此时，身在北京的王永正在 2012 年春节到来前，联合郎永淳、赵普、陈伟鸿、邓飞等名人在微博上发起"春节回家顺风车"活动。当王永看到在微博上，远在河南的刘坤明用自己的方式助推顺风车时，王永觉得这个小伙子很不错，有想法又有干劲儿，正是自己扩大顺风车队伍的同道中人和得力干将。于是王永马上与刘坤明取得了联系。

　　刘坤明，王总喊你来北京做顺风车！

　　"我要去北京！"

　　激动了一个春节，大年初十。顶着北京的寒风，刘坤明拎着行李，按照王永给的地址，一路搭顺风车，终于见到了他崇拜多时的偶像。这个微博号是真的！不是骗人的！

　　刘坤明清楚地意识到，这个早已享誉京城，被誉为"顺风车王"的王总，将会给他更大的平台来展示自己的才华！

　　拥挤的公交改豪华奔驰了，同学大排档改时尚大 Party 了，出来进去的净是大场子，初来乍到的刘坤明手脚都不知该往哪儿放。旧生活到新生活，活生生的屌丝逆袭，刘坤明说他仿佛坐了过山车，内心在不断尖叫：这是顺风车吗？这有公益吗？

　　好在他很快清醒了头脑，在镁光灯闪烁的圈子里找到了自己的位置，找准了自己该做的事，"我搭上了我人生的顺风车，我必须努力不能掉下来！"

　　有了前面的"大开眼界"，等见到顺风车的推动人——大名鼎鼎的崔永元、郎永淳、赵普，美丽活泼的"米莱"王珞丹时，刘坤明淡定多了。他能把更多的心思放在项目上，而不是一个傻傻地盯着明星看的粉丝了。

　　2013 年 1 月 24 日，顺风车公益基金管委会正式宣告成立。为支持公益事业的开展，品牌联盟（北京）咨询股份公司与湖南青少年发展基金会联合成立"顺风车公益基金"，共同开展公益项目。湖南省青少年发展基金会理事长彭韬专程来京签约，并交付基金专用的湖南青基会 2 号合同章。

　　双方出台了顺风车公益基金章程，设立了基金管理委员会，是基金管理的决策机构。

管委会委员人数不超过 25 人。发起委员由顺风车公益行动发起人赵普、郎永淳、邓飞、崔永元等人共同担任。王永担任主任委员，湖南基金会负责人担任副主任委员。刘坤明担任基金总干事。王永当日激动地在微博写道：我坚持了 15 年的顺风车终于有了合法身份。

顺风车总干事刘坤明　　　　　　　　　　　　签约仪式

　　王永也没有看错刘坤明。在日后的顺风车发展中，刘坤明作为核心骨干承担了重要的组织、宣传、外联工作。王永感谢刘坤明的付出，刘坤明更感谢王永的赏识。他认为，"顺风车让我实现了梦想。我们做的所有一切，不求任何感谢，只希望人们能感到我们的力量，并将这份爱持续传递下去。"

　　正如王永的信念一样，"等搭顺风车成为一种习惯，顺风车真的火起来，可能我们也就'失业'了。但到那时，大城市的天肯定会更蓝，交通会更通畅。"

第三章
一个社会的公益
（2012-2018）

春节回家顺风车：
让身边的空座，成为别人回家的希望

春运，被誉为人类历史上规模最大的、周期性的人类大迁徙。在40天左右的时间里，有30多亿人次的人口流动，占世界人口的二分之一，相当于全国人民进行了两次大迁移。改革开放30多年来，春运大军从1亿人次增长到2015年的37亿人次，相当于让非洲、欧洲、美洲、大洋洲的所有人搬一次家。

在中国，春节是一年中最重要的节日，是一年的开始。无论离家人有多远，一般人都会尽量在除夕时与家人团聚，共度新春。经济又便捷的火车无疑成为大众的普遍选择。无奈火车票一票难求，难倒了万千归家之心。

虽然王永已在北京立业成家多年，但同样身为"北漂"的他每到春运时分都为那些渴望回家的人们发愁。一边是人满为患的售票大厅，大包小件、拖家带口的旅客人群为买车票苦苦等候，一边是铁路工作人员茶饭不思、高负荷运转地工作奔走，王永想：在春运总体运力不足的大背景下，民间运力将会是一个有益的补充。无论是铁道部还是交通部，都已经全力以赴！在这种巨大的压力下，可以通过某些方式，比如顺风车把社会上闲置的运力充分调动起来，提高运输效率，人与人之间的互助也能带来信任与温暖。

那几年，微博的发展非常迅猛，微博上聚集了很多用户，为"免费午餐""微博打拐"等公益活动提供了优质的活动平台。王永希望借助微博平台来进行快速有效地传播，"在这里，有着号召力强大的意见领袖，往往一条微博经过他们一转发，就会迅速扩散，达到意想不到的传播效果。

王永的想法迅速得到了邓飞、赵普、郎永淳和陈伟鸿的大力支持。他们五个人中，"免费午餐"发起人邓飞在利用微博开展公益上有着丰富的经验，赵普、郎永淳、陈伟鸿都是央视著名的主持人，有着很强的号召力。

2012年1月10日，王永联合邓飞、赵普、郎永淳、陈伟鸿四位知名媒体人一起在微博上发起了"春节回家顺风车"活动，目的在于尽量多帮助一些在外拼搏的异乡人回家与家人团聚过年。"让你身边的空座，成为他人回家的希望"这句口号表达了他们最简单、最朴素的心愿。

活动介绍中提到，如果你还没有买到回家和返程的车票，如果你开车回家还有空位，让我们结伴回家吧！请在微博内容前加上＃春节回家顺风车＃，然后把你回家和返程的时间、路线、车型、车况、空余座位数发到你的微博，有需要的朋友通过微博搜索找到合适的路线并通过评论、私信互相交流，出发前请互相核实资料并下载、签订搭乘协议。

这绝不是心血来潮、空口承诺，任何行动要想成功都离不开严密部署。

1月13日下午两点，北京友谊宾馆嘉宾楼，"春节回家顺风车"媒体沟通会议召开。王永、赵普、郎永淳，岳成律师事务所律师岳屾山，阳光保险集团张杰和水木年华歌手缪杰一同出席活动。陈伟鸿、邓飞因故未到现场，他们通过电话表达了建议和心声。

这是顺风车活动第一次大规模、有组织、制度化地进行。王永特意请岳成律师事务所担任法律顾问，并向有意向配对的车主和搭车人提供具有法律效力的搭乘协议，对双方的责任和义务都做了详细的说明。为了让参加活动的朋友获得安全保障，还为配对成功的车主和乘客准备了2012份总保额为十亿零六百万元的阳光"志愿者关爱计划"保险。身份明晰、信息公开，让顺风车活动占尽天时、地利、人和。

一时间，微博热议不断。微博女王姚晨、企业家李开复、著名演员王珞丹、主持人黄健翔等众多名人纷纷转发"春节回家顺风车"活动微博，在社会各界产生了广泛的影响。水木年华缪杰更是亲自率队参加活动的媒体沟通会，并把《回来就好》这首歌定位"春节回家顺风车"的主题歌。"用心的公益事业！温暖的感动情怀！只为让更多的人可以平安回家过大年！"不少车主加入进来，愿意奉献一份爱心，更多买不到车票的异乡人看到了回家的希望。

陈伟鸿说："顺风车，顺心路。"不敢说能圆多少人的回家梦，但至少能够让这样的努力情暖回家路。

赵普说：在老人跌倒要不要扶的讨论仍在继续的时候，更高挑战的"春节回家顺风车"颤颤巍巍上路了。请祝福这"车"开得稳健、长久。我们都不想成什么楷模，我们只想弯下腰来为大家做点事。平凡是我，渺小是我。非凡是你，伟大是你。感谢所有参与者……

郎永淳说：不积跬步，无以至千里。一点一滴地做，把握当下。

邓飞说：这个国家，需要更多正面力量团结大家来建设和建立。加油！

"春节回家顺风车"活动正召唤起一个个来自社会的公益力量。

那段时间，每天有成百上千条的车主和乘客发微博＃春节回家顺风车＃，相互招呼。每天王永的微博上，"@王永"的内容他都看不过来。有的是咨询，有的是说自己搭乘成功，有的是分享喜悦，有的是表达感谢……

有位网友发微博说："有一位咸阳的联系我了，我计划线路是宁夏内蒙沿 G6 一直到京，但如果有需要，在不绕路、高速路况好的前提下也可以适当变更。自己驾车比较灵活！"

很多留在本地过年的网友也来积极参与，就为表达支持："不带人也不被带，专来支持这个活动。"

还有人在"顺风"回家之后，发微博回味着旅途中的人间温情：

@43 辞职去旅行：青岛海边，冬日的太阳温暖而无力，略带咸腥的海风扑面吹来，听海浪轻拍沙岸。回想一路上所遇的人和事，自是一番感慨：时光易逝，光阴如金，容不得太多的犹豫与等待。惜缘！

因为春节没有出京，王永自己并没有参与到"春节回家顺风车"活动中，但他却过了最紧张忙碌、温暖幸福的一个春节。"每天早上一睁眼睛就赶快上微博，一直到睡觉，差不多十六七个小时在线。连看春节晚会时都有点心不在焉，总在刷屏。"

读着一条条或轻松活泼或饱含感激的文字，王永也被深深感动着。据不完全统计，1月10日开始至2月10日结束，参与的微博网友超过18000人，参与城市达到20个，搭乘协议阅读量约2400人，提供空座的车主约600人，成功配对约1100人。王永提心吊胆了一个月，这次"春节回家顺风车"公益活动中并没有出现一次事故，所有旅客都平安归乡或返程。

"说实话，大家越是关注，越是支持，我们的压力越大。赵普的那句话代表了我们的心声：我们尽力做到全面，但时间紧、任务重、人手少、经验缺，定会有疏漏。望海涵，望担待，望指导。"在环球时报 2012 年 1 月 17 日 15 版刊发的《缓解春运应动员拼车》一文中，王永说道。

通过这次"壮举"，顺风车后续实名制报名车友达到六七万人，"春节回家顺风车"活动成为此后每年春节的一项公益行动。

而离那个光头的年轻人在回龙观 344 公交车站扯着嗓子喊出第一声"免费搭车"已经过去了整整 13 年，那时的一颗善种终于在人与人的温暖善意中遍地开花。

资料一：

2013 年春运期间，"温暖 2013——春节回家顺风车"大型公益行动，吸引来自全国各地超过 40 万热心车主和乘客参与，成功帮助超过 9678 人免费回家或返程工作。由于有实名注册、签订协议和赠送保险等安全措施，活动全程并没有发生一起纠纷和安全事故。

2014 年春节，顺风车公益基金携手惊鸿基金发起"惊鸿回家·2014 春节回家顺风车"大型公益活动。自 1 月 16 日起到 2 月 24 日结束，共有 68135 名朋友参与，成功帮助 25755 人搭乘顺风车回家或返程，其中有三成人爽约。

2012 年"春节回家顺风车"总结会暨顺风车常态化研讨会

"2015 春节回家顺风车"公益行动中，腾讯路宝成为大众报名参与顺风车的主要入口。至此，该活动共温暖十万游子的春运之行。

"2016 春节回家顺风车"公益活动中，著名表演艺术家六小龄童、央视著名主持人鲁健、"凯叔讲故事"创始人王凯、著名公益人徐侠客、气候组织大中华区总裁吴昌华五位名人等成为春节回家顺风车公益活动联合发起人。

2017 年春节，全国春运旅客发送量达到 29.78 亿人次，比上年增长 2.2%。加之铁道部自 12 月 30 日之后车票预售期缩短为 30 天，铁路出行抢票难度进一步加大。2017 年成为"史上最难抢票年"。回家心切的游子如何在关闭"抢票"这扇窗的时候，找到另外一条既省钱又舒适的回家之路呢？春节回家顺风车无疑是较好的选择。

（2013-2018 春节回家顺风车公益活动情况详见附录一《2013—2018 春节回家顺风车系列活动集锦》——编者注）

资料二：

首届"春节回家顺风车"媒体沟通会议实录

会议时间：2012 年 1 月 13 日（下午 14：00）
会议地点：北京友谊宾馆嘉宾楼
会议主题："春节回家顺风车"媒体沟通会
主 持 人：张晓楠

张晓楠：各位嘉宾，大家下午好。央视之前播出过王永先生的顺风车公益广告，我最早看到这个广告的时候在想，有人敢搭他的车吗？现在经过 10 年，公益顺风车得到了更多的重视。首先让我们请王永先生给我们介绍一下，"春节回家顺风车"这件事该怎么样拓展？

王　永：今天真的非常开心，我们五个人发起这个事情以后，没有想到进展会这么快。大家知道昨天春运的火车票已经卖完了，今天没买到票的人，火车票订购这一块就没有可能性了。我们的微博发出来以后，基本上看到会有上万条转发，1000多人参与到我们活动当中来，有500多个人有这个需要，有将近100多个人可以提供服务。

这次我们得到很多媒体的热情关注。说实话，我做"顺风车"这么多年，批评的居多，什么"作秀""宣传自己的品牌""天天开顺风车是为泡妞"各种言论说实话我已经习惯了。但这次突然得到大家的广泛关注，我觉得很开心。

我发布微博以后，有很多的人来跟帖。现在我每天晚上都是看着看着微博就睡着了，太多了。郎永淳说没想到这么多的信息汇总。赵普也说，请大家检验监督民间公益的成长，我们都是公益哥。其实很多主持人都表示对这件事情的支持让我非常感动。邓飞也是我们的发起人之一，他通过微博发起了"免费午餐"，政府也参与拿出了160个亿来支持这个活动。

这是我们"春节回家顺风车"的微活动，一般微活动从注册到审批是24小时，而我们只用了5分钟就出来了。我打电话给缪杰，你能不能给我们唱一首歌《回来就好》，每次打电话都收获了很多的感动。

为什么会发起这样一个活动，我们用"天时、地利、人和"来概括。"天时"是春运回家压力所在，国家现在包括铁道部、交通部每一个部门，上至总理都在为春运做贡献，我们作为一个公民也要为春运做自己的贡献。

二是"地利"。我们在北京，北京可以辐射到全国，可以影响到其他的地方。我们目前通过活动带动了沈阳、海南、郑州、昆明、深圳，这么多省市的电视台、报纸以及新浪网站的关注，他们都以地方为中心来发起活动。他们的活动也是受到我们活动的影响，所以如果全国上下一起来参与的话，这个影响就会更大。

三是"人和"。我们五个发起人中间，我开了14年的顺风车，有丰富地应对各种危机和麻烦的经验，被认为是黑车，被人扔过馒头，受到过很多质疑，所以我能hold住。邓飞作为一个媒体人，对活动给予了非常大的支持。他现在在上海每天不断地推广这个事情。另外大家看到今天来到现场的赵普和郎永淳，我们之前都是朋友，他们能成为这一件高风险事情的发起人也是不容易的。我们活动也得到了很多技术公司的支持，我们刚刚来了一位，原来是百度公司的高管，自己现在开了蜂侠飞技术有限公司，他以后能用二维码帮我们解决一些问题。还要感谢岳成律师事务所，为了这么一个小的合同开会讨论，这在岳成律师事务所史上也是比较罕见的。

有人看到有阳光保险的加入就怀疑这里面有商业行为。实际上是我和他沟通，说搞一个活动要保险支持，然后他说哥们你说怎么办就怎么办。也就一分钟的时间，他捐赠保额10个亿。所以我要感谢所有的朋友对这件事情的大力支持。不管这件事情能做多大，帮助多少人，只要我们努力就能坚持下去。我们明年会总结经验教训，把这件事情做得更大更好。谢谢。

张晓楠：事情是好事，但过程中存在着我们不一定考虑到的风险，所以我想听一听每一位发起人对这个事情的看法，这也是各路媒体比较关注的。其中有几位媒体人没有到现场，所以我们现场连线。首先连线陈伟鸿先生。

陈伟鸿：非常抱歉，今天一直在调整录像时间，没有办法到场汇报，感谢这些志同道合的人。我们希望通过呼吁，让更多的"顺风车"开在我们回家的路上。这个想法我们觉得在春节到来之际，是非常温暖的。我们也不敢奢望这个方法能帮助多少人，其实我想任何一个大的善良都是一点一滴的善积累起来的，所以这是我们的一个愿望。

张晓楠：我们现在连线邓飞，凤凰周刊的主编，"免费午餐"的发起人。

邓　飞：谢谢大家，希望通过这个活动的人能够安全回家。我们这个活动开展到现在有越来越多的媒体跟我们联系。在这个活动之前有宣传"免费午餐"的平台，现在各省做午餐的媒体都在联系我。我们这边还有杭州的汽车公司、拼车的、58同城的在联系，我们想把这个资源统计起来进行分类，大家分好工一起努力，把这个活动进展得更加好。

张晓楠：谢谢，我现在越来越感受到其实做善事好事有多种途径和方式。接下来我们请郎永淳先生来谈谈。

郎永淳：我认识王永是在我们新闻频道《真诚沟通》这个节目里面，面对面谈这个话题的时候是在今年的1月8日。那晚，他说今年想把"顺风车"和春运结合起来，这个在法律上的一系列的问题怎么解决？他说你等着过两天我跟你联系。到1月10日的时候，他给我们发了一个短信说让岳成律师事务所在法律的条款上做了一个详细的文本，我们跟阳光保险集团谈好，他们愿意提供2012份保险保证大家很安全地搭"顺风车"回家。后来我又跟赵普通电话，大家非常迅速通过几个电话决定共同发起这个活动。当我们打开顺风车门的一刹那间，我们打开的是幸运、温暖、安全之门。

1991年，我从南京回家的过程中经历了一个难忘的事情，那个事情让我到现在为止都觉得是春运里一个特别寒冷的记忆。当时为了省钱，我和另外一个同学买了一张到安徽明光的票，从徐州回到家的话是2块多钱的火车票。下了火车以后下雪了，长途车开不了，其中有一个同学说他在那边有一个初中同学，他希望能够敲开他们家的门，问问是不是可以让我们第二天再走。

当我们走到这个村庄敲门的时候，已经沿着铁路线走了20多公里，就为省钱赶下半程的车。所以王永坚持开顺风车，就是开启了一扇温暖幸运的门。我们五位发起活动，希望能够在认识和不认识的人之间架起一个信任的桥梁。特别感谢岳成律师事务所给我们提供法律支撑，阳光保险提供保险上的支撑，希望更多的媒体朋友关注我们的活动，让回家的路更加的温暖，谢谢。

张晓楠： 刚才郎永淳说希望能够打开温暖的门，我想起美国的一个大片"当幸福来敲门"。接下来我们请赵普先生谈谈，决定发起这个"春节回家顺风车"活动他是怎么想的。

赵　普： 谢谢大家，今天现场这么多同行，我希望你们把这个事儿多宣传。从去年到现在郎永淳一直在思考一个可以做公益的方向，但自从中国慈善遭遇寒冬之后，在没有决定好怎么做之前我们不打算说。因为调研做了四个月，慈善需团队。所以王永给我发信息简单沟通后，我就决定来了。做事情讲缘分，我跟王永有缘分，跟岳成律师事务所有缘分，跟老岳也有缘分。

其实关于"顺风车"还有很多具体的工作需要做，今天大家看起来很热情，底下有很多工作是很难推进的。有很多不懂得上网的，不知道订票的，信息来源非常单一的人群，都是一些农民大哥、大姐，他们该怎么样获得信息、寻求到帮助？往往不知道这事情的人反而是需要帮助的。有人在网络上给我留言，你发传单吧。这年头发传单会把我抓起来，但这也是一个办法。怎么样去帮助他们，我们还在商量，王永和他的团队花了很多的时间在收集和整理资料。

我问你，火车里面最好的座位在哪？最好的座位是行李架。我曾经从合肥到厦门坐火车，看到有人没有座位睡行李架上。他一直不下来，因为下来之后位置就被别人占了。所以他就用一根皮带把自己系起来。

所以让我们一起来做这件事吧。邓飞说我们可能会被不断地抨击，并且看不到我们希望看到的改善。那我们就一起做，哪怕力量很微薄，只要大家一起做，就能把希望的现实拿到面前来。好，谢谢你们。

张晓楠： 谢谢赵普先生，接下来我们有请岳成律师事务所著名律师岳屾山先生。

岳屾山： 谢谢大家。我特别敬佩王永先生能做这么大胆的事。我们改了合同以后，还是觉得有一些不放心，他们发到微博上以后，我们还是觉得要换掉。因为第一版有一个费用的问题。大家都熟悉黑车，黑车被抓到的话就是2万到5万的罚款，我们第一个文本会造成一些后果，所以建议去掉了。在这里建议我们的这些车主和搭乘人，不建议他们收现金。另一个风险是交通意外问题。驾驶员你有没有起到一个谨慎驾驶的义务，这对于我们提供车的车主要求很严。保险工作加入到里面，出现意外的话都可以降低损失。还有一个是车主和人身安全的问题，希望乘车之前核查好身份。我们制订很好的协议，是尽量避免有人利用这种机会实施一些违法犯罪的行为，也是提醒我们发起人在发起的时候，搭车的时候注意个人的人身安全，能把身份信息通知自己的家里面。比如我今天搭乘了三个人，这三个人身份证信息名字是谁，路上有一些情况的话，对大家也是有一些帮助。我对一些法律的观点看得比较重，只为保证我们的活动更好地完成，谢谢大家。

张晓楠：谢谢。岳律师提到了在搭车行程中关于法律方面风险的规避。买车要买一份保险，这个活动也建议大家买保险，接下来我们就请阳光保险品牌总经理张杰先生给我们讲一讲。

张　杰：非常高兴参与这个活动，所有公益的事情我都愿意参加。我们这个保险是阳光保险特别计划，是只赠送不卖的。给王永这边赠送2012份阳光保险的产品，但我们不希望有意外发生，我们保险公司希望这个事情平平安安、顺顺利利地进行。微博上说保险公司加入到里面，是不是有一些商业的事情。我觉得做公益要承担很多别人的说法，这个要有心里的铺垫。

#春节回家顺风车#保险期限扩大一个月！为了达到更全面的保障，目前，本活动保险期限由7天升级为1个月，全面保障爱心车主过个2012阳光年。活动当事人签订搭车协议后，爱心车主将获得阳光"志愿者关爱计划"保险，本保险涵盖9万元的意外伤害身故/伤残保险、1万元的意外伤害医疗、50万元的交通工具意外保障；保险期间为一个月。全部保险由活动组织方确认、激活送出。

阳光实际上非常重视社会的公益事业。希望"顺风车"这个事情从今年开始有一个很好的开端，希望明年世界上更多的企业、爱心人士像赵普、郎永淳这些公众人物一样都参与进来，我们这个事情会做到很大很大，感谢大家给我们这个机会。

张晓楠：接下来进行保单的交接仪式，共2012份，我们请发起人来接收。

（接收仪式）

张晓楠：接下来的时间，我们请各位媒体朋友提问，请发起人到前面来。

提问环节：

中国交通报记者：听说这个行为现在非常有争议，也非常有风险，我们想问一下王永先生，你自己做"顺风车"的事情已经十几年了，如果政府能参与拿出几个亿来支持的话，您希望政府怎么样参与？

问岳律师，政府对拼车事情的界定很难，特别是取证这一块，怎么样确证他是无偿，有一个取证难的问题。请您从法律的角度谈谈怎么界定。从交通管理部门来说，您觉得有什么样的好办法可以界定黑车与善意的搭乘，我们的法律在这方面是不是还存在有待改进的方面？

王　永：怎么样解决、政府怎么参与，我们已经研究了20多个国家的拼车政策和法规。我建议：

首先通过社区结队解决信任的问题。如果在小区内部实行拼车，而不是我这样找陌生人，这样能够解决一个安全问题。因为可以有民警、居委会的证明保护，都是安全的。

其次"顺风车"使用公交车道，减免高速通行费。"顺风车"不要停留一个制度层面，又光荣、又有实惠的事情大家才有可能去干。比如说我们以通县为例，有3条车道，2条车道给了私家车，1条车道给了我们公交车。这一条车道有大量的警察在那看守不让其他的车进来，那可以不可以让搭满人的车走这个通道。

另外，可以减免车船使用税来提倡这项活动。比如说有一个收费口我们坐四个人，这个车就不用收费了。这个事情20年前北欧就开始做了。我曾经在人民日报写过一篇文章，叫《汇聚全球智慧 解决堵城之因》，我把文章用快递寄给了北京市的领导，当时我就收到了感谢电话。如果有这样的激励方式，到年底的时候累计起来，凡是达到一万公里的人就可以免收你的车船税了。这个时候我就是为了占小便宜也好，奖励光荣也好，我都会想方设法搭"顺风车"，这样就把社会、政府、搭乘人的动力链接起来了。

岳岫山：关于拼车，国家没有一个法律的规定。出租行业或者是客运行业是国家特许经营的一个行业，是维护社会公共的事业。如果说每一个人或者说所有的人都可以进入这个行业的话，会对整个客运行业造成冲击，这里面会有安全、监管的问题，所以说国家对客运没有放开。

国家怎么认定是黑车？我们指的是以收费来运载客人的这种行为，通过运输客人来谋生这种行业叫作黑车，像王永先生是免费搭车，不是以此为生或盈利。要是收费的话就是一种经营行为，这是国家打击的。要是取证的话，现在更多的取证是把车主和乘主分开对口供，两个人之间的关系、名字，有一些基本的信息肯定是对不上的。回头碰到一个特别死板的人，问你为什么搭他，你怎么说？这种事肯定会发生的。随着这种事情越来越多，大家会认可"顺风车"，国家会出台一些政策和法规，会规范我们这个市场。这真的是对于降低拥堵、环保方面都会有很大的帮助。

赵　普：今天的重点是"春节回家顺风车"，我们目前要解决的是一个阶段性的诉求。因为现在最现实的问题是春节回家困难，这个问题国家希望解决，老百姓希望解决，这个问题我们需要攻坚它。至于是黑车、白车，政府怎样认定它，是下一个阶段的事，不是今天我们就可以解决的。

郎永淳：这是下一个阶段的诉求，我们通过春节把这个事情做好以后就可以提供相应的模板。不可能所有的事情都放在政府的脑袋上，通过社会的每一个细胞探讨出一个成功

第三章 一个社会的公益（2012-2018）

的模式才能得到政府方方面面的支持。王永说到二十几个国家的经验，未来所有黑车、"顺风车"怎么样发展，是一个法律界定的问题、经济杠杆平衡的问题。将来有可能的话，我们会跟团中央建立一个顺风车客户端，由若干个志愿者加入到这个团体上，然后会有一个标志，别人看到"顺风车志愿者"这个标志的话，就会有一个信任感。

赵　普： 现在微博就有这个功能。在成为驾驶员之前你必须注册，比如像中央部门管理一个行业，让我知道你在干这个，信任问题就可以在制度层面解决了。

中国青年报的记者： 刚刚提到了岳律师给这次活动起草了一个规范的合同模板，我们想知道这个模板有什么内容，能够从哪几方面来打消我们春节搭乘"顺风车"回家的顾虑。

岳屾山： 这个确实也非常简单，一是双方的身份信息，二是关于车况的描述，路线、出发、地点基本信息的描述等。因为这个是不收取任何费用的，如果驾驶人员发生交通事故，这个规则怎么分配？要是由于驾驶人员的问题出现交通事故，就会由驾驶人员承担后果。有一些违约说好了搭你的车，你不拉我了，这样会对乘车的人排队买票造成影响，要给一个补偿，这是协商后确定的一个结果。

北京晚报： 我想问岳律师，如果真出现了法律纠纷，岳成律师事务所是不是可以提供法律服务？

岳屾山： 我们在对这个活动提供一些咨询的服务，后续的话我们没有办法提供支持的，我们给哪一方提供法律帮助都有偏颇，所以还是需要他们自己解决。就整个事件活动我们是站在组织者这一方提供一些必要的法律支持。

公益时报的记者： 大家有没有讲到，5位发起人在微博上怎么互动的，有没有分工活动？

赵　普： 你要全加上我们的微博，你就知道活动的轨迹，少加一个都不行，就这么简单。

追　问： "春节回家顺风车"主要还是免费提供"顺风车"服务的，那么我想问提供"顺风车"服务的这一方，他即使给别人免费也没有办法减轻他回家路上的费用，出现了问题还要承担责任，没有任何好处还增长了风险。从理性角度来看人是不愿意做这个事情的，这个活动有没有现实的意义？如果是特别热心我才来做这个事情，有风险我不管，这好像不太现实。

岳屾山： 目前来讲像王永先生这样的人也不少，可能说他私下里面有一些利益的交换，我们也不清楚。不过从王永先生本人来看，他这样"傻"的人也很多的。当然有一定的风险，但我们已经争取通过各种方式把风险降到最低。

王　永： 我们身边的郎永淳、赵普、张晓楠，这些人商业活动的出场费很高的，但我们出场的所有人都是自己打车来的。我们做的事情就是帮助更多的人来做这件事情，您说这个理性我很认同。但吃饭可以AA制，拼车为什么不行呢？今天我们讨论还是"春节回家顺风车"，因为是一个特殊的时间点，特殊的需求，这个事情做好了，我们下一步任务就是大范围的推广。

郎永淳： 我刚刚介绍我是通过《真诚沟通》这个节目认识了王永，节目通过人物的故事详细解读我们的核心价值观。通过我们一系列的行动来唤醒每一个人，证明我们在这个社会当中能找到温暖的行为。当然你可能说谁会那么傻做这个事？现在关注这个活动，通过这个平台给他们提供"顺风车"已经有900多人了，通过你们的宣传会有更多的人关注这个事情。如果我们比较成功地运行，大家监督了之后，摸索出一个比较成功的模式，未来会有9000多、90000多人投入到这个活动当中来，让我们觉得这个社会是温暖的。我们在学习力学的时候有作用、有反作用，你温暖别人就是温暖你自己，给别人提供帮助的时候就是在帮助你自己。我们希望通过自己微薄的力量，先从自己的做起，然后来号召我们的粉丝，关注我们的人，让更多人觉得这个社会愿意做公益的人越来越多。谢谢。

赵　普： 我节目里说过一句话，有一个小孩落水，如果没有发现是自己六岁的儿子不见了，你会不会在围观的人当中？这个事不是利益杠杆可以调整的事情，是力所能及能做到哪就做到哪。如果我们永远都做自己的事情，你怎么保证自己的家里人不会有一天就在你的冷漠当中死去？你会活在永远的后悔当中，与其那样，今天就做吧。

缪　杰： 新闻学里有一个说法，狗咬人不是新闻，人咬狗才是新闻。这个事少数人在做，就当一个新闻来报。我们还在关注，就是因为这个事是少数。大家为什么用很怀疑的眼光看这个世界？这个世界好像充满了坏人，你生活在这样的世界，到处都是危险都是坏人，你还有勇气在这个世界上活下去吗？为什么不从自己的点滴做起，让这个世界美起来，像王永一样，他每载一个人，让别人快乐，自己也快乐。

提　问： 《回来就好》为什么用在"春节回家顺风车"上？

缪　杰： 我对春运感受很多，前不久我也差一点"被春运"。我家里出现了一个事件，我要赶回家去，找各种各样的渠道都说"对不起，今天的票没有了、明天的、后天的都没有了"。我每听到一声对不起的时候，就觉得自己面前的窗户关上了。那个时候我觉得世界变冷、天塌下来了。最后我通过种种努力赶回去了，很曲折时间也很晚了。我进屋的时候，我妈红着眼睛说："没事，没关系，你回来就好。"有的时候回想起跟自己家人分享太少了，是不是跟家人有一些矛盾，就像歌里唱的，"在这一刻什么都不重要，真的就是回来就好。"所以昨天我接到这个电话的时候，我感触挺多的，我愿意把这首歌唱给大家听。

张晓楠： 感谢这五位发起人发起这个活动，希望在2012年更多人说这句话——"回来就好"。那接下来有请我们的缪杰来给我们唱起《回来就好》。

（结束）

雷锋日，顺风车在行动

　　"春节回家顺风车"公益活动的首次"试水"，得到了线上线下的一致好评。然而春节一过，北京又恢复到了"首堵"的样貌。道路拥堵、环境污染加剧、高峰时段用车紧张等问题依然困扰着人们。

　　为了让"顺风车"的概念更深入人心，让更多的车主参与到顺风车的公益活动中来，2012年3月4日下午，"雷锋日——顺风车在行动"发布会在北京举行。王永通报了"顺风车常态化"工作的阶段性进展，并为首批爱心车主发放了带有唯一编码的顺风车标识——"顺风车二维码车贴"和"绿丝带"。"顺风车常态化"推广工作由此正式拉开序幕。

王永展示顺风车二维码车标

王永介绍如何使用顺风车二维码车贴

　　发布会上，王永特别阐述了他对雷锋精神的理解。他说，雷锋精神就是"人人为我，我为人人"的分享精神，一个鼓励的眼神，一个温暖的微笑，还有像"顺风车""邻里亲近"和"电梯微笑"等这些生活中非常容易做到的小善举，都是雷锋精神的体现。王永号召每个人都来做雷锋的粉丝——"锋蜜"。他认为，无论什么人，无论贫穷还是富有，都可以做雷锋，雷锋的形象应该是阳光的、健康的、快乐的。

　　现场一位爱心车主罗先生表示："有了顺风车车贴，一会儿我就可以带人了，感觉很兴奋"。曾经在回龙观担任公交协管员的徐大爷也专程赶来参加发布会，他曾长期在344路车站帮助王永招呼乘客，他对王永推广顺风车所取得的成绩感到非常欣慰。走的时候，徐大爷也坐上了前来参加活动的车主王先生的顺风车，该车主之前也是王永的顺风车乘客。

　　此次发布会的重点内容就是介绍如何利用二维码技术进一步推进"顺风车常态化"。为此次活动提供技术支持的北京蜂侠飞科技有限公司副总裁曹月华介绍了"蜂子二维码软件"在"顺风车"项目上的应用。这种新型的技术，不仅使顺风车这一公益行为更加规范化，而且避免了可能存在的安全隐患。车主领取了"顺风车二维码车贴"后，便可以登录蜂子顺风车后台系统（IFENGZI.CN），输入车贴二维码下方的唯一序列号，系统将自动把车主信息与车贴上的二维码做唯一性的绑定，除了车主，其他任何人都无法更改信息，而乘客则可以通过手机"蜂子二维码"终端扫描车上的"二维码车贴"，即可看到关于车辆及车主的相关信息，以此判断车辆的安全。同时，车主也可以通过查阅扫描纪录，获知乘客的信息。

蜂侠飞副总裁曹月华介绍二维码技术

记者在现场欣赏顺风车二维码车贴

记者现场扫描顺风车二维码车贴

　　在回答"爱心车主如何获得二维码车贴"的提问时，王永表示，所有希望参与"顺风车"活动的车主，均可以登录新浪微博，给活动官方微博"@顺风车"留言，或发送短信至指定号码，说出你的需求，便会有专门的工作人员和车主取得联系，安排领取或寄送"顺风车二维码车贴"和"绿丝带"。大家有任何关于顺风车的问题，也可以给"@顺风车"发评论或私信，工作人员会在第一时间解答。主办方将联系有关媒体参与"顺风车二维码车贴"和"绿丝带"的发放。王永希望各地媒体通过新浪微博和"@顺风车"取得联系，协助"顺风车二维码车贴"和"绿丝带"在各大城市的发放。

王永现场接受媒体采访

部分领到顺风车二维码车贴的车主

首批贴有二维码车贴的顺风车正式上路

本次活动第一阶段的"顺风车二维码车贴"和"绿丝带"数量为2000套，包括4000枚车贴、2000条绿丝带。每套两枚车贴、一条绿丝带。发完以后，主办方会随时加印。

王永表示，在雷锋日举办此次活动的目的是进一步推行"顺风车常态化"，以北京为首站，让全国的爱心车主都来关注和参与"环保、节能、减缓交通压力，并促进人和人之间互相信任的"顺风车。

"6·6"顺风车日：我们一起绿色出行

  2012年，是顺风车蓬勃发展的一年，王永十几年的不懈努力终于得到了有关政府部门、媒体同仁和业内名人的广泛支持与讨论。通过"春节回家顺风车"的首响和雷锋日活动的延烧，顺风车成为全社会关注和热议的公益项目与出行方式。但是，王永也清醒地看到，虽然顺风车公益活动已经初显成效，全国30多个地方成立了工作站，有七八万人参与其中，但"现在这个结果，离现实的需要还差得远"。顺风车常态化工作需要继续向前推进，"在我们和社会各界的努力下，希望北京早日出台相关的鼓励政策"。

  为继续倡导绿色出行，王永委托全国政协委员金正新，将每年的6月6日设为"顺风车日"。以此推动顺风车常态化，宣传顺风车绿色环保、减缓交通拥堵、促进人与人之间的信任。如顺风车"短途长期"活动顺利开展，有望减少10%的车辆出行率，这对缓解大城市的交通拥堵和减少尾气排放有着重要的意义。

首届"顺风车日"启动仪式现场

6月6日，寓意为"六六大顺，一路顺风"。借"顺风车"日，除了与政府领导、业界专家、媒体记者以及广大私家车车主和搭乘者探讨顺风车活动外，王永还希望把"顺风车日"打造成由中国人发起的全球公益互动，来引起全世界的广泛关注。

2012年6月6日，首届"顺风车日"在北京中华世纪坛正式起航。全国政协委员、人口资源环境委员会副主任王玉庆，首都精神文明建设委员会办公室副主任卜秀均，中国环境新闻工作者协会秘书长刘国正，北京市交通委员会研究室主任陈燕凌，品牌联盟董事长、顺风车发起人王永，凤凰周刊记者部主任、"免费午餐"及顺风车发起人邓飞，央视著名主持人、顺风车发起人郎永淳，北京四季沐歌太阳能技术集团有限公司公共关系及传播总监李雨恒，首都机场广告公司总经理路华，浙江吉利控股集团有限公司公关总监杨学良，北京蜂侠飞科技有限公司副总裁王骥，福建羽晨服饰有限公司董事长、玛卡西尼执行总裁丁耿著，山东欧宝板业有限公司总经理赵全起，海航旅业办公室主任宁志群共同开启了"首届顺风车日"启动仪式。

启动仪式上，全国政协委员、人口资源环境委员会副主任王玉庆致辞。他表示，发展"顺风车"政府要有所作为。全文如下：

全国政协委员、人口资源环境委员会副主任王玉庆致辞

王玉庆：

"顺风车"从社会意义上来说是一件好事。今天是"首届顺风车日"的活动，昨天是"世界环境日"，所以这是非常有意义的一件事。希望各位热心人士都能支持"顺风车"活动，为节能减排做出贡献。

大气污染成为当前城市最突出的环境问题，去年冬天北京市一场阴霾的天气，让PM2.5成为最热门的话题。北京市政府将监测治理PM2.5作为2012年为民办事的首项任务。环境污染成为广大市民关注的问题，对人体健康危害非常大。PM2.5的来源很多，作为大城市来讲，主要来源是汽车污染物。国家重点控制二氧化硫，通过几年治理总的排放量在降低，但是我国城市大气污染物整体上还是非常严重的。例如，2011年世界卫生组织发布的全球城市空气污染报告，一共涵盖了91个国家，1081座城市，我国28个省会城市排在900位以后，落后于许多发展中国家。

我国的肺癌发布率以1.6%的速度增加，到本世纪初，上升到第一位。因此解决机动车污染，治理交通污染成为最重要问题。环保部发布的2011年污染公报，其中机动车污染达到了5200多吨。我们要采取综合措施，加快实施标准，国有大型石化企业要负起责任，生产标准燃油。

诸多研究表明，一个城市交通拥堵除了车的数量，还有交通的需求量，大概交通需求总量是3800万人次，这跟城市的规划和布局有关系。所以大中城市需要发展轻轨等交通工具，建设人性化的交通体系。

提倡"顺风车"，政府要有所作为。"顺风车"活动不仅可以缓解交通拥堵，还能增进人与人之间的信任。发展"顺风车"会遇到困难，如何把需求结合起来，防范事故出现，还需要企业和媒体的参与，还需要政府有所作为，出台政策规章提倡支持"顺风车"。把"顺风车"和非法驾驶人员区分开，在进出城的高速收费站建立免费通道，免收高速费，同时，小型轿车乘坐三人以上可以减免费用。在机场引导公共参与，可以形成车主联盟，诸如这些政策和经济手段便于实施。

"顺风车"在节能减排和培养公民意识方面也发挥了积极的作用。随着越来越多的热心人士加入到"顺风车"，使它逐渐成为一种社会风尚，通过政府、企业、广大公众、媒体的努力，让天更蓝、城市更加和谐幸福。

首都精神文明建设委员会办公室副主任卜秀均认为："顺风车"将引领健康社会新时尚。全文如下：

首都精神文明建设委员会办公室副主任卜秀均致辞

卜秀均：

"顺风车"行动是一项需要勇气、智慧和爱心的公益活动。多年来在以王永为代表的有识之士的带领下，社会上越来越多的朋友加入到"顺风车"的行动中。在社会上向陌生人传递爱心，倡导绿色、低碳的生活理念，引领了健康的社会新风尚。因此首都文明办对参与"顺风车"的朋友致以诚挚的敬意。

近年来，在中央文明委的领导下，首都文明办与相关各部门在全社会广泛开展了"绿色出行，文明交通，从我做起""关爱社会，关爱自然，关爱他人"的"三关爱"活动。参与"顺风车"的朋友们，正是以自己的行动传递了绿色出行的生活理念，诠释了"三关爱"的内涵，践行了北京精神和雷锋精神，因此首都文明办为这样的活动喝彩！

绿色环境是人民群众的期盼，衷心祝愿"顺风车日"越办越好，能够成为立得住的品牌活动，奉献社会的良好风尚，为"人文北京、绿色北京、中国特色社会城市"做出更多的贡献。

中国环境新闻工作者协会秘书长刘国正希望以后能出现越来越多的顺风车。全文如下：

中国环境新闻工作者协会秘书长刘国正致辞

刘国正：

一、"顺风车活动"是一件非常有意义的活动。

第一、有益于建设环境友好型资源节约的社会。

第二、有利于建设和谐社会。"顺风车"带给社会友好、信任以及和谐，这样的活动能唤起人们之间的信任。

第三、有利于建设社会核心价值体系。"顺风车"倡导带来人与人之间的友爱。雷锋就是友爱互助的象征，是道德模范，大家的学习榜样。所以"顺风车"是环保车，是公益车，是爱心车，和谐车，是文明车。"顺风车"不仅仅是车，它还是一种爱心，是一种责任，是一种对他人对社会对环境的爱心。

二、希望能出现越来越多的"顺风车"。

第一、通过宣传让越来越多的人知道"顺风车"，了解"顺风车"，消除对"顺风车"的误解和不了解。

第二、需要政府支持。"限行"一天限两个号，是五分之一的数量，如果一个"顺风车"坐满的话，一个人载四个人是限制的四倍，这个需要政府来提倡。

第三、需要参与顺风车活动的人，有一种机制，尤其是自律机制。

最后，希望"顺风车"能够安全、健康、持续、永远地开下去。

北京市交通委员会研究室主任陈燕凌提出不断完善"顺风车"服务机制。全文如下：

北京市交通委员会研究室主任陈燕凌致辞

陈燕凌：

经济和社会发展迈入机动化时代就面临环境污染的问题，对处于快速发展中的北京来讲，问题更突出。"顺风车"活动在一定程度上反映了全社会对都市交通问题的重视，就北京市工作日每天 5800 万人次的出行总量而言，"顺风车"的量并不大，却是"从我做起"的好事情。

缓解大城市的交通拥堵，最重要的是发展公共交通，集约化公共交通体系。2006 年北京出台了关于发展公共交通的意见，确立了发展公共交通在城市可持续发展中的重要战略地位，确定了城市交通的社会公益性地位，给予最优先投资、优先财税的扶持政策。从科学和优化城市布局而言，加快城市交通基础建设，加大发展公共交通的力度，加强科学管理与监制。

与此同时，交通指数由 2010 年平均 6.1 下降到 2011 年的 4.8，高峰时段由 2011 年每小时 6 公里提升到每小时 23 公里。今年将以缓解交通拥堵，打造交通工厂为落脚点，实施交通措施，提高交通承载能力，深化管理水平。通过"顺风车"能表达爱心、享受便利，还可节能环保。积极应对如以"顺风车"的名义非法运营造成人身伤害的责任问题等等，希望大家积极探索，不断地完善，希望"顺风车"活动能够得到美好的发展。大家携手共同努力为缓解北京交通拥堵，为创造文明的出行环境而贡献力量。

　　"太阳能行业第一股"日出东方太阳能股份有限公司成为首届"顺风日"战略合作伙伴。四季沐歌太阳能公共关系及传播总监李雨恒借助"顺风车"活动，分享了两个观点："精神共享"和"行动公认"。全文如下：

四季沐歌太阳能公共关系及传播总监李雨恒致辞

李雨恒：

借助"顺风车"活动，分享两个观点：

一、精神共享

看到"一个人的公益，一群人的公益和一个社会的公益"这句话时，感受非常深。在今年年初举办的"神舟八号"纪念活动中，杨利伟先生也曾讲到"不可能每一个人都遨游太空"，但梦想可以随着"神舟八号"遨游太空。

二、行动公认

5·12汶川地震后"四季沐歌"捐赠了太阳能热水工程项目解决了8000个小孩的日常洗澡问题，"顺风车"也是一样，希望大家一起行动起来推广顺风车。

非常高兴参加首届"顺风车"的活动，共同支持"顺风车"公益事业的发展。作为"顺风车"的合作企业预祝本届活动取得圆满成功。希望"顺风车"能得到社会各界的支持，希望"顺风车"的发展能早日实现自动化，希望"顺风车"得到企业家的支持，媒体朋友的传播，广告车主的参与，让"顺风车"形成一种习惯，形成以"顺风车"为荣的风气，让人与人之间的关系更加和睦。"顺风车"有你更精彩，分享更温暖。

"首届顺风车日"活动分两条主线进行——发车仪式及顺风车论坛。出席顺风车巡游发车仪式的嘉宾用"每人一句话"的形式表达了对顺风车活动的祝愿。

顺风车巡游发车仪式前嘉宾纷纷表达祝愿

王　永： 坚持"顺风车"已经了14年，希望继续坚持下去，让"顺风车"能够风靡全中国，风靡全世界。

陈　春： 支持社会的每一个公益活动。

李雨恒： "四季沐歌"倡导节能环保绿色出行，搭"顺风车"方便别人，快乐自己。

李云威： 北京车友协会支持"顺风车"活动，希望广大车友加入到"顺风车"中来。

杨学良： 献出爱心，献出力量，希望交通越来越有序。

郎永淳： 虽然在今年春节和王永共同发起"顺风车"这个活动，但到目前为止我还没有做到"顺风车"车主的转变，希望从今天开始，大家祝福我完成作为"顺风车"车主的转变。

陈　征： 希望未来能有更多像王永这样的车主加入"顺风车"当中，成为城市亮丽的风景线，为和谐社会献出一份力。

路　华： 谢谢"顺风车"活动让我的身心得到了提升。首都机场广告的商业价值很大，希望尽媒体人的绵薄之力，让它发挥社会价值，为社会做出一些回报。

首届"顺风车日"巡游发车仪式剪彩现场

首届"顺风车日"巡游发车仪式现场

在发车仪式上，由33辆私家车组成的顺风车队，带着象征"绿色、环保、爱心"的绿丝带和顺风车贴，分成两队开始了北京城内的巡游。他们会成为顺风车队伍的中坚力量，肩负伟大的使命，让绿丝带飘扬在城市的上方。

首届"顺风车日"巡游车队亮相

首届"顺风车日"顺风车志愿者

首届"顺风车日"巡游车队亮相长安街

此次活动的顺风车志愿者服装全部由福建羽晨服饰有限公司（玛卡西尼男装）赞助。

顺风车志愿者身着志愿者服装工作

福建羽晨服饰有限公司董事长、玛卡西尼执行总裁丁耿著说："很荣幸能为顺风车贡献绵薄之力。去年年底我知道了'春节回家顺风车'，这个事情非常有意义。顺风车不仅低碳环保，还能更多地解决了人与人之间的信任问题。玛卡西尼男装是一个很年轻的品牌，也非常关注环保公益。玛卡西尼也希望像顺风车一样，能从一个人的公益活动到一群人的公益活动，变成一个社会的公益活动。"

福建羽晨服饰有限公司董事长、玛卡西尼执行总裁　　　　　　顺风车服装捐赠仪式现场
丁耿著发言

为解除人们对顺风车安全问题的担忧，活动当天主办方和太平洋保险集团签署了"顺风车安全出行保障计划"，免费提供 66666 份保单，价值 20 亿元人民币，为更多希望加入顺风车队伍的爱心人士免除了后顾之忧。

"顺风车安全出行保障计划"签约仪式现场

中国太平洋财产保险股份有限公司北京分公司副总经理陈辉发言

中国太平洋财产保险股份有限公司北京分公司副总经理陈辉称："'顺风车'活动在北京能够快速发展，应该说是和北京精神有一个紧密的结合。北京作为中国这样一个多民族国家的首都，在它形成和壮大的过程中，以宽阔胸怀融合各地区的文化，'顺风车'的文化也被吸收和借鉴，有效地利用交通资源起到表率作用。'顺风车'作为人与人之间传递温暖的活动，从'一个人的公益'变成'一群人的公益'，拉近人与人的距离，丰富和改变了城市人际关系构建，起到社会和谐的作用。我们积极参与'顺风车'这项公益活动，为每一位参与的车主和乘客提供保证，免除他们的后顾之忧，促进'顺风车'常态发展。"

海航旅业支持的"开顺风车分享你的故事心情，赢三亚双飞三日自由行"活动在新浪微博等社交媒体上发起后，许多网友都分享了自己的顺风车故事，最终有三位开"顺风车"的车主获得大奖。

　　海航旅业办公室主任宁志群表示，海航是整合旅游的核心企业，企业理念是"我的人生，我的旅行"。"顺风车"活动本身就是一种旅行，一种人生态度，这和海航的价值观吻合。搭"顺风车"又是一个公益活动，任何一个负责任的公民都有义务参与这个活动。我再次代表海航表态，海航旅业从自己先做，从员工做起推广"顺风车"。另外海航有千千万万旅客，也有门店和相应的媒体资源，也可投入支持相关工作，希望未来的道路上"顺风车"顺风顺水，有海航旅业一路同行。

"开顺风车赢三亚游"颁奖仪式现场

海航旅业办公室主任宁志群发言

在顺风车论坛现场，与会嘉宾就"一个人的公益""一群人的公益""一个社会的公益"等问题展开了激烈的探讨。王永畅谈了他 14 年来风雨无阻坚持开顺风车的历程，以及如何尝试从一个人的公益发展到一群人的公益，乃至一个社会的公益。

品牌联盟董事长、顺风车发起人王永参与顺风车成长历程"一个人的公益"对话

"一群人的公益"对话现场

"一群人的公益"对话主题是"善举与感动"。王永与邓飞、郎永淳为在场观众分享了"春节回家顺风车"从构思策划到活动的开展过程中的点滴故事。

邓飞表示，"顺风车活动"和"免费午餐"都是温暖的事情，传递人与人之间的关爱和互助。

郎永淳说："从春节这样一个特殊契机发展到常态顺风车是一件很有意义的事情，这样的转变是一个欣慰的过程。希望未来在顺风车监督和运行上面，在制度建设、高科技保障建设、文化建设方面做得更好。"他表示自己愿做顺风车的监事长，呼吁更多人关注顺风车。

因事务未能出席活动的另外两位春节回家顺风车发起人，中央电视台主持人陈伟鸿和赵普也通过其他方式表达了对首届"顺风车日"的祝贺和对顺风车的希望。

陈伟鸿电话连线时说："很希望今天能和大家见面，但在深圳出差，无法到达顺风车活动现场。顺风车活动从推出到现在得到很多人的关注和支持，有很多电视媒体、多媒体进行报道。大家对顺风车活动有非常高的期待，在这个过程中，我们发起人也承担起了责任，在未来会带着大家的心愿，在安全的前提下，把这样一个公益车开得越来越快，越来越好。"

赵普通过王永向大家问好，他希望顺风车计划越来越顺。

春节回家顺风车发起人之一、《凤凰周刊》记者部主任、"免费午餐"发起人邓飞发言　　中央电视台《新闻联播》主持人（时任）郎永淳发言

"一个社会的公益"对话现场

　　"一个社会的公益"对话主题是——面对公益我们能做什么。近10位嘉宾分享了他们的感受与心得。

　　四季沐歌太阳能公共关系及传播总监李雨恒发言时称，"四季沐歌"也将全面倡导节能环保，绿色出行，搭顺风车，方便别人，快乐自己。

　　北京蜂侠飞科技有限公司是很早参与"顺风车"活动的企业之一。副总裁王骥表示："有很多人顾虑顺风车活动的信任和安全，这个问题成为顺风车推行过程中的障碍。后来蜂侠飞总裁曹秀华得知后，第一时间联络到王永先生，通过'蜂子二维码'技术在一定程度上解决了此问题，我们将一如既往支持顺风车活动。"

四季沐歌太阳能　　　　　　　　　　北京蜂侠飞科技有限公司
公共关系及传播总监李雨恒　　　　　　　　副总裁王骥

　　本次活动得到了吉利集团与奔驰（中国）的大力支持，他们表达了与顺风车活动合作的意向。

吉利控股集团有限公司公关总监杨学良　　梅赛德斯 - 奔驰（中国）汽车销售有限公司公关及
　　　　　　　　　　　　　　　　　　　　媒体传播高级经理陈征

浙江吉利控股集团有限公司公关总监杨学良表示，吉利汽车会大力支持"顺风车"公益活动，号召200万车主加入顺风车。杨学良认为，作为一个汽车生产厂商，本身就需要做安全节能环保的汽车，减少排放，保障安全，他希望能够和"顺风车联盟"开展更多合作，共同为社会做贡献。

梅赛德斯－奔驰（中国）汽车销售有限公司公共关系及媒体传播高级经理陈征表示，顺风车提升了奔驰汽车品牌的公益形象。"顺风车让奔驰汽车品牌接地气了。"陈征说。奔驰（中国）也投身了很多公益项目，包括驾驶文化的宣传，构建良性汽车文化等。"其中节能减排的倡导和顺风车的环保不谋而合，希望能和品牌联盟以及顺风车活动有进一步的合作"。

首都机场广告公司总经理路华 　　　　　　山东欧宝板业有限公司总经理赵全起

首都机场广告公司总经理路华发表了对"顺风车活动"的感言："因为顺风车，我开始热爱公益活动"。对王永坚持14年的顺风车爱心行动，她表达了自己的感动。"像郎永淳、邓飞、赵普以及陈伟鸿这样有影响力的顺风车发起人，他们做的每一件事情都会带来很多功利，但是他们用一种爱心投入其中"。路华号召传媒人士能够利用起社会资源共同为社会公益活动做贡献。"首都机场广告公司经营全国18个机场的广告，我们媒体的广告价位比北京房价还高，面对顺风车这样的公益活动，我们想用这样一个高品质资源来表示支持。"

欧宝地板是第一个以集团化的形式支持顺风车活动的，该公司在一个月前开了一个"欧宝集团千家店支持顺风车"的新闻发布会。目前，欧宝集团共发展了5000多个顺风车车主。山东欧宝板业有限公司总经理赵全起认为，顺风车引起的社会效果显著。他呼吁政府在这方面给予重视和支持，让顺风车的发展顺风顺水。

新浪网地方站总编室主任蔡幼林　　　　　　　著名影视编导岳晓琳

　　新浪网地方站总编室主任蔡幼林认为，顺风车活动的成功和社交微博有很大关系。"新浪网 16 个地方工作站在全国进行活动推广，下一阶段的发展还要进一步沟通"。

　　"学会信任，赢得更多地被信任"，这是著名影视编导岳晓琳在创作《顺风车》电影时的感触，她祝福顺风车"顺风、顺水、顺民意"。她希望《顺风车》电影能够早日与大家见面，"通过电影的形式，让更多的朋友关注顺风车，支持顺风车"。

　　福建羽晨服饰有限公司董事长，玛卡西尼执行总裁丁耿著为顺风车联盟捐赠顺风车服装 1500 套。他说："我们发起了一个环保态度公益活动，呼吁大家在日常生活中随手环保。"

　　微尘团队代表张清俊表示，要邀请更多的人加入"顺风车"，微尘团队为顺风车感到骄傲。"微尘"的含义是：让爱心像细小的尘埃一样漂浮在世界上的每个角落。微尘团队"用真诚去服务，用态度去感动"的爱心服务赢得了广大师生与社会人士的认可与赞赏。

福建羽晨服饰有限公司董事长丁耿著　　　　　微尘团队代表张清俊

　　6月6日，正值一年一度的高考。顺风车联盟发起人王永、邓飞和郎永淳向全国所有车主及在国内生活、工作的港澳台同胞及外国友人共同发出"高考顺风车"倡议书，倡导所有车主在高考期间，尽量少开车，或者不开车，乘坐公共交通工具出行，减轻高考期间交通压力；倡导接送孩子参考高考的车主，也能为同社区、邻里或者朋友中有参加高考的考生提供顺风车；倡导尽量不要在考场周围鸣笛、停车、久留，尽量保证考场周围交通畅通。

高考顺风车倡议书发布仪式现场

高考倡议书全文：

　　顺风车是一串善意和爱心的灯光，是一道温暖和感动的风景。顺风车日，从方便万千高考考生开始。在一年一度的高考到来的前一天，2012年6月6日，首届"顺风车日"正式启动。

　　6月7日到6月8日，正值一年一度的高考。方便考生，让爱同行，是首届"顺风车日"成立之后的第一次爱的传递。

　　保证千万考生顺利参加高考，是学校的职责，是家长的期许，是考生的心愿，也是整个社会的责任。但是，每年都会因为堵车、误车等问题，导致部分考生错过高考，留下巨大的遗憾。为此，我们向全中国所有车主及在中国生活、工作的港澳台同胞及外国友人发出以下倡议：

　　一、倡导所有车主在高考期间，尽量少开车，或者不开车，乘坐公共交通工具出行，减轻高考期间交通压力。

　　二、倡导接送孩子参考高考的车主，也能为同社区、邻里或者朋友中有参加高考的考生提供顺风车。

　　三、倡导尽量不要在考场周围鸣笛、停车、久留，尽量保证考场周围交通畅通。

活动现场，媒体记者对主要嘉宾进行了采访。

中央人民广播电台记者现场提问王永　　　　　　　　　　　王永答记者问

中央人民广播电台记者： 目前顺风车有多少车主加入进来？接下来您对"顺风车"推广有什么进一步的想法？

王　　永： 现在目前有多少车主加入进来，实事求是来讲我确实不知道。现在有很多企业来支持了，每天有上千万的乘客来乘坐飞机，每一个乘客都可以经过首都机场看到"顺风车"广告牌。在全国20多个城市有"顺风车"组织，有一些是通过媒体、学校、社区、企业发起，保守估计有10万人开"顺风车"，目标是今年达到100万，经过努力希望全国有1000万的车主加入"顺风车"。明年"顺风车"活动会在全球展开。在推广方面一如既往依靠中央广播电视台在内的所有媒体支持，包括新浪、首都机场广告公司，还有分众传媒，CCTV在内的主要媒体来进行大量宣传，希望广大车主朋友，志愿者朋友口口相传，号召更多人加入。我做了13年，还要做30年，我相信这件事情会蔚然成风的。

《汽车观察》杂志记者现场提问郎永淳　　　　　　　　　　郎永淳答记者问

《汽车观察》杂志记者：您作为《新闻联播》的主持人，属于国脸级别，你参与公益活动最大的快乐是什么？

郎永淳：分享带来的是温暖。比如，我打了一下这个桌子，其实它有一个反作用力打了我一下。我打开车门的时候，我打开的是我分享的个人空间，实际上从他踏进车门的瞬间是他对我的支持。做任何的公益都是平等的，不是一个人是高的一个人是低的，在这样平等过程当中，通过分享、公益意识的普及，公益意识落实到我具体的行动当中来，在每一个人的分享过程当中，感动了自己、分享了自己，在这种分享过程中都获得最多。

新京报记者现场提问王永   王永答记者问

新京报记者："顺风车"如何常态化？您曾经说以后会建立一个专业团队，成立基金会，有专业团队进行打点，发起人只是作为顺风车的代言人。

王　永：常态化不是一个行动，不像"春节回家顺风车"在一个特定时间内做一个特定的事情。公益是每时每刻都在做的，常态化是每人每天都在做。这个常态化的前提有好的制度支持，有先进技术的保障，有保险的支持，只有这样的话才是常态化。今天来的人都是"顺风车"的参与者，都用自己的方式为"顺风车"做出贡献。常态化由小到大，今天应该说6月6日拉开了常态化这样一个帷幕。

关于专业团队的问题，邓飞为什么把"免费午餐"做得好，他是专门做这件事情。郎永淳、赵普、邓飞、陈伟鸿他们都非常忙，"顺风车"还要有保障，专业团队我们有了第一个人叫刘坤明，他是"顺风车"第一个专职员工，我们第二个有任雪梅，也是负责很多的。公益专业的团队就是他们两位，我算半个，目前是两个半，微尘团队有数百个团队，在这之前还是我来发的，现在我相信有了"四季沐歌"的支持，我们也会成立一个基金会，这个基金会也会接受社会捐助并公开透明地发布财务报告。

【活动花絮】

工作人员现场为嘉宾详细解答

王永和嘉宾亲切交谈

郎永淳接受媒体采访

王永接受媒体采访

顺风车巡游车队

顺风车巡游车亮相引起媒体纷纷拍摄

　　首届"顺风车日"活动得到了各级领导、社会各界人士的赞誉与支持。活动结束后，央视《中国财经报道》《经济半小时》制片人，知名词作家姜诗明还表示，要为"顺风车"写首歌。正如王永所说，"顺风车日"拉开了顺风车常态化的帷幕，成为顺风车的标志性活动。此后每年的6月6日，都成为顺风车"分享·带来温暖"的绿色时间。

　　（此后每届"顺风车日"活动情况详见附录二《2013—2017顺风车日系列活动集锦》——编者注）

"三人一辆车，代付高速费"试点
促北京《小客车合乘指导意见》出台

2012 年，北京的汽车数量已达到 520 万辆。交通拥堵问题让每一个生活在这个城市的人叫苦不迭。

对于急于解决北京交通问题的政府来说，民间的"公益合乘"，也为交通问题带来了一种解决方案。北京交通委法规处副处长闫林海期望通过民间的实践，能为政府层面推动"公益合乘"的政策提供研究思路和方案。

但实行起来并不容易，因为任何一个部门的阻挠，都有可能让这个项目半路夭折，顺风车团队必须控制活动潜在的风险。王永说："要以最小的代价，最小的阻力去切入。"

2013 年 6 月 17 日开始，王永在北京回龙观发起"三人一辆车，代付高速费"公益活动。作为北京市小客车合乘政策出台前的试点活动，活动在结束之后形成了调研报告，成为北京市出台的《小客车合乘指导意见》的重要参考之一。

6 月的清晨天亮得很早，刚刚 5 点多，京藏高速路口的私家车就已经一台接一台，排着长龙往城里开去。这些车主大多住在毗邻高速的回龙观小区，这座北京最大的住宅小区，有 30 万人居住于此，规模堪比一座小城镇。

司机们说，通常在工作日这种拥堵状况会持续到上午 9 点多。

与往常一样，这些私家车从小区出来往西直行，盘北郊农场桥而下，进入京藏高速在北京的八达岭高速路段，然后驶向城区。

不过从 6 月 17 日起，在进入高速路的辅路拐弯处，竖起了一个高高的蓝色背板，上书"顺风车高速通行券领取处"。背板前有一群人正在沿路发放单页和高速通行券，让经过此处的私家车主纷纷侧目。一问，才知是民间公益组织"顺风车公益基金"发起的"三人一辆车，代付高速费"活动。从 6 月 17 日起一个月内，每天在早高峰时段 (7：00~9：00) 出行进城，只要车上坐满三人且贴有顺风车车贴，顺风车将为其代付高速费。

背板前，志愿者为符合条件的私家车主发放通行券。车主凭券在回龙观北、回龙观南、西三旗这三个高速路入口驶入，并从上清东、上清西、清河主这三个出口最右侧的专用通道驶出，在高速路收费站缴纳通行券即可，无需支付 5 元高速费。

分享·带来温暖

三人一辆车，代付高速费

顺风车高速通行券
领取使用教程说明

1、车辆载满三人且贴有顺风车车贴

2、车辆驶入顺风车高速通行券
发放点领取票券

3、车辆驶入高速（ETC 车道除外）
领取高速通行券

4、通过高速出口走"专用通道"
（其他车道无效）

5、出口将高速通行券和顺风车通行券
一并交给收费员

志愿者向车主介绍顺风车高速路试点活动　　　　　　车主现场填写顺风车相关信息

　　项目启动的前一天，顺风车团队在回龙观小区的《北京青年报》和《法制晚报》里夹上宣传单张，投放了13000张，连续投放三天。同样，为方便私家车车主了解，在进入高速路口沿途的数个电灯杆上还竖起了10个引导牌。

　　"三人一辆车，代付高速费"提供了三种方式让车主能够找到同路的人，包括下载"公益顺风车"APP，登录顺风车官方网站或发短信参与。

　　可第一天执行情况并不顺利。准备的300张通行券只发出92张，发放率不足三成。顺风车团队成员刘坤明认为，这与宣传力度不够有关，接下来他们会选择一个周末直接进入回龙观小区宣传。

　　细节也在完善。活动的第二天，他们在高速路口的拐弯处之后的辅路旁，又增加一个新的发放点，便于私家车停车，并增加了相应的志愿者人手。同时，他们还在发放点拉起了十来条绿色宣传横幅。

　　到第三天时，局面有了明显改观。停车驻足的私家车多了起来。顺风车团队连续两天的亮相，让一些私家车主意识到这活动并非一时兴起，于是停车询问如何参与。不过，也有黑车司机或货车前来讨要通行券遭拒。

　　在现场发现，部分未满三人的私家车辆也收到了通行券。刘坤明说，此举是为了鼓励车主参与，从第二周开始则会严格按要求来发放。这样，慢慢引导这些车主或没车的人在居住的小区里寻找适合拼车的人。

　　6月19日活动结束，顺风车团队在微博上公布了前三天的活动数据，共发放高速通行券233张，其中收费站点有效回收108张。同时也解释这些通行券流失的原因，"满足条件的顺风车没有从专用通道驶出；发放时间晚或由于拥堵超出了免费通行时间段"。

　　王永在微博里写道："明天继续加油，希望突破100辆。"他希望给政府的顺风车试点报告里有个比较好的数字。可能的话，在回龙观试点结束后，顺风车团队还将考虑在京通高速上进行试点。

这次能在回龙观地区进行试点，发起人王永说："这得益于政府相关部门的默许和支持。"

今年5月4日，王永和一些青年代表一起参加与北京市领导的座谈会，会上他提到顺风车的事，得到相关领导重视。5月15日，王永向北京市委市政府递交报告，请求在回龙观进行顺风车试点。两周后，报告得到批复，并指定由团市委给予支持。这大大加速了顺风车的试点进程。

其实顺风车试点工作已经筹划了挺长时间。去年，顺风车团队就同北京的相关部门沟通，征求意见。此后，他们还组织协调会，邀请交通委、首发集团、团市委、北京市志愿者联合会等单位，就北京推行顺风车常态化的细节进行讨论。

这样的协调会开了4次。与政府合作，需要提供完善的解决方案，除了风险可控外，操作也必须"简单、可行"。对此次活动，王永颇有感慨。

2008年开始，他连续几年通过人大代表、政协委员向全国两会和北京市两会提交有关顺风车的提案，可当初的建议"很复杂，过于理想化"。与政府打交道下来，他知道政府想要的是"安全、容易执行、结果可量化"的方案。

这回能够有底气与政府部门协商，与过去两年的"春节回家顺风车"活动积累的成功经验有很大的关系。

当有关部门表示对顺风车的"安全"以及"非法运营"等问题担心时，这对顺风车团队来说已不再是难题。参与顺风车的车主与乘客需实名认证，如匹配成功后还需签署一份电子搭乘协议。同时顺风车团队也说服了保险公司免费为每位顺风车人员提供了保额为30000元的意外伤害保险，让参与活动的车主与乘客免予后顾之忧。自2011年起，连续两年的"春节回家顺风车"活动，累计有近万名私家车主参与顺风车的活动，"没有发生一起车主与乘客的纠纷，也没有发生过一次安全事故"。

同样，顺风车定位为公益活动，要求私家车不向搭乘方收取任何费用。如拼车的乘客希望分担费用，可以以双方的名义向公益基金捐赠，并获得一定的"公益里程"。积累到一定的里程数，还可以兑换顺风车团队提供的礼品。

为能将此活动顺利进行，顺风车团队必须控制活动潜在的风险。

一开始，顺风车团队期待能够在高速路实现对满载车辆免收高速费。不过，在就试点的协商过程中，有关部门并不希望如此，主要是"担心扰乱了高速公路的收费秩序。"

在此情形下，顺风车团队想出了"代付高速费"这个折衷的办法。尽管这与当初设定的目标有出入，王永对此却表示满意。"如果真的要实现满载车辆的免费，没有半年时间批不下来。"

显然，顺风车试点等不及了，于是就有了由他设立在湖南青少年发展基金会下的顺风车公益基金，来代付这些私家车主的高速通行费用。

"做这些事情，一定要耐心、持之以恒，而且要懂得迂回和妥协。"王永颇有感触地说，"政府在越来越开明和务实的同时，也越来越注重风险的控制。"

乘客在志愿者的引导下搭乘顺风车进城

刘坤明称，顺风车计划未来还有很多目标，比如"说服首发集团高速针对三人的车辆给予免费通行；在高峰期，准许满载三人的顺风车使用公交车专用车道；满载三人的顺风车不受限号的限制；顺风里程超过一定数可免车船税"，不过这些都需要循序渐进。

7月16日，试点整整一个月，数据显示，使用"通行券"参与拼车行动的私家车，最高的一天有84辆，平均每天55辆。据清河收费站统计，该阶段共有1645车次参与活动，搭载人数超过4935人。

虽然1528人离回龙观试点的最终目标——至少动员15000位车主加入进来还差很远，不过，刘坤明总结这一个月试点工作时心情很不错。他觉得活动最困难的阶段已经过去，最大的收获，绝不仅是刚达到四位数的参与者，而是让往返于这段路上的车主和乘客都熟悉了"顺风车"。

王永决定将活动延期到9月中旬。回龙观地区的每个社区都将开设顺风车服务点，接受车主咨询报名。第二阶段从7月22日开始，试点路段仅限京藏高速进城方向回龙观至清河主站。从7月22日到9月18日，共有1618车次参与，搭载人数超过4854人。

三个月时间里，顺风车"三人一辆车，代付高速费"试点活动让居住在北京回龙观附近的10000多上班族免费享受了搭乘私家车到市中心上班的便利，共计为3263车次的顺风车代付高速费，回龙观地区近 3000 名车主加自愿入顺风车。

9 月 18 日是活动的最后一天，当天参加试点活动的车主都主动接受了一份特别的礼物——"顺风车高速试点纪念胸章"。小小的徽章不仅是对车主参加试点活动的肯定和感谢，更表明了这些车主在试点活动结束后还能够每天顺带一两位"同路人"上班，坚持把顺风车公益行动延续传递的意愿。

车主展示纪念胸章

不管天气是炎炎烈日还是阴雨霏霏，在顺风车高速试点现场总能看到无数顺风车志愿者热情的身影。他们有的是高校学生，有的是上班族，还有的甚至是年过花甲的退休老人。63 岁的徐连喜大爷就是志愿者中最引人注目的一位，每天 5：30 徐大爷就从西四环四季青桥出发赶到北五环外的回龙观试点现场，三个月以来从未中断过，花白的头发让人对他产生更多的敬佩和尊敬。徐大爷说"参与此次活动不为名利，只想力所能及地为社会做点实事。

感谢徐连喜大爷等志愿者辛勤的付出

为了吸引更多的车主加入顺风车，顺风车公益基金会还组织了多次社区推广活动。王永、赵普、盛博和诸多志愿者参与了小区推广活动。此次活动得到了覆盖回龙观 89 个小区的 47 个社区居委会及 11 个社区青年汇的支持，参与小区内部建立了顺风车车贴报名领取点，其中回龙观社区网、生活半径网、阿芙精油以及数十家公益洗车行对此次试点活动给予了大力支持。

三个月的试点工作喜泪参半，收到了不错的效果。总结会现场，王永表示，此次举办的"三人一辆车，代付高速费"公益试点活动，未来一定还会得到更多的支持，如果政府能参照《重大节假日免收小型客车通行费实施方案》，对满载的顺风车实行"减免高速通行费，优先使用公交车道，不受尾号限行以至减免顺风车的车船税，停车费"等优惠政策，使道路交通做到"有疏有堵，有奖有罚"，也就能消除"收取拥堵费是懒政"的质疑。如此，必将吸引更多的车主自觉持续地参与到顺风车的行列。

会上，王永还宣布世纪城小区将作为顺风车首个合作小区进行试点，并将于十月中下旬举行顺风车进小区的试点启动仪式。与王永同为全国青联委员的世纪金源集团总裁黄涛表示，"顺风车"利国利民，他和同事们将全力支持。

"分享温暖，传递正能量"是顺风车发展的不竭动力。

（本文改编自南方都市报《搭"顺风车"去上班》）

顺风车与电影玩"跨界混搭"

　　2015年6月5日，一部名叫《顺风车》的都市轻喜剧公益电影在全国各大院线公映走红。一个光头，一辆大奔，几个跟丫死磕的哥们儿、姐们儿，一群奇奇怪怪的搭客、看客混搭出一首乱七八糟，不在调上的搭车交响曲。诙谐搞笑的背后，电影中所倡导的——在城市交通越来越拥堵、空气质量越来越堪忧的当下，"让你身边的空座，成为他人回家的希望"公益理念引起了观众的反思。而"主人公大奔哥是否是神经病""顺风车是否安全""顺风车能不能缓解交通压力"等问题也纷纷上了话题榜，成为观众微博微信热议话题之一。

顺风车电影海报与剧照

　　这部电影是根据王永十多年坚持开顺风车免费搭载路人的真实故事艺术加工创作而成的，讲述了某公司老板"大奔哥"欧阳风（王永饰）在堵车时看到路人挤不上公交车的无奈与焦急，决定每天上下班免费顺路搭人，从而遭遇到出租车司机（张会中饰）和路人频频冷遇和谩骂，到最后终于用真心赢得了陌生人的信任和支持，从家人的误解到全力支持，而"大奔哥"也和出租车司机成为了至交好友，赢得了友情和爱情的故事。

　　作为一部都市轻喜剧电影，《顺风车》笑点密集，无论是周晓鸥的醉酒路人，还是邵峰的讨薪农民工，抑或是张会中斤斤计较的出租车司机，与"大奔哥"的对戏都饱含张力，喜感十足。在嬉笑打闹之间，着力展现出人与人之间信任的建立，同时也传达了"低碳环保""包容信任"的生活理念和人生态度。与此同时，《顺风车》还加入了更多的温情戏份。"大奔哥"历经白眼、嘲讽、挑衅、暗算、泼水终于赢得信任，获得友谊和爱情，令人动容。
最后一场戏，北京7·21雨夜中双闪顺风车队为"大奔哥"补办的婚礼更是让观众泪洒影院。

顺风车电影海报与剧照

　　该片由岳晓琳编剧、联合李广德共同执导，武汉世纪恒星影视文化发展有限公司投资出品、湖北省电影家协会联合拍摄，王永、张会中领衔主演，周晓鸥、邵峰、马艳丽等友情客串，更有时任央视主持人王凯、赵普、《华夏时报》的总编辑水皮、专栏作家石述思、依文企业集团董事长夏华、零点研究咨询集团董事长袁岳等非专业演员的大牌明星倾情加盟，影视新秀邬瑗忆、李璐茜、王晓龙担当重要角色。可谓众星捧月，星光灿烂。

开机仪式中电影《顺风车》主创人员合影

《顺风车》出品人张惠玲发言

梅赛德斯－奔驰（北京）中心总经理
鞠革发言

湖北省电影家协会会长余述平发言

　　电影于2012年9月16日在北京正式开机。开机仪式上，《顺风车》总制片人张惠玲女士说："王永的事迹是这部片子的灵感和灵魂所在，为本片奠定了坚实的生活基础，它将会是一部接地气的艺术佳品。"

　　电影《顺风车》的诞生，是精神文明建设的生动体现。影片中呈现的鲜活的人物和有趣的事件，不经意间传达了一个大的主题："低碳、环保、包容、信任、乐活"的生活理念和新时尚的人生态度。有意义和有意思是主创团队对该片的定位。

电影《顺风车》发布会对话环节　　　　　　现场观众掌声笑声不断

初次见面便擦出了"火花"

当谈及创作电影《顺风车》剧本时，岳晓琳导演回忆说，2010年的一天，偶然听到一个坚持13年开着大奔拉顺路客的报道，立刻被几个词吸引住——"光头、老板、大奔、免费、顺路车、13年"。职业的敏感让她意识到，这一定可以拍成一个非常接地气、有笑点又有无奈悲哀，轻松搞笑中传递正能量的喜剧公益故事片。心动马上行动！当天她就拿到事件主人公王永的联络方式，第二天联络约定，第三天见面采访私聊，两人都很兴奋。初次见面，岳晓琳觉得王永这个人有点意思，是她创作角色需要的那种具备独特个性的人物，而他坚持13年拉顺路客过程中所经历的事和人，无论是经历本身还是进行艺术加工呈现都会有很好的看点。

王永也表达了他非常喜欢电影，只要有时间，每周都和太太看两场电影。只是觉得拍电影是个很复杂的大工程，不是闹着玩的。岳导坦言："真诚地拍一部电影很难，真正的喜剧电影有更难之处，根据原型改编，触碰当下社会热点问题，还要用喜剧的表现手法来呈现可谓难上加难！"

为写剧本寻找灵感亲身体验开顺风车搭人

为了找感觉，岳晓琳起大早从城里坐地铁到当时王永拉顺路客的始发地回龙观，当回顺路客并和其他等车人、搭车人聊搭车感受；还请客邀请她的众多好友和她一起分别去体验开顺风车，结果他们基本都没完成任务。

"真张不开嘴呀！爱面子，不信任别人，还得挑面善的；别人也不信任自己，有什么陷阱吧，凭啥免费拉陌生人呀！"正是有了这些体验，一部电影的带芯儿轮廓呈现在岳晓琳脑海中——这是个关于"搭车"的故事，说的是个"信任"的主题。故事讲的是：

一个光头

一辆大奔

几个跟丫死磕的哥们儿、姐们儿

一群奇奇怪怪的搭客、看客

混搭出一首乱七八糟，不在调上的搭车交响曲

投资兼制片人很果断，各路好友倾情相助

剧本有了，电影的投资摆在了岳晓琳、王永面前。这个片子的投资人及制片人张惠玲女士被王永的这件独特的、不可能却变成可能的、"搭顺路客"事件所吸引、感染。看了剧本后，二话没说，马上决定投资拍摄这部大银幕电影。岳导的好朋友李广德则搭起了这部片子得以拍摄的桥梁。

电影最初完全是按着商业电影的质感来解构，起初还与徐铮等优秀喜剧演员进行联络，因档期等因素不能成行，最终大家一致决定由原型人物王永本人来出演，也就是片子里的主人公欧阳风。岳导为此片设计的几个极具特点的各色小人物都由或腕级演员友情客串，或各界名人倾情出演。所以最后呈现出来的是一部完全打破最初设计，由非专业演员担纲出演的大银幕轻喜剧公益故事片。

对于岳导来说，演员平时都有工作，能给到拍摄的时间很有限。再加上季节、资金等其它各种因素，片子连筹备到拍摄完成也就一个多月，这使得片子看起来还有些许遗憾。不过岳晓琳表示，她真心感恩全剧组所有朋友们的付出与支持。当初自己只是一瞬间决定的一个想法，就集结了一个来自四面八方的各路精英组成的一个大团队，为完成这个想法各自发挥着能量，为片子增光添彩。与音乐人合作，两人很快达成默契。一遍遍地听，一遍遍地讨论修改，数个通宵达旦，终于呈献出非常个性时尚、贴合有趣的《顺风车》电影原创音乐，所以这部片子也让大家看到了不一样的焰火。

电影拍摄现场

首次触电却"经验"老道

本色出演的王永，虽然首次"触电"却非常放松自如，各种感情都表演到位。用他的话说，并没有感觉在演，也没有怎么看过剧本。因为这些都是在自己身上真实发生过的事。回忆起电影拍摄过程，王永坦言，一场哭戏给他留下了深刻印象。

"那天拍摄讲的是未婚妻不同意我继续给乘客搭车，但有些乘客在我经常搭车的地方看到我的车，说'大奔哥'来了，我却没搭理开走了。乘客很伤感，去广播里留言说'大奔哥，你还好吗，我们很想念你，想继续坐你的车'这样一个故事。"由于这些故事都真实发生在王永生活中，试拍时十多年搭载乘客的酸甜苦辣涌上心头，令他不能自已，泪洒片场。"那场戏本来只有几分钟，但我在片场哭了20分钟才停下来，那一刻往事历历在目。"

对于拍电影零经验的王永，岳晓琳赞赏有加。她说王永超出了她对非专业演员的预期，王永极聪明，反应极快，最大的优点是松弛，不怵镜头，最大的缺点是太不怵镜头。岳导笑言，因王永要一边拍戏一边工作，经常是镜头前临场发挥，有时还挺出彩，有时把对手彻底搞晕，令大家笑到不行。

演员拍摄不易

片子里有两场大场面戏，一个是雨夜双闪顺风车队自发到机场接运滞留乘客，一个是欧阳风因救助滞留乘客而无法赶去自己的婚礼现场，雨后人们用上百辆车组成心形婚礼现场，为欧阳风和苏秀举行特殊的婚礼。这两场戏有众多车友会的朋友帮忙，也真的让大家体会到拍戏的不易。尤其婚礼那场，突遇强降温，穿羽绒服都觉得冷，戏里演员还要穿短裤背心，嘴唇冻到几乎无法说台词，走路也都僵硬到变形。现场一个开始特别向往拍电影的朋友说他再也不想拍电影这事儿了，"敢情电影是被折磨出来的呀！傻子才拍电影呢！"

电影拍摄花絮

电影拍摄现场

这个戏的车戏很多，岳导说每到这时，她和录音师都要挤到车后座狭小空间，抱着监视器，把自己缩成一个极限，而且要保持一个姿势不变，不然会穿帮。大家观影时，有车戏的，后排车座下面藏着两个缩成球的大活人哦！有一次缩在车里时间太长而且缩成的姿势难度系数也太大，停机后车门被打开，岳导说她和录音是一边一个保持原姿势滚出车门的，还听到看热闹的一个天津口音："哎呀妈呀！一开门儿，滚出俩人球！"

执着的只有你的煎饼

王永团队负责跟剧组沟通的刘坤明，被岳导拉上去出演车站吃煎饼小伙子。岳导跟刘坤明说，你的上场任务就是在等车时，狼吞虎咽，聚精会神地快速消灭掉自己手中的煎饼，谁跟你说什么都听不见，执着的只有你的煎饼。刚走戏，刘坤明上来就消灭掉一个煎饼，岳导说现在你不用真吃呀，坤明说没事，正好早晨忙得没顾上吃。试拍，刘坤明又三下五除二运进肚子里一个煎饼。实拍，岳导说这回你才要真吃，还有空间吗？坤明说有。岳导笑言内存挺大。接下来实拍，没想到，实拍好几条，刘坤明也为这个镜头接二连三地吃下煎饼好几个。结果就是，一直弯腰低头忙事的刘坤明终于"昂首挺胸"面对所有人了。

有场设计室的戏，为了追求视觉效果，剧组花大价钱租了场地并设计搭景，还请来了按小时收费的外籍模特演员。服装组也很到位，但现场拍摄时根据布景和灯光需要模特必须再换上一套服装。场地租用时间马上要到，意味着剧组必须要撤出，模特给剧组的时间也到时限。怎么办？基本连商量的时间都没有，岳导就冲服装设计说了句"把布撕开往身上裹！"服装设计也真麻利，三下五除二就为模特裹上一身超有感觉的走秀时装。

拍国贸的车流，交警已经很给面子，基本是慢慢地骑着摩托轰赶剧组离开危险之地，摄影小分队也"很勇敢"地穿梭于车流中跟交警玩"打一枪换个地方"的游戏，"很智慧"地完成了拍摄任务。

再说拍机场，因时间太紧来不及联系，剧组只能拿小机器去拍。没想到机警的安保差点把背着简易录音设备的录音师当危险之徒抓走。岳导回忆，有趣的段子很多，现在觉得好笑，可当时压力太大，一点都笑不出来。

"小白"误闯拍摄阵地令剧组人员哭笑不得

摄制过程中也有好多让人急让人恼，让人亲切又搞笑的画面场景，想起来很是温暖。主场景附近有条流浪狗，大家叫它小白。小白极聪明，每当大家把盒饭里的鸡腿等肉食给它，吃不了的它都运到一棵树下刨坑埋起来，四处看两眼才放心走开。

每天它第一个到现场，人马一到，小白别提有多兴奋，跟每个觉得是它朋友的人打着招呼，开拍时也会很乖地躲到一边观看。只是有一次小白真的影响到拍摄，让大家急到不行。拍苏秀忍无可忍冲欧阳风发脾气后一个人到公园安静的一角静静的排遣自己的郁闷，因抢光，主场景最后一个镜头刚喊"咔"，相关一大队人马十分敬业地自毁形象，要多难看有多难看地往旁边的场景一路傻跑。正得意于抢光成功，演员也进入了情绪状态，忽见小白很紧张地冲进了画面。得，气氛、节奏全破坏掉。大家基本上是急疯了的节奏。我们过去跟小白对话，小白用它湿汪汪的眼睛告诉我们：我以为你们要离开，我舍不得你们……

《顺风车》电影从筹备到开机历经两年时间。这两年，顺风车团体不断壮大，在王永的带动下，越来越多有社会影响力的人士加入到顺风车公益中来，在很大层面推动了顺风车向更高层面的发展。全国各地也有越来越多的顺风车志愿者协会成立，来服务当地人的交通出行。王永以"一个人的公益"走向"一群人的公益"，可以说，《顺风车》电影在整个顺风车发展壮大中功不可没。

《顺风车》电影主创人员合影

从顺风车到微微拼车：
用商业力量推动公益

　　2014年，汽车出行市场风云变幻，掀起一股创业和投资热潮。滴滴和快的两大打车软件上亿美金的"烧钱"大战彻底引爆国内汽车后市场。拼车作为汽车后市场的重要一块，入场的玩家也越来越多。例如全球最大的叫车软件Uber就在中国推出拼车服务——人民优步，国内的拼车软件更是层出不穷。此前有报道称，2014年汽车后市场规模已经达到7000亿，未来3到5年可破万亿大关，位居全球第一。

　　一边是众多商业玩家的火热拼杀，一边是王永的公益顺风车逐渐步入瓶颈。缺少大面积资金支持和人员配置，很多事情难以持续推进。但王永对顺风车商业化仍然保持排斥态度。

　　直到2014年2月，王永参加了搜狐举办的一次O2O沙龙，滴滴打车、PP租车的高管们都去了，大家对王永在拼车领域的行业地位和贡献交口称赞，但对顺风车的APP却不敢苟同。那次他深受刺激，就像其他嘉宾质疑的那样，顺风车作为一个只有三四个专职工作人员的公益项目已经做到了极致，很难再有实质性的突破。如果不商业化，就无法招募到一流的人才，无法获取足够的资金，自然也就无法打造出一流的产品。那一天晚上，睡眠极好的王永失眠了，他在和自己的内心做斗争，第二天早上，他终于决心尝试一下。

　　王永反思，顺风车项目在推动拼车政策的出台起到了关键作用，但是平台的易用度、便捷度确实还有待提高。那么到底应该通过什么样的方式、采用什么样的手段才能让顺风车能够得到更多人的支持，从原来十万个用户数量级上升到百万甚至千万？

　　随着移动互联网的爆发，2014年4月，负有"用商业力量推动公益"使命的微微拼车正式成立。10月15日，"微微拼车"正式上线。这意味着这位16年来身体力行推动顺风车公益活动的掌门人开始思考"免费搭车"的商业化模式。这也让王永站到了拼车市场的风口浪尖上，或让人有些许惊讶，却在情理之中，看似姗姗来迟，又不失为绝好的时机。

微微拼车 logo

微微拼车官网

　　微微拼车，又名 VV 拼车，是北京微卡科技有限公司为方便相同路线的人上下班、节假日出游等场景而研发的一款集路线查询、拼车与社交功能为一体的拼车软件。通过微微拼车，车主可以把自己上下班时间段的运载余力共享出来，让顺路的乘客顺道搭乘。一来私家车车主可以以多认识几个朋友、能够和人闲聊的心态去帮助需要用车的上班族；二来乘客也可以用出租车一半甚至三分之一的价格做到一辆顺路的"豪车"；最重要的是，"拼车概念"的实行，能最大限度地减少出行车辆，节约道路资源，减碳环保。

　　微微拼车最大的亮点首先在于价格合理，北、上、广、深 3 公里内分摊 10 元，每公里 1 元；其次是不区分车型，平台所有车型均为统一价格，做真正的共享拼车；最后是鼓励多人搭乘，鼓励"一对多"拼车服务，让每辆车最大化利用。此外，为了坚持顺风车的公益性，微微拼车还推出公益顺风车业务，即免费拼车。

　　新的事物人们总是需要时间来接受，一时间，无数猜测和否定开始铺天盖地，人们都在讨论拼车可能遇到的问题与难关，甚至有人对王永提出质疑，认为微微拼车的创办，很有可能搭上王永十几年如一日坚持的公益形象和资源。王永认为，移动互联网时代的微微拼车的商业化模式比纯粹的公益活动更具效益，商业化和公益并不冲突。他说，无论是顺风车，还是微微拼车，节能环保、减缓交通压力、促进公众互信的初衷从未改变。

　　"我做了十多年的公益顺风车，花了很多的精力和不少的资金，但是效果却不如意，我没有帮助到更多的人，因为我没有一流的技术团队、一流的平台和模式，也没有足够的资金将它做大。后来，我明白要想实现自己十多年来坚持的梦想，就必须要商业化。"

　　王永曾在《企业家来信》一书中提到："'低碳环保'正形成一股新的品牌崛起力量。企业只有关注并实行"低碳战略"，才能获得更大的发展空间，在国际和国内市场的未来竞争中赢得胜利。"他一直践行着自己的想法，做有利于社会的企业，他认为，更多时候市场化是社会公益合法化的最佳方式。

但对于微微拼车的商业模式是什么，王永并没有想明白。在他看来，"打车是加价逻辑，微微拼车是减价逻辑，当我们的车越来越多的时候，拼车费用也会越来越低，随着价格走低，它能获得的用户也会很多。在打车成为人们日常生活的高频刚需的时候，微微拼车为用户出行增加了另外一个选项。"

第二届"微力移动互联网文化节"上，微微拼车创始人王永发表了长达 1 小时的演讲，后续又与观众热力互动半小时，场面火爆，超过 600 余人现场下载了微微拼车，并成功体验首次拼车出行。

微微拼车进驻苏州、海口

"也或许在不久的将来，微微拼车会成为基于车联网的社交平台。"王永如是说。

王永属虎，属虎的男人都有很强的征服欲，也有不达目的誓不罢休的勇气。2014 年，王永为他坚持 16 年的公益顺风车勇敢跨出了商业探索第一步。未来的拼车市场前景如何？微微拼车会搏出怎样的天地？等待王永的会是什么？这些诸多的问题都会交由时间来回答。

对王永来说，"用市场化的手段来推动我们拼车出行，让北京的天气、北京的交通能够得到改善"这就是他现在最大的梦想。

和嘀嗒拼车、51 用车、天天用车一样，微微拼车希望搭建一个拼车平台，方便车主和乘客互助出行。但不一样的地方在于，王永是个传统企业家，20 年来他在设计领域闷声赚钱，从未想过自己会与互联网创业发生瓜葛。对互联网行业玩法的不熟悉，项目商业逻辑不清晰，已悄悄为微微拼车日后的发展埋下了隐患。

微微拼车兴衰记：我曾到过"3000 米"

创业大潮鼓舞了一群人的理想，资本寒冬浇灭了一群人的希望。对这两者都深有感触的，当属微微拼车的创始人王永。他的项目赶上了创业最好的时光，产品上线短短几个月之后就受到了投资人的热烈追捧，有人甚至对其估值 10 亿；他的项目也赶上了创业最坏的时光，没用多久形势急转直下，最终因融资不顺倒在了资本寒冬里。

2014 年 10 月，微微拼车只有不到 30 名员工，公司账上的资金也不到 400 万。但凭借王永在顺风车领域的号召力，以及全国各地的合作资源，微微拼车在多个城市迅速打开了市场。

资本接踵而至。2014 年 12 月，微微拼车拿到了 400 万人民币的首笔投资，投资方叫中新圆梦，对微微拼车给出的估值是 8000 万元人民币；2015 年 1 月，微微拼车拿到了750 万人民币的第二笔投资，投资方叫茂信合利，给出的估值是 1.5 亿元人民币。

这两笔投资的进入，让王永的胆子大了起来，微微拼车随即进入人员和业务的"大跃进"状态。在 2015 年的 1 月以后，王永对微微拼车是行业第一这个事实深信不疑。当时微微拼车的业务覆盖了国内 180 多个城市，注册用户数已经超过百万，日均订单在 3 万单左右。不断入职的新员工挤满了位于中关村南大街的铸诚大厦 16 层，人满为患之后他又到楼上楼下租用了更多的场地办公。

"我们上了《新闻联播》，我主演的电影《顺风车》也启动了预热。"王永回忆说，当时一切看起来都欣欣向荣。包括中信资本、盛大资本在内的一大波投资机构络绎不绝地来登门拜访。他们给微微拼车的估值也从 1.5 亿变成 3 亿，又从 3 亿变成 5 亿、8 亿，直到 10 亿。王永在微微拼车大约持股 70%，按照 10 亿估值一算，他的身价已为 7 亿。

"当时觉得自己马上就要成功了，非常亢奋，每天几乎 16 个小时都在工作。"王永甚至开始谋划上市，谋划全球化，谋划一个规模更大的私家车共享经济平台。

中新圆梦、茂信合利都希望能投出更多的资金，但被王永以不愿出让更多股份，希望小步快跑为理由拒绝了。当投资人给微微拼车估值 1.5 亿、3 亿、5 亿的时候，如果王永拍板，钱也许很快就会到账。但王永希望听到更高的出价。

在微微拼车最受资本追捧的日子里，有一位知名投资机构的负责人约了三次才见到王永。除了王永每日要跑三四个城市演讲，比较忙的因素外，他也坦诚，因为估值涨的太快，自己"有了傲气，不知天高地厚"。

终于，中信资本喊出了 10 亿报价，王永开始心动。为此，他甚至还拒绝了一家 A 股公司 10 亿人民币收购微微拼车的请求。骄傲和贪婪加在一起，让王永在犹犹豫豫的状态下拒绝掉了很多急于入局的资本，而把未来孤注一掷在出价最高的中信资本身上。

但很快，他就为自己的贪婪和犹豫付出了代价。就在中信资本做完尽职调查、准备开投决会之前，故事发生了致命转折——滴滴来了。

2015 年 2 月 14 日，滴滴打车和快的打车宣布合并。合并后没过多久，就传出滴滴将要推出拼车产品"滴滴顺风车"的消息，这对微微拼车、嘀嗒拼车、51 用车和天天用车这些拼车行业的创业公司来说，是非常致命的一击。事实也证明，没过多久，拼车行业的另一个创业公司"爱拼车"就宣布了停止运营。而摆在其他玩家面前的最迫切问题是——滴滴把投资人都吓跑了。

王永显然没有预测到这样的结果，否则他应该先拿一笔钱活下来，而不是一味等待高估值。有趣的是，在宣布推出滴滴顺风车之前，滴滴的团队还曾拜访过微微拼车，并且信誓旦旦地对微微拼车的高管说，滴滴不会做拼车，即使做也会采取收购或合作的方式。这件事让王永至今都耿耿于怀。

滴滴把中信资本吓跑以后，微微拼车并没有马上到走投无路的地步。那时候，微微拼车每天要烧掉 100 万人民币，账上的钱所剩无几，但如果放低估值去融资还是有一定机会的。

果然，盛大资本来了，他们给微微拼车的估值是 4 亿人民币，愿意投出 1 亿人民币换取 25% 的股份，其中 4000 万来自盛大，另外 6000 万来自两家跟投的机构。与盛大的谈判非常漫长，而微微拼车账上的钱已经快要花光了。为了维持仅存的一点希望，王永个人先后拿出 2000 多万投入公司。

在业务方面，微微拼车一度加大了在上海、杭州等城市的补贴力度，仅仅是为了能做出漂亮的数据给盛大看。现在回想起来，王永说，那时候自己就是赌博心态。

而结果是，他赌输了。2015 年 6 月，股市暴跌，在这样的背景下，盛大资本在投决会上决定不会投资微微拼车。而王永转身去找其他投资人时，发现没有任何人有丝毫接盘的意愿，无论估值可以降到多低。

自知大势已去，王永加大了裁员的力度，"我们用 3 个月的时间，从 30 人增长到 300 人，又用 3 个月的时间，从 300 人裁员到 30 人。只是从 30 人到 300 人很容易，但从 300 人到 30 人，过程中的痛苦可想而知。"如今回头看，王永觉得当初的一切都很疯狂。

在最疯狂的时候，微微拼车每天要补贴掉 100 多万元，但后来证明其中 30% 甚至更多都被刷单者拿走了；地方分公司动辄向总部要走上百万的推广费，但结果只带来 1000 或者几百名新用户；员工普遍拿着高薪，学硅谷文化，每个月的水果酸奶钱都要花掉好几万。

融资失败结束了微微拼车的创业之旅，但这只是表象，真正杀死这家公司的，是其在战略、团队、管理等方面的一系列问题。

王永说，对于失败他自己要承担起 80% 的责任。作为董事长，王永最初主导公司的战略和外部事务，但在融资、招人、技术和管理等宏观层面，他的判断力都明显不足。他也承认，"在公司最热闹的时候，我一度迷失了自己。"

在微微拼车的一位前员工看来，王永对于互联网不甚了解，前期他在融资方面太过乐观和傲慢，后期则没有做到当机立断。公司在用人上也没有形成规范，王永独断的现象时有发生。王永在全国各地有很多合作伙伴，这些人给微微拼车初期的扩张工作带来很大帮助，但后来他们用尽各种手段掏空了这家公司的资金。

王永精于传播，借助顺风车的影响力，他拥有全国各地不少合作资源。这个特点帮助微微拼车迅速壮大，同时也导致了微微拼车的最终失利。

但是，如果王永手下有一支称职的高管团队，微微拼车或许也不至于失败得那么突然。然而问题是，没有。

如今王永对微微拼车前高管们的评价是——"简历都很牛"，不少人在华为、金山、摩托罗拉、百度等大型 IT 公司供职过，但对于互联网产品的开发和运营却不甚了解，也基本没有带领上百人团队的经验。比如在产品方面，微微拼车 APP 的用户体验很差，有一段时间每天要宕机三四次。

但最致命的问题出在资金上。微微拼车从开始到最后一共花出去 4000 多万，王永认为其中至少有一半"被浪费了"。首先，在市场补贴方面，微微拼车做得不够精细。有一段时间，微微拼车每天要补贴掉 100 万元，最多的一天则为 150 万元。

"我们没有把钱补给真正需要补贴的人"，王永说，"补贴是一种自残行为，短期内看起来好像有点繁荣，但实际上并没有培养起任何的用户忠诚度。反而招来大量的职业刷单者，在我们的后台，刷单比例至少占到 30%。"

但补贴并不是微微拼车烧钱的唯一出口。在推广费用上，这家公司的内控问题相当严重。"有三分之一的城市出现了这种状况，比如通过合同造假的方式侵吞推广费，比如一顿饭上万元的应酬费。"王永说，"甚至有些地方，几十万的推广费花完了，下面员工竟然说没有见过这些钱。"

当他发现这些情况的时候已经晚了，因为此前微微拼车的高速增长掩盖了很多问题，而财务权一直在 CEO 手里。

上述微微拼车前员工说，CEO 在财务方面基本不进行任何规划和管理。"各地来要钱，一般都会同意，也不问钱怎么花，也不考核实际的效果，只负责加油打气。"比如，重庆的团队要走 80 万推广费用，只带来 1000 多个用户；唐山要走 150 万，基本没带来什么用户；北京的一个活动花费了 20 万，只带来 100 多个用户。

"高管每个月工资 3 万多，媒介总监 2 万，总监的助理都要 1 万 5。"王永做企业 20 多年，本来他有自己的经验和判断，但当高管们用"互联网要信任、透明、快节奏"等理念来游说他的时候，他动摇了，相信了，"他们告诉我，我们要学硅谷，每天穿个大裤衩、穿双拖鞋来上班，每天要有水果、酸奶，要好吃好喝。有一个月我看账目，买水果、买酸奶的开销都好几万。"

当王永发现这些问题的时候，公司账上已经没有钱了，他把自己的积蓄全部拿了出来，甚至还找朋友借了不少钱，用于裁员、收拾微微拼车剩下的摊子。在花掉 4000 多万人民币以后，微微拼车彻底宣告失败。

曾经离成功那么近，却又在巅峰时被狠狠摔下。回过头来看这段经历，花 4000 万买教训，代价确实大了些。想起纠结估值的那段时间，王永也承认自己有点贪婪，迷失了本性。

这笔钱给王永买来很多教训，比如：创业要避免烧钱、避开巨头，否则命运不在自己手中；融资不能贪婪，要及时拿钱，出价最高的不一定最可靠；团队里要有同舟共济的合伙人，打工心态的职业经理人往往靠不住；内控和管理工作一刻不可松懈，否则公司会死在内耗上。

微微拼车给王永带来教训的同时，也有对人性的思考。"以前我做公益，碰到的好像都是好人；做了微微拼车之后，遇到的好像全是坏人。"王永口中的"坏人"，指的是刷单用户和侵吞公司财产的员工，"我在湖畔大学上学的时候，马云就跟我们讲，世界上其实没有好人，也没有坏人，人的一半是善，另一半是恶。"而在如何处理人性的问题上，王永给出的答案是"一定要靠规则。"

如果可以重来，王永说他一定不会选择类似拼车这样通过疯狂补贴来竞争的行业。"生意总归要赚钱，要有利润。O2O 补贴大战，其实都是自欺欺人。"王永说，"互联网是一种工具，我们不能把互联网当饭吃，真正的发动机还是商业本身。本来我对这个道理的理解还是比较深的，但在那段狂风暴雨的时间里我对自己产生了怀疑。"

曾经有拼车行业的专业人士探讨微微拼车的成败。不少人表示，在他们眼里，像王永这样的传统企业家来玩互联网，几乎注定要败在互联网创业者的脚下。

2015 年下半年以后，微微拼车停止一切市场推广活动，进入冬眠期。但是微微拼车并没有倒闭，APP 也一直在正常运行。现在微微拼车每天还有新的用户增加，每天也都有订单。

如今的王永已经非常释然。他说，创业就像登山，他以前在自己的小圈子里小有成就，但就好像只到过海拔 2000 米的山顶。而经过微微拼车，他去过了海拔 3000 米的地方。虽然最后输了，但是教训也是财富。

拼车，是一场持久战

1998 年，王永做顺风车的时候，北京市机动车拥有量刚刚超过 100 万辆。但截至 2013 年 6 月，北京市机动车保有量已突破 530 万辆。急剧增加的车辆并未让人们的出行变得更加便捷，反而让城市变得拥挤起来。拥堵闹心的早晨、空气污浊的黄昏……"城市病"让人们越来越难以忍受。

面对首都不堪重负的交通压力，政府层面开始探讨各种政策的可能性，其中就包括顺风车的合法化。虽然北京采取了摇号购车、尾号限行、外埠车辆进六环须办进京证等措施来降低市内交通压力，但北京每天的拥堵路况仍然成为一种常态。"拼车市场可以说是需求一直有，但是从未被满足"王永认为。

"拼车会是一个极好的解决方案。"王永举例，根据新加坡的经验，拼车每天可减少 10% 路面行驶车辆，以北京 500 万辆车进行计算，每天可有效减少 40 万辆车上路行驶（除限号的 100 万辆），而 40 万辆车每年则可减少消耗新鲜空气 220 万吨，减少一氧化碳 3 万吨和减少油耗约 17 万吨。如果把计算范围扩到全国，那么拼车所带来的影响将更加惊人。

拼车自诞生以来，仿佛就和黑车扯上千丝万缕的关系。有偿拼车也常常与非法运营绑在一起，受到有关部门的管制和打压。拼车市场与政策高压线之间的博弈，已经成为市场准入的重要杠杆。虽然获得政策支持，拼车仍面临着用户的信任和安全等方面的问题。

王永曾说"法无禁止皆可为"，拼车也是如此。拼车和专车、黑车之间有明显差异，前者不盈利，不会现金交易，后者以盈利为目的，价格和打车相仿。为保障用户权益，车主需要实名注册，并上传驾驶本、行驶本、车前的 45 度的照片，填写身份和工作信息，乘客信息也需要收录，以提高准入门槛来降低风险；同时签订协议，明确双方的责任和义务；此外还需要为车辆上"车上乘员安全险"，在乘客出现事故后所造成的损失则可以由保险公司来赔付。

"打车也有风险，坐车都有风险，我们做的任何事情都是存在风险的，但是我们不可能因为有风险就不去做。社会发展动力在于管控风险，而不是逃避风险。"王永说。

为推动顺风车的合法化，王永已连续 6 年委托两会代表提交议案、提案，2008 年委托全国政协常委欧阳明高提交《倡议节能环保顺风车的提案》；2009年委托皇明太阳能董事长、全国人大代表黄明提交《倡议节能环保顺风车的建议案》；2011年委托全国政协委员、华旗资讯集团总裁冯军提交《建立顺风车制度缓解北京交通压力提案》；2012年委托驻豫全国政协委员金正新提交《建立"世界顺风车日"建议案》……

到2013年，"顺风车"已成为一个拥有一定社会影响力的公益项目，同时，也是一个庞大的系统工程。为使顺风车常态化发展，顺风车公益基金会秉承"责任、互信、分享"的价值观，积极整合社会各方资源，得到了社会各界的大力支持。

2013年3月，全国政协委员崔永元代表顺风车6位发起人提交了三份有关顺风车的提案，一是关于修改《中华人民共和国道路运输条例》的提案。建议明确"道路运输经营行为"标准，清晰界定非法运营和顺风车，使车主的爱心不被误解和打压。二是倡导建立环保节能的顺风车制度提案。建议政府出台有吸引力的优惠政策，鼓励车主积极参与。三是建议将每年6月6日设定为"世界顺风车日"，在全球范围内举行顺风车日活动，向全球展示中国节能环保的形象和决心。

6月17日到9月18日的三个月时间里，在北京团市委、北京市交通委、首发公司的大力支持下，顺风车公益基金为鼓励大家同乘一辆车绿色出行，减缓北京交通压力保护首都环境，发起了"三人一辆车，代付高速费"公益试点活动。基金管委会为在工作日（07:00-09:00）乘坐三人（含司机）及以上贴有顺风车车贴的车辆代付高速通行费。活动让居住在北京回龙观附近的10000多上班族免费享受了搭乘私家车到市中心上班的便利，共计为3263车次的顺风车代付高速费，回龙观地区近3000名车主加自愿入顺风车。活动结束后，王永写了一份详尽的调研报告，为《北京市小客车合乘出行的意见》出台提供了重要的数据支持。

终于，2014年1月1日，《北京市小客车合乘出行的意见》（以下简称《意见》）出台，王永有幸参与了《意见》的起草工作。《意见》规定，上下班通勤合乘和节假日返乡、旅游合乘各方当事人，可以合理分摊合乘里程消耗的油、气、电费用和高速公路通行费用。这项规定为顺风车提供了十分明确的规范和指导，顺风车终于有法可依了。

拼车成为合法行为，从政府角度出发，拼车的环保作用得到了认可，王永预感机会来了，自己一直坚信的观念即将成为现实，更有机会面向全国实施。为了推动全国政策的出台，王永在2014年委托全国人大代表谢强、全国政协委员李晓林提交了《关于小客车合乘（顺风车、拼车）合法化》的议案和提案，同时通过《中国之声》和交通部部长杨传堂交流关于"拼车合理分摊费用何时在全国放开政策"的问题。

2015年4月，国务院制定和印发了《国务院关于积极推进"互联网+"行动的指导意见》，"互联网＋便捷交通"是其中一个重要内容，而出租汽车改革正是"互联网＋"行动计划在交通运输领域落地的具体措施。

2016年两会上，交通部长杨传堂表示：对于在节假日或通勤时段不以盈利为目的、分摊部分出行成本或者免费友好互助的"顺风车""拼车"等，是体现分享经济的出行方式，有利于提高交通资源利用，对缓解城市交通拥堵，减少环境污染，具有积极意义。在这次改革政策中，我们也明确给予支持。

时隔数年，顺风车终于有了合法身份。这不仅是王永的胜利，顺风车人的胜利，更是整个社会公众的胜利。这些不是纯粹靠一腔热情搞公益的人，在用个人的力量、智慧和责任感带动群体，影响社会，为我们的出行方式、空气质量、交通状况默默作着贡献和改变。

然而，尽管顺风车迈出了一大步，和国外相比还有很大的差距，不管是在制度模式上还是管理方式上。对于这点，王永深知"路漫漫其修远兮，吾将上下而求索"。拼车，必定是一场持久战。王永走在这条路上，永远向前，永不放弃。

顺风车媒体报道

第四章
王永顺风车
作品选摘

呼吁了10年的顺风车终于在杭州试点了

2009 年 3 月 10 日发表于新浪博客

今天在网上看到的一篇新闻，让我百感交集！我长期呼吁并坚持十年的顺风车终于在杭州试点了！我太高兴了！杭州，我太爱你了！看到杭州的做法我要举双手赞成！！！同时，我也非常愿意成为杭州的拼车顾问，因为对于拼车，我太有发言权了。

不下十个电视节目，五六档广播节目，报纸更是不计其数地采访过，我也不厌其烦、喋喋不休、反反复复地到处说我这顺风车的事。前几天和几个朋友聊到顺风车的时候，青岛市市长助理武铁军等还建议我拍一部有关顺风车的轻喜剧呢。继去年两会委托全国政协常委欧阳明高提交《倡议节能环保顺风车的提案》之后，今年我有委托皇明太阳能董事长、全国人大代表黄明提交《倡议节能环保顺风车的建议案》。而我的理想之一，就是实现顺风车的制度化！细心的博友也会在我的博客首页公告栏里找到"顺风车"的关键词。

我深信，随着杭州的试点成功，"拼车"这种"顺风车"的最基本的形式一定能在全国得到普及！

以下是报道全文：

"养车太贵，挤车太累，打车太费，还是拼车实惠。"日前，杭州市积极为拼车"正名"，出台试点方案，试图改"堵"为"疏"，将一直处于"地下"状态的民间拼车行为"阳光化"和规范化。

2 月 27 日，朝晖街道的施家花园社区和文三路上的杭州东部软件园被确定为首批两家试点单位，"平等自愿、非营利性、有车一族"，成为杭州版"拼车方案"的指导思想。消息一出，立即引发了市民乃至全国媒体的高度关注。

记者通过调查发现，方案着眼于环保、旨在减少出行车辆和缓解交通拥堵，受到了各界好评，但其在具体操作层面究竟具有多大的可行性，仍然有待实践的检验。

倡导拼车前提是有车无偿"不来钱"

住在老余杭的吴华海，在驾车去位于朝晖街道施家花园社区的公司上班时，总会顺路接上一位住在良渚的同事。半个多小时的车程，多个伴，少些寂寞。同事正在计划买车，接下来的日子，两个人可以用轮流开车接送对方的方式，分摊用车成本。

这正是杭州市政府目前所大力倡导的拼车模式。

一直以来，对于拼车出行现象，各地都采取"堵"的方式。其中最重要的原因在于，按照我国现有道路运输管理的有关规定，利用私家车从事有偿拼车，哪怕车主只收取1元钱，也应该按照黑车来处理。

另一方面，拼车除了能让市民降低出行的经济成本外，还能节约时间成本。以杭州为例，主城区通行的46万辆车辆中，私家车有36万辆，超过四分之三。如果能够通过拼车有效减少出行车辆，路面会更畅通，停车位紧张问题也能得到有效缓解。

那么，如何解决拼与不拼间理与法的矛盾？拼车行为如何与"黄鱼车"区分开来？"拼客"之间如何实现有效配对？拼车过程中出现的后续问题如何解决？

杭州市交通局行业管理处处长陈捷的电话，最近成了热线。除了杭州市民，上海、南京等地也都十分关注杭州的"吃螃蟹"之举。

陈捷告诉记者，拼车行为必须遵循"平等自愿、非营利性、有车一族"的原则。之所以将合法拼车的对象锁定在有车一族，是为了有效减少私车出行数量，而将前提定为有车无偿"不来钱"，目的在于规范拼车行为，避免黑车"钻空子"从而对出租车行业造成冲击。

之所以将朝晖街道的施家花园社区和文三路上的杭州东部软件园确定为首批试点，陈捷解释说，主要是这两家单位以往就有较好的"民间自发拼车"的基础，同时还考虑到，居住在同一社区的市民彼此间比较熟悉，有利沟通和确保拼车者的人身安全。而在同一单位工作的同事工作时间相近，不会影响正常的工作。

据悉，上述试点单位的市民可申请拼车报名，填写"拼车人员信息登记表"后，统一由社区和园区管理委员会汇总、发布信息。"拼客"自愿配对成功后，可以将相关资料送往杭州市运管局备案，也可根据双方意愿签署拼车协议，以避免拼车过程中产生意外纠纷。

陈捷透露，目前杭州不少单位对拼车方案表示了浓厚的兴趣，市交通局准备在首批两家试点单位的基础上，收集来自民众的批评、意见和建议，进一步完善方案、扩大试点范围。

与此同时，面向全体杭州市民的拼车LOGO征集活动，也从3月2日开始启动。

安全和费用，最受关注的两个问题

"试问一下，'不来钱'的拼车族能有多少人？"在一家软件企业工作的黄小姐质疑新政的合理性。黄小姐表示，在实际拼车行为中，难以避免费用分摊问题，而政府部门强调"不来钱"，"这个新政与之前的政策并无太多变化。"

作为试点单位的管理人员，朝晖街道施家花园社区的主任黄怡蓉坦言，倡导拼车，于国于民都是件好事，但关键在于如何落实。

前段时间，施家花园社区曾对拼车进行了一次民意调查。调查显示，超过三分之二的社区居民赞成免费、自愿的拼车行为。

然而，反对者的理由看起来也很充分：私车作为个人空间，不愿与陌生人共享；分摊成本是理所应当的，但是若与非法营运之间的界限难以界定，就会带来种种不便；最重要的是，车辆在行驶中万一出了事故，造成人身伤亡和财产损失，让做好事的司机担责任，是不是有些不合理？

看来，安全和费用，仍然是最受关注也是最有争议的两大问题。杭州东部软件园有关负责人指出，有车一族之间的拼车，其实也有隐性成本的问题，即使是两位住得很近的同事，事实上也很难在时间安排上协同一致。譬如，有人需要在下班后先去接孩子放学，有人也许要经常加班和出差，就会造成权利和义务上的不对等。

作为社区干部的黄怡蓉，甚至想得更细。她认为，三大原则的确立，设想很好，但是可操作性不强。据她观察，无车族的拼车意愿远比有车族要强。即使在有车族之间，由于性格脾气、生活习惯的不同，也会产生很多隐性纠纷。

例如，最近总是下雨，细心的女士可能会在上车前把鞋子弄干净，不让雨水弄湿车子，可不拘小节的男士可能就不那么注意。拼车的顺利开展，对市民的整体文明程度也有个要求。

黄怡蓉建议说，假如政府采取单双号限行的举措，或许能让拼车的车辆具有行车优先权，可能会更有效地促进拼车行为。而江斌也表示，作为试点，他们非常期待政府部门能就拼车出台更为详细的实施细则。

简单的"堵"，肯定不如复杂的"疏"

截至记者发稿前，两家试点单位面临的共同问题是，拼车现象虽然很常见，但是目前还没人前来报名，要求将拼车信息记录备案。

作为一家软件企业的员工，黄小姐本人就是一名环保倡导者，经常和顺路的同事拼车上下班。但是要将这样的私人行为"白纸黑字"地公布于众，白领们除了嫌麻烦，同时还有所顾虑，会不会"将简单问题复杂化了"？

黄怡蓉甚至还提出"伦理风险"的概念。万一异性之间拼车引发夫妻矛盾，也要由社区来出面协调解决。

陈捷表示，对于市民关心的热点问题，交通部门事先也都有所考虑。例如，针对市民希望政府对拼车出台鼓励性政策的提议，运管部门表示，通过试点情况进行梳理，上报决策部门参考。又如，将拼车限制在"有车拼车"上，则是因为"拼车"和"搭车"间目前尚无科学界定。

此外，也有市民建议管理部门出台一份有关拼车协议的规范文本。因为，一旦不幸发生交通事故，仅凭亲友之间的交情和口头协议恐怕于事无补。

另外，目前的试点方案并没有保险公司的介入，也就是说，坐上"拼车"的乘客仍然没有保险保障，一旦出了交通事故还是只能向司机索赔。因此，希望交通运管部门和保险公司协商，为符合条件的拼车者办理相关保险的提议也"风生水起"。

在陈捷看来，尽管从目前来看，拼车方案引发的争议，给城市管理部门带来了考验，但是，从长远来看，"简单的'堵'，肯定不如复杂的'疏'"。

这一点，从此次方案引发的关注度上也可见一斑。2月26日到2月28日，在北京举行的全国中心城市运管局长会议上，就有城市抛出"拼车，究竟该怎么拼"的话题，大家都对"杭州模式"表示出浓厚的兴趣。

拼车被"放行"最大受益者是城市

对于拼车"合法化"，多数杭州市民表示欢迎。施家花园社区的一位居民表示，以前在早晚上下班高峰时段，打车别提有多难，公交车上又是人满为患，买车的话费用又比较高，现在，她和小区的一位邻居拼车，轮流开车上下班，费用省了很多。

杭州东部软件园的有关负责人也表示，拼车也能让企业受益，缓解停车难的管理问题。东部软件园位于文三路的核心园区有700多个车位，这在寸土寸金的市中心已经很让人羡慕，但是员工的私车数也已达到700多辆。加上前来办事的客户的停车需要，尽管园区与周边小区达成了白天晚上相互调剂停车位的共识，高峰时段仍然车满为患。

站在政府的立场来看，倡导市民拼车出行，有望大幅减少不必要的私车上路，既有利于缓解路面交通压力，也有利于清洁城市空气，更能减少能源消耗。

有关专家算了这么一笔账，如果杭州的36万辆私家车中有10万辆参与拼车，就能减少一半的上路时间。以一辆车一个月节约100公升油计算，一年总共能节约6000万公升汽油。按每消耗1公升汽油排放2.5公斤二氧化碳计，一年总计能减少15万吨二氧化碳。

俞龙华非常认同将拼车纳入"大环保"范畴的做法。因为，拼车被"放行"，最大受益者正是我们所赖以生存的"城市"。他所在的企业、位于东部软件园的杭州星软科技有限公司，正在开发一个有关拼车的网站。

3月3日中午，在接受记者采访前，俞龙华正在和他的同事就有关网站建设的技术方案展开讨论。

在这个团队中，有一位在澳门生活过7年的策划人，还有在日本生活多年的技术人员，他们所共同努力的，一是要借鉴先进经验，以地图的形式，让拼车信息的搜寻人及时找到有效信息；二是正在信用保障方面寻找突破口。

家住杭州城北德胜一带的俞龙华说，从2007年开始，他就一直在寻找拼车伙伴，甚至上下班路上他都能看到一些同路的车牌和车主，遗憾的是，在相关论坛上却搜索不到相关的拼车信息。

对于无数像俞龙华这样的"社会责任人"来说，杭州版"拼车方案"的推出，即使不够完美，却也给了他们更多的信心和鼓励。

【评论】

对待"拼车方案"，不妨多点宽容——童颖骏

杭州交通管理部门在国内首开先河，为拼车出行"正名"。作为一个新杭州人，我为之感到欣慰。

以市民的立场来看，拼车之所以受到大家的欢迎，最直接的原因就是经济。私家车虽能带来很大便利，可对于想在城市立足的年轻人来说，需要开销处着实不少，养车是笔不小的费用。如果既能保证出行便利，又能减少开支，同时还能随手做环保，何乐而不为？

然而，堪称乘客、车主和社会多方共赢的杭州版"拼车方案"推出后，叫好者不少，质疑和批评声却同样存在。

质疑者认为，一直以来，拼车之所以倍受争议，其核心便是营利性和安全问题。拼车与黑车如何界定、拼车过程中发生事故纠纷如何协调的问题，一直未能解决。而如今，杭州版的拼车方案显然也无法绕开这两大问题。

一些杭州市民则认为，在拼车时车主不免要酌情收取油费，与拼车者分摊成本，"无偿"原则将阻碍这一新政的推广。将拼车限定在有车一族之间，也受到了一些争议。

在采访的过程中，记者也感受到，看似简单的拼车现象，由于其中交织着法与理的矛盾，人情与规范的冲突，同时也因为涉及到多方利益而显得格外"复杂"。

然而，正是这种"复杂"，才凸显出杭州有关部门敢于尝试的勇气。为什么要设立试点？目的不就在于可以允许我们试验、试错，继而可以在实践的基础上对方案加以完善。积极开展有限放行拼车的探索，远比"一刀切"、简单地反对拼车要来得科学。

事实上，拼车在国外不仅是个常见的现象，高峰期私家车如果空车上路还可能被罚款。比如在美国，高速公路上常有专用"拼车道"供乘坐三人以上的汽车通行；英国伦敦亦有

所谓"拼车专道"。在此情形之下，司机甚至主动招徕同路的人上车。

如同任何新生事物一样，初出茅庐的"拼车方案"可能还存在着这样那样的毛病，也可能给各类管理者带来很多难题。但是，与日益严峻的环境状况相比，有什么能比保护好我们唯一的地球来得更加重要？

对待拼车方案，不妨多点宽容。

（中新浙江网 3 月 6 日电　记者 童颖骏 通讯员 胡海岩 王利军 原文标题《杭州版"拼车方案"出炉后安全和费用最受关注》）

公车改革和减少车辆出行率是缓解交通拥堵的良药

2009 年 3 月 10 日发表于新浪博客

今天，在深圳的顺风车乘客张婉婷给我推荐了一篇文章，是郑渊洁写的《公车改革是解决道路拥堵顽症的良药》，阅后觉得老郑说得很有道理。如果和我的《减少车辆出行率是解决拥堵的关键》结合起来的话，会对缓解交通拥堵起到积极的作用。所以特转载如下，并将标题改为《公车改革和减少车辆出行率是缓解交通拥堵的良药》。

在中国，经常给汽车加油的朋友都会看见这样的景象，加油机旁边堆积着小山似的各种大包装饮料、食用油甚至卫生纸。过去我没在意，以为是加油站为了方便车主购物采取的便民措施。今天加油时，无意中看见一箱矿泉水的价格比超市贵很多，我就想，同样的商品贵这么多，谁会在加油站买？我就问加油员。他的回答让我吃惊。他说，这是专门给公车司机准备的。见我不解，他又说，公车司机拿着加油发票到单位报销，我们把他买的商品的价钱开到汽油发票里，或者打进加油卡，这就等于他白拿了这箱饮料。我问，有多少公车司机这么干，他说百分之百。我又问，全北京所有加油站都这样把公车司机买的饮料等商品钱加进汽油发票？他说不是全北京，而是全中国。

感觉中国的纳税人真的很傻。近些年，中国的税收每年都在大幅递增。而交的税去了哪里，纳税人从不过问。比如，买汽车的人交了税，在使用汽车的过程中继续交税，这些税金用于修建道路和给管理交通的公务员发工资。而当管理者靠对机动车限行缓解拥堵时，竟然有百分之九十以上的纳税人表示赞成（根据零点公司的调查结果）。中国每年有2000 亿元人民币的税款花在公车消费上，过去我一直不明白怎么会花这么多钱，因为据说全国的公车数量只有200 万辆（北京作协有一辆），但是，你别小看这200 万辆公车，它每年耗费的钱，是私家车的数倍。每辆公车每年平均消耗10 万元，公车司机全家的生活费用都会开到汽油发票和修车发票里。曾有媒体曝光，某辆公车每个月换一次轮胎。修车店加油站为公车司机准备的商品应有尽有，某 4S 店甚至备有伟哥供公车司机消费，公车司机就是如此肆无忌惮揩纳税人的油。2000 亿元是什么概念？中国全年教育经费和医疗经费加在一起，还不到 2000 亿元！你说中国纳税人傻不傻？

北京有一年好像举办过和非洲有关的峰会，那次交通状况特好，而政府并没有对私家车限行，而是对部分公车限行。我们才知道，道路上跑的公车原来如此之多，也知道了那期间部分公车停驶，政府办公效率并未下降。北京这些年交通管理者好像在绞尽脑汁出台各种缓解道路交通压力的措施，但都见效甚微甚至饮鸩止渴。其实，公车改革是解决中国道路拥堵的一剂良药，而且一箭双雕：既为纳税人节约了 2000 亿税款，又缓解了城市道路交通压力。

但是管理者不会这么做。为什么？因为纳税人傻。如果有很多傻子让你随便花他们的钱，你花吗？我想，可能会有若干没有羞耻心的人要花。但是，再没有羞耻心的人，也不会在大把花傻子的钱甚至连饮料、卫生纸和伟哥都让傻子掏腰包后，反过来恩将仇报对傻子限行。

（本文作者：郑渊洁）

顺风车与低碳经济

2010 年 10 月 13 日发表于新浪博客

2009 年哥本哈根气候变化会议的召开，以低能耗、低污染、低排放为基础的"低碳经济"模式呈现在世界人民面前，发展"低碳经济"已成为世界各国的共识，倡导低碳消费也已成为世界人民新的生活方式。如今，人们言必称"低碳"，在我们为这种理念的深入人心而感到欣慰的同时，也不能不正视一些曲解甚至一些正以"低碳"的名义进行的简单粗暴的行为。作为一种理想的经济状态，低碳离我们还很遥远，需要企业家及业内同仁率先行动，这不仅是在履行社会责任，同时也是为自己的明天开拓出一条更宽广的路。

从 2009 年底到 2010 年春，北京经历了最漫长而寒冷的冬季、一个转眼即逝的春天以及一个日光能烤熟鸡蛋的夏天，全球同此冷暖。冬季越来越冷，夏季越来越热，自然灾害此起彼伏，让人不禁疑惑：地球到底怎么了？

2009 年 12 月，哥本哈根会议召开，发展中国家的减排目标被推到风口浪尖上，温家宝总理作出中国到 2020 年单位 GDP 二氧化碳强度减少 40% 到 45% 的承诺。据一些媒体分析，这个是拿到国际上去说的指标，国内的努力目标可能会更高、要求更加严格。当下，如何处理好发展与节能减排的矛盾，成为摆在政府与企业眼前的迫切问题，甚至与每个人的生活都有着息息相关的重要联系。

"顺风车"行动的低碳价值

北京作为全国的文化政治中心，随着城市化建设的发展，北京的空气环境已经得到改善。然而并不是说北京的城市健康指数已经最适宜人类居住了，日益增多的汽车尾气就是破坏其绿色环境的一大杀手。我作为一个呼吁营造绿色低碳的倡导者，一直在坚持着缓解北京路况交通、提倡环保节能的驾车生活。因此，13 年来，我一直在坚持着"顺风车"的驾车习惯。

"顺风车"是在 21 世纪比较流行的词语，是指搭便车、顺路车、拼车的意思。顺风在中国汉语字典里有顺利、和顺之意，也指顺着风向行进。"顺风车"之所以比公交、出租车更受人欢迎之处在于它的节能环保，减缓交通压力，使政府、社会都受益。

预计到 2020 年，中国汽车保有量将超过 2 亿辆。目前已经有 10 多个城市的机动车保有量超过了数百万辆。根据新加坡的统计数字显示，顺风车能够减少路上 10%~25% 的车辆。北京市的机动车辆数量目前已经超过 460 万辆，而据我长期观察的数字显示，其中每天早上 82.7% 的人是一个人开一辆车，大概 15.6% 的人是两个人，像我这样的人只有百分之几。如果只按 400 万辆一人车辆开计算，每天早上坐公交车的人是 1700 万人。也就是说如果每辆车多载一个人，就可以减少四分之一挤公交车和挤地铁的人。西欧在 22 年前就已经有了一个人不准上高速，必须两个人到三个人上高速的规定。在交通拥堵的大城市，汽车尾气是整个污染源的 37%，汽车发动机每燃烧 1 千克汽油，就要消耗 15 千克新鲜空气，同时排出 150~200 克一氧化碳、4~8 克碳氢化合物、4~20 克氧化氮等污染物。如果按 38 万辆车每天节约一千克汽油计算，那么北京每年将少消耗新鲜空气约 200 多万吨，减少排放一氧化碳约 2.8 万吨。

除此之外，"顺风车"还可以减缓交通压力，如减少 10% 的车辆则可提升 10% 的效率。由于北京地面交通压力巨大，居民出行速度慢，以平均每人每天出行时间 1 小时为例，按照提升 10% 的效率计算，每人每天可减少 10 分钟的出行时间。根据国家统计局统计数据显示，2009 年北京职工年平均工资为 48444 元，即每月 4037 元，每天（按 22 天计算）183.5 元，每 10 分钟（按 8 小时计算）3.8 元。2009 年末，北京市常住人口为 1755 万人计算，按 50% 出行人数计算，每天可提高效率的价值为 3300 多万元。每年按照 200 个工作日计算，则顺风车提升效率带来的价值为 66 亿元。

基于以上分析，"顺风车"改善了社会环保的现状，打破多年来困扰汽车污染的坚冰，符合国家倡导的节能减排的精神；同时又有效的利用道路资源，减少交通拥堵，缓解交通压力，从而提高了工作效率。

从 1998 年到现在，我倡导推行 "顺风车"已经 10 多年了，免费搭过的人已经上万，中央电视台、北京电视台、北京人民广播电台、中国日报、北京交通台等上百家媒体都对此进行过采访和报道，我也多次写过提案，多次试图与有关领导沟通和交流。如果说 1998 年、1999 年"顺风车"的意义还不是很大的话，那么到了现在，我想"顺风车"确实是势在必行了。因为在那时，北京的车辆并不是很多，节能减排没有提上议事日程，环境污染也不像现在这么严重。而现在，节能问题、低碳环保问题、交通拥堵问题越来越明显，越来越突出。所以，能同时解决以上一系列问题的顺风车势在必行！

在这十多年中，我对国内、国外与"顺风车"的有关政策进行了认真研究，也得到国外一些公益机构的关注，我迫切希望有关部门能与我取得联系。我大声地呼吁北京市政府能认真研究一下顺风车的可行性。作为一个在北京生活了十几年的"北漂"，若我的努力能够对缓解首都的交通拥堵和营造北京绿色低碳的驾车环境起到点滴作用，我将感到无比荣幸。

低碳经济是转变经济发展方式的重要力量

"顺风车"行动仅仅是解决节能、低碳环保问题的其中一种形式，甚至在改变全球面临的日益严重的低碳经济问题面前是很有局限性的一种形式。现如今，工业化、城市化、现代化加快推进世界的发展，一方面经济建设如火如荼，另一方面资源日渐枯竭，再加上能源安全和气候变化对人类的威胁，这些矛盾的发展促使人类在丰富、改善、提高自己生活水平的同时，又不断向大自然索取新的能源、新的矿产、新的材料，于是人类开始向新的、更为环保的领域——新型能源和新型材料领域进军，这就是低碳经济。低碳不等于贫困，不等于不搞发展，低碳经济是以低能耗、低污染、低排放为基础的经济发展模式，其实质就是提高能源利用效率和清洁能源机构问题，核心是能源技术创新、制度创新和人类生存发展观念的根本性转变。

我认为若想要从根本上实现中国经济低碳式发展，有以下几点途径：把节能放在优先地位；调整产业结构，推进产业升级，提高技术密集型产业的比重；突出重点，降低高耗能工业的能源消耗；提高高碳产业准入门槛；运用价格杠杆调节资源利用效率；企业降低成本重点是降低物化劳动的消耗；促进资源密集型产业的生产能力向技术先进的大企业集中；加快对现有企业的技术改造；强制性淘汰落后工艺和设备；优化区域经济布局；优化出口结构，限制高耗能产品出口；推进信息化与现代物流体系的融合，优化交通运输结构；发展循环经济，提高资源利用效率；提高服务业的比重；积极开发水电、核能、太阳能、风能等新能源，降低化石能源比重；鼓励节能型的消费模式。

低碳经济是人类社会可持续发展的出路所在，其发展依赖于产业结构、能源结构及消费结构的调整，需要政策法规的支持与扶植，更需要科技创新的支撑。中国走低碳经济的道路，既符合当前经济社会可持续发展的要求，也符合全球气候环境合作的要求。中国能否在未来几十年里走到世界发展的前列，很大程度上取决于中国应对低碳经济发展调整的能力。因此，中国必须尽快采取行动积极应对这种严峻的挑战：要建立低碳能源系统、低碳技术体系和低碳产业结构，要建立与低碳发展相适应的生产方式、消费模式和鼓励低碳发展的市场机制，最终实现由"高碳"时代到"低碳"时代的跨越，真正实现中国经济社会、人与自然的和谐发展。

谢谢各位！

（本文为我即将出席的由全国政协中国经济社会理事会主办，中共潍坊市委、市人民政府协办的《低碳经济与转变经济发展方式座谈会》上的发言稿。品牌中国发展研究中心研究员毛威对本文亦有贡献）

汇聚全球智慧，求解堵城之困

2010 年 12 月 1 日发表于《人民日报》23 版国际视野

在中国广州举办的"畅想绿色"出行
环保公益活动

美国纽约市的地铁四通八达

韩国首尔钟路出现"智能"公交车站

　　随着中国经济的飞速发展，交通拥堵问题越来越明显，以前人们说"要想富，先修路"，而现在却变成"哪里富，哪里堵"。据统计，全国 667 个城市中，约有 70% 的城市交通在"高峰"时段出现拥堵。在我国一些大城市市区，机动车平均时速已下降到 12 公里，而在拥堵时段的市中心，机动车时速甚至只有 8~10 公里。当前，北京市民上班族平均道路消耗时间超过 1 小时，上海约为 50 分钟。漫长的上下班时间，已成为城市人心中挥之不去的阴影。研究表明，因交通拥堵和管理问题，中国 15 座城市每天损失近 10 亿元财富。深入剖析交通规划管理存在的问题，借鉴一些国家的成功经验，是我们的现实需要。

让城市规划更显远见

很显然，缺乏前瞻性的城市规划是导致交通拥堵的罪魁祸首。

世界城市规划布局无外乎两种模式：一种是单一中心模式，另一种是多中心模式。由于历史原因，单一中心的城市格局在我国颇受青睐，北京自然也不例外。由于不停的旧城改造和不断攀升的房价，越来越多的市民被迫离开市中心，搬到了五环、六环甚至更远的地方，但他们同时必须在市中心工作。比如号称亚洲最大的回龙观社区和天通苑社区，常年居住的人口甚至超过一些中小城市，以至于每天早上从回龙观文化小区进入八达岭高速就要花上半小时甚至更长时间，使回龙观变成了不折不扣的"回龙罐"。这些每天往返于居住地与工作地之间的流动大军，把大量时间消耗在了路上，也给这座城市带来了难以想象的交通压力。

合理的城市规划应以主城为辐射中心，在主城附近规划若干个卫星城，每个卫星城又相对独立，具备较为健全的城市功能。北京摊大饼式的城市发展模式缺乏开放性和包容性。城市的功能有机疏解不是简单的人口外迁，必须是城市的有机功能疏解。如果每个区域的城市功能相对完善，工作、居住、购物、餐饮、医疗、教育、金融、娱乐、文化等各种需求都能在这个区域内得到和城内大抵相当的满足，人们还有必要每天花上两三个小时城里城外的来回奔波吗？

当然，规划问题不是说改就能改的，城市布局一旦形成，便具有长期性和不可逆转性，因此，未来的城市规划者要用前瞻性的思维来设计城市。

巧妇难为无米之炊。基于科学的城市规划下的路网建设与完善是解决城市交通问题的物质保证。我国在交通路网的建设上投入大、见效快，但在"最后一公里"的建设上还需下大力气。

东京、伦敦、巴黎和纽约等大都市都有一个稠密的道路交通系统，也给交通管理带来可能。而中国城市的路网结构有先天不足之处。主干道往往非常宽阔，但存在很多瓶颈和断头路，尤其是各主干道之间接驳往往存在很大问题。车辆在主干道上跑得很爽，但到了路与路交接的地方，就只能像蜗牛一样爬行了。

真正优秀的路网设计和道路规划应照顾到各个参与交通的主体和各种出行方式的不同需求。显然，我们的路网建设还停留在相对粗放的阶段，细节上想得不够。很多城市修建了八车道甚至是十车道，但竟然没有非机动车的通行空间，甚至把非机动车、行人挤在同一个空间里边，城市发展和交通系统建设，主体上是为机动车服务，但完全忽略了非机动车和行人，这种路网建设是畸形的。

在精细化的交通设计和管理方面，我们可以借鉴一些外部经验。比如德国，每一个公交站的位置、每一个路口、每一个车道的使用，都会有专门的设计、专门的评估、不断地优化。

所以，调整城市规划布局思路，推动城市功能区域结构优化，完善路网建设，提高管理水平，是解决交通拥堵的根本所在。

让公共交通更加诱人

路修得再多再好，也赶不上车辆增长的速度。管理和引导人们的交通需求，吸引人们使用效率更高的公共交通是现阶段解决交通拥堵的首选途径。

一座城市的公共交通，一般分为以地铁、轻轨、有轨电车为代表的轨道公交和以公交车、专线车、出租车为代表的道路公交两种。个别城市还会因地理环境特殊而配有城市水上公交，例如意大利的威尼斯、马来西亚的古晋市等。

在伦敦、纽约和东京，人们出行时非常乐意搭乘公共交通，尤其是地铁，因为方便、快捷，人们想去的地方基本上通过乘坐地铁都可以迅速、快捷地到达。我国的地铁建设和城际高铁建设正在如火如荼地进行之中，相信随着公共交通的进一步完善，会有越来越多的人选择轨道交通出行。记得很多人以前喜欢从北京开车去天津，但如今乘京津城际高铁，从北京到天津只需 28 分钟，既快捷经济，又安全舒适。再说公交。在深圳，除了普通公交车之外还有空调大巴，人不多，座位也基本上有保证，既舒适又实惠。如果各大城市的公交系统也能够分出层次，70%~80% 的运力用于满足普通上班族的出行需求，再用 20%~30% 的运力来满足高级白领和企业管理者们的需求，很多开车族会考虑选择公交出行。满足有车族的需求并使他们放弃驾车出行，正是减少车辆出行率、缓解交通拥堵的关键所在。

其实，很多人还是愿意选择地铁出行的，但从家里到地铁站非常不便，所以宁愿拥堵也只好自己开车。为了让市民更多地选择地铁、公交车、短途火车等公交设施，多伦多在地铁和短途火车始发站都建有大型停车场，每天停车只需花 5 块钱，让市民在这里轻松便捷地转乘地铁。

大型交通枢纽的修建有利于公交系统发挥更大的作用。在多伦多，公交总站、地铁站、火车站都集中建在同一区域并相互通行，乘客可以轻松地从火车站直接上地铁或从地铁站直接转公交车。地铁和公交车也是一票制，可以连用。四通八达的地铁、轻轨、短途火车、长途大巴以及公交车为多伦多市民出行提供了多种选择，从而缓解了市中心的交通压力。北京也出现了很多类似的交通枢纽，但地铁和公交由于分属不同的利益主体，目前还不能连用。

与多伦多相比，法国巴黎的历史要悠久得多，古老的市区和历史建筑给城市交通规划带来了很大的难度。在法国巴黎，政府倡导人们运用自行车出行，自行车租赁服务也和发展地铁、公共一样，成为治理堵车的重要办法。

总之，我们要加大公共交通的投入力度，吸引更多的有车族选择公共交通出行，降低车辆的出行率，提高车辆的载客率，从而有效缓解交通拥堵。

缓解城市的交通压力，形成完善的公交网络，除了需要发达的硬件设施，软件上的精细设计与有效管理也必不可少。然而，很多城市恰恰就在发展中忽视了这些细节，造成了积重难返的交通顽疾。

交通状况恶化，交通和交管部门压力最大，但也难辞其咎。首先，管理水平高低直接决定道路的使用率。例如，从北京的四通桥回世纪城，苏州桥直行的车道拥挤不堪，三条左拐车道却空空荡荡。笔者曾专门拨打122反映情况，但无人问津，类似情况非常多，个别地方甚至出现"哪里有警察，哪里就堵车"的怪现象。

其次，交通管理需要新思路。以八达岭高速为例，可以在上班高峰期把由北向南的车道扩充至由南向北的车道。也就是说，在高峰期可以变平时的"4+4"为"5+3"或"6+2"，把对面闲置的车道充分利用起来。其实这在国内并非没有先例，深圳就曾推出类似举措。

其三，管理者们要善用经济杠杆。上海的牌照拍卖、开征城市中心区拥堵费、提高停车费的收费标准、开征燃油税、提高车船使用税等惩罚性经济措施都是运用经济杠杆的例子。但同时也应该有加有减，对新能源汽车进行补贴、对小排量汽车减免使用税、对于三人以上行驶的汽车免收高速费或城市拥堵费等奖励性经济措施也要同时跟进。

其四，交通管理要学会另辟蹊径，比如鼓励特定人群在家工作。至少让一部分人从天天上班变成每周一次或两次上班；提倡采用新的视频技术减少见面；大力发展新能源汽车等都是减缓交通拥堵的思路之一。如何推行弹性工作制度，鼓励人们错峰上下班，建设健全智能交通系统（ITS），适度增加交通供给，做好交通需求管理，引导人们采取多种方式出行……这些问题都对交通管理水平提出了更高要求。

让拼车出行获得优待

顺风车原本是一种起源于美国的旅行方式，并在德国、法国、日本、新加坡、挪威、意大利、西班牙、俄罗斯、南非等很多国家受到普遍欢迎。顺风车的概念就是多人使用同一辆汽车来完成大家共同的出行。交通拥堵的另一个主要原因就是车辆出行率太高，而载客率太低。而顺风车（拼车）能够有效降低出行率和提高载客率。不仅仅是私家车可以用来做顺风车，而且出租汽车也可以用来做顺风车。

世界各国都支持顺风车的发展。在美国，高速公路上专设了两个及以上乘客的汽车通过的道路。在北美和欧洲，公路为搭乘人数多的车辆提供很多便利，方便这种"高载率"车迅速通过。美国主要城市都有自己的顺风车社团，全美大约有130个顺风车社团，顺风车志愿者也很多。2000年起，法国政府开始支持顺风车。根据法国交通部的要求，巴黎—诺曼底公路公司开始对高载率的汽车免收过路费。顺风车在挪威的发展应该是最迅速和全面的。非常注重环保的挪威人对顺风车情有独钟，不但对于高载率汽车有专门的公路和停车场，而且还倡导用电动汽车来做顺风车，使污染程度进一步下降。多伦多交通部门还通过优化道路提高道路通行能力，在利用率最高的404号高速公路上划出了"二人以上专用道"，鼓励人们少开车、多拼车，以保证高速公路的畅通。多伦多城区的很多道路也开辟了"专用车通道"，供公交车、出租车和三人以上私家车驾驶。

顺风车的好处和价值显而易见。节能、环保、减缓交通压力，同时也能够促进人与人之间的互相信任。如果在一个小区内寻找目的地相同或相近的邻居拼车出行，那么这种顺风车出行的方式将会大大减缓路面交通压力。截至今年11月21日，北京市机动车保有量达467万辆。根据国外经验，顺风车每天可减少10%~25%的车辆。以最低标准10%进行计算，除去北京市平均每天尾号限行的93万辆，每天可减少约38万辆。如果按38万辆车每天节约一千克汽油计算，那么北京每年将少消耗新鲜空气约200多万吨，碳排放减少约2.8万吨。

顺风车的操作很简单，例如在城市主干道设置一条顺风车优先通行道，在高峰时段三人及以上的车辆优先通行。同时在进城的高速公路上也设置专门通道，对于三人以上的车辆免收高速费。

春节回家顺风车，民间运力需引导

2012 年 1 月 17 日发表于《环球时报》15 版 题目《缓解春运应动员拼车》

1 月 10 日，我和邓飞、赵普、郎永淳、陈伟鸿一起在微博上发起了"春节回家顺风车"活动。什么是"春节回家顺风车"呢？简单来说，就是"让你身旁的空座，成为他人回家的希望"。

我们在活动介绍中提到，如果你还没有买到回家和返程的车票，如果你开车回家还有空位，让我们结伴回家吧！请在微博内容前加上 # 春节回家顺风车 #，然后把你回家和返程的时间、路线、车型、车况、空余座位数、发到你的微博，有需要的朋友通过微博搜索找到合适的路线并通过评论、私信互相交流，出发前请互相核实资料并下载、签订协议。本次活动由岳成律师事务所担任法律顾问并审定了"春节回家顺风车"搭乘协议，阳光保险集团也为参与为本次活动的车主提供了保险支持。

很多朋友可能会关心，为什么我们会发起这样一个活动？我想用三个关键词来回答这个问题，那就是"天时、地利、人和"！

所谓"天时"，就是春运的当下。我认为，在春运总体运力不足的大背景下，民间运力是一个有益的补充。我们看到，无论是铁道部还是交通部，都已经全力以赴！在这种巨大的压力下，我们可以通过某些方式把社会上闲置的运力充分调动起来，提高运输效率，人与人之间的互助也给人们带来温暖。作为一个普通的公民，我们有义务为国家分忧解难。我们不要抱怨，要行动！

所谓"地利"，就是指"微博"这个特殊的地盘。这两年，微博的发展非常迅猛，微博聚集了很多用户，这也为"免费午餐""微博打拐"等公益活动提供了优质的活动平台。在这里，有着号召力强大的意见领袖，一条微博往往通过他们的转发，会迅速扩散，达到意想不到的传播效果。

所谓"人和"，就是我们发起人的齐心协力和社会各界的支持！当我有了这个想法之后，迅速得到了好朋友邓飞、赵普、郎永淳和陈伟鸿的大力支持！我们五个人中，我有 13 年的顺风车经历，邓飞在利用微博开展公益上有着丰富的经验，赵普、郎永淳、陈伟鸿都是央视著名的主持人，有着很强的号召力！他们的支持，是我的动力所在，而广大网友的积极参与，则更使活动惠及到了更多的朋友！

陈伟鸿说：顺风车，顺心路。不敢说能圆多少人的回家梦，但至少能够用这样的努力情暖回家路。赵普说：在老人跌倒要不要扶的讨论仍在继续的时候，更高挑战的"春节回家顺风车"颤颤巍巍上路了。请祝福这"车"开的稳健、长久。我们都不想成什么楷模，我们只想弯下腰来为大家做点事。平凡是我，渺小是我。非凡是你，伟大是你。感谢所有参与者……郎永淳则表示，不积跬步，无以至千里。一点一滴地做，把握当下。邓飞则表示，这个国家，需要更多正面力量团结大家来建设和建立。加油！而面对一些网友质疑"不可能"，邓飞说：我经常会告诉自己，为什么不可能呢？伙伴们，我们加油。"水木年华"缪杰更是亲自率队参加活动的媒体沟通会，并把《回来就好》这首歌定位"春节回家顺风车"的主题歌！用心的公益事业！温暖的感动情怀！只为让更多的人可以平安回家过大年！

这正是那首《北京榜样》中所唱到的那样：北京榜样，就在我们身旁，没有勋章也一样闪亮，没有光环也温暖四方，这就是平凡中的伟大力量……

我们的活动还得到了微博达人姚晨、李开复、薛蛮子、黄健翔等众多名人的转发支持！

说实话，大家越是关注，越是支持，我们的压力也越大，赵普的那句话代表了我们的心声：我们尽力做到全面，但时间紧、任务重、人手少、经验缺，定会有疏漏。望海涵，望担待，望指导。

微公益，看似事小，却能办成大事。从小处着眼，从自身做起，一点一滴，从细微做起。如果大家都能够给予足够的重视和关注，并积极参与其中，即使是看似很普通的一件小事情，也能做成一件大事，有效帮助到很多亟需帮助的人。

但是，目前困扰"顺风车"这个"微公益"发展的三个主要的最主要的原因是"信任、安全和制度"。

首先是信任。在我14年的顺风车生涯中，最大的困扰就是信任。很多人总是有这样一种理念，天上不会掉馅饼。面对突如起来的帮助，大多数人总是担心这背后有什么陷阱。而我应对的办法就是坚持。你一天两天不相信我，一年两年总信了吧，八年十年总信了吧？坚持就是胜利，坚持就能改变人们对你的偏见。

其次是安全。涉及两个层面，一是车主或乘客对另一方主动造成的抢劫等蓄意伤害，还有就是发生交通事故。这两个层面的问题其实可以通过技术手段得以解决。比如说使用二维码技术等。还可以通过购买保险的方式解决。在这次的"春节回家顺风车"活动中，我们倡导搭车双方通过微博互动、电话沟通、核实信息、签订协议、购买保险等一系列步骤来保证双方的安全。

第三是制度。顺风车之所以得不到民众的响应，很大一个原因来自上海的钓鱼执法。

这样的事情伤了很多人的心，也浇灭了很多人帮助他人的热情。没有必要的制度保证，让很多想开顺风车的人望而却步。2010年年底，北京出台治堵综合方案，在我的建议下提出"规范合乘。"其实我想看到的是'鼓励合乘'，不过从"禁止"变成了"规范"，已经算是重大的突破了。2011年春运期间，交通运输部门有关负责人曾公开表示，"拼车是社会发展的一个大趋势""将尽快研究，早日出台相关规定"。但是一年过去了，拼车回家的需求更加旺盛，相关法规仍然毫无出台的迹象。

其实，拼车现象在国外非常普遍，很多国家对拼车有专门的鼓励政策。在美国的高速公路最里侧车道就是专门的合乘车道，目的就是倡导合乘，减少车辆的出行率，增加车辆的载客率，以达到节能、环保、减缓交通压力，促进人和人之间互相信任的作用。在俄罗斯，拼车现象非常普遍，几乎任何车就接受拼车的请求，谈好价钱就可以上！

2000年起，法国政府开始支持顺风车。根据法国交通部的要求，巴黎—诺曼底公路公司开始对高载率的汽车免收过路费。顺风车在挪威的发展应该是最迅速和全面的。非常注重环保的挪威人对顺风车情有独钟，不但对于高载率汽车有专门的公路和停车场，而且还倡导用电动汽车来做顺风车，使污染程度进一步下降。多伦多城区的很多道路也开辟了"专用车通道"，供公交车、出租车和三人以上私家车驾驶。

顺风车的操作很简单，可以通过开辟顺风车道、允许满载的小车使用公交车道、对满载的小车免收高速通行费、对长期开顺风车的车辆免收养路费等方式，让顺风车主受到尊敬、得到实惠，积极鼓励车主们主动拼车和载人，以达到节能减排、减缓交通压力的目的。

民间运力或许确实存在一些安全隐患，但我们不能因噎废食。对于政府而言，更不能简单地一"堵"了之。民间力量很强大，利用和引导好能发挥意想不到的效果。对于潜在的风险，交通部门应该积极引导，比如说设立统一的调度部门，设立顺风车认证网站、发放专门的顺风车标、在高速公路上对于满载的私家车给予减免高速通行费、表彰在发挥民间运力方面工作突出的个人或单位等措施，将其纳入管理范围之中，尽可能把这种自发的力量变成有序的运力，帮助更多的人安全回家！

有效管理交通需求是治堵的关键

2012 年 12 月 7 日发表于环球时报 题目《王永：人们对北京交通已很不耐烦》

昨天上午，北京交管局长涉嫌摇号舞弊被调查的消息成为大家热议的焦点，而下午一点多，又有官方消息说上述新闻不属实。无论是真是假，这则消息都在网上引起了轩然大波。为什么大家对这条新闻如此关心？我认为是源于大家对北京交通状况持续恶化的忧虑和不耐烦。

交通拥堵是一个社会问题，也是一个经济问题，更是一个管理问题。为什么人们会怀疑交管局长舞弊，显然是因为牌号资源稀缺，而资源之所以稀缺在于需求多，供给少。在那么多需求里，有很多并非刚需。政府治理交通，除了对交通秩序和交通参与各方的管理外，我以为最重要的是对市民交通需求的有效管理。否则，路修得再快，也永远赶不上私车数量增长的速度。有效管理交通需求，包括管理好市民的购买需求和使用需求。

香港对于私家车不限购、不限行，但香港的汽车消费不温不火。据今年 6 月数据显示，拥有 700 多万人口的香港，其中私家车只有 44.34 万辆。而北京有 510 万辆机动车，人均保有量是香港的近 3 倍。是香港人买不起车吗？显然不是，香港普通人约一年的收入就能买一辆普通的家用轿车，而是因为在香港开车有"四贵"，买车贵、隧道费贵、油费贵、停车贵。

新加坡的做法是"保、限、控"，"保"就是保证出行便利。新加坡公交地铁系统发达、舒适、便利。"限"就是设置购车门槛。一张拥车证 7 万新币，约合人民币 35 万元。"控"就是管理出行需求。分时分段收取拥堵费，控制拥堵地区的车辆数。所以，在新加坡，白领不买车是理所当然的事。

说到底，新加坡和香港的做法都是在保证公交系统发达的前提下，利用经济杠杆管理人们的交通需求。有人肯定会说，这对穷人不公平。什么叫公平？难道所有人都堵在路上就叫公平吗？并不是所有的需求都是必须和合理的，这是常识。

当然，这些国家和地区之所以能管理好老百姓的交通需求，还有一个前提是管理好公车和特权车。没有公车和特权车的干扰，"市场杠杆"才能保证公平、公开、公正，政府"收费"才不会招致骂声。例如，英国官员的公务专用配车非常少，只有首相和内阁主要大臣，才配有公务专车。但是在中国，除了政府部门数目惊人的公务车外，各种"特权车"横行也全球闻名。

我强烈呼吁北京市政府在大力改善公共交通的同时，学习上海"拍卖车牌"和新加坡"拍卖拥车证"的做法，利用经济杠杆"限制"不合理的购车需求和用车需求。与此同时，这些收入应公开透明地"用之于民"，用作改善和补贴公交，推出"为满载的顺风车提供补贴和减免高速通行费""改善自行车道，鼓励人们骑车出行"等"疏导"措施。只有"限制"和"疏导"并重，常抓不懈，北京的治堵才能见到成效。

媒体报道

北京是否该单双号限行？

2014 年 11 月 27 日发表于新浪博客

11 月 26 日上午，一则"北京将论证单双号限行可能性"的消息被疯狂转发，人们纷纷议论，这是否是北京将要实行单双号限行的信号？中午有媒体向透露这一消息的北京市副市长李士祥进行核实，他表示，论证并不代表实施。

显然，这个回答只是外交辞令。要我是市长，我也肯定会这么说。论证当然不代表实施，就像说现在不实施不等于未来不实施，而未来的概念可能是三个月，也可能是半年或者一年。

其实，早在 11 月 8 日，北京市交通委主任周正宇接受采访时就表示，"11 月 3 日单双号限行以来，城市道路交通拥堵指数下降 70%，私家车减少，相应的公共交通客流增加，公交客流增加了 10%，地铁客流增加了 5%。APEC 放假首日高速客流比黄金周下降30%，单双号限行效果明显。目前，相关部门正在对交通以及环保数据进行监测，限行结束后将出具相应的分析报告。"我一看到这则报道时的第一反应就是，北京单双号限行是迟早的事了。

尽管有此前的铺垫，该消息一出还是立刻引起网民的激烈讨论。有人支持，也有人反对。总体而言，批评的人占到多数。有人说，限购摇号背后是典型的懒政思维。也有网友说，环境的改善不该以牺牲民众利益为代价。

如果站在城市管理者的角度上，我只能选择赞成单双号限行。首先，与其天天堵，天天霾，不如限一天开一天，虽然限行的那一天不方便，但至少不限行的那一天是痛快的。记得上次北京限行的时候，由于不限号，所以很多人都买了第二辆车。而现在不一样了，就算你想买车，也没号，所以限行的效果会比较明显，且会持续相当长的一段时间。

事实上，机动车增长过快、城市规划不合理、公共交通发展滞后，这些都是导致目前交通困局的主要原因。要想缓解交通拥堵，需要对症下药。仅仅靠一味限制的政策是不够的，只有多管齐下才能疏导交通压力，确保每一位居民都能够享有方便快捷的出行权利。

所以，政府不能一限了之，而应该限补结合。首先应该加大公交运力的投入，如APEC 期间那样增加班次等，确保被限行的车主可以选择公交出行，同时又不至于对本已拥挤不堪的公交系统造成太大的压力。政府还应该同时考虑对限行车主进行适当补偿，比如发放免费的公交卡、减免车船税等，同时应大力鼓励拼车，推行"三人一辆车，免收高速费"的鼓励政策、在有条件的地区开通拼车专用道（CARPOOL）等。

我赞成单双号限行，肯定会有很多人会骂我。这是一个残酷的选择题，我想大家都很难做出抉择。但如果我是城市的管理者，我只能被迫选择单双号限行。迫于现实的污染和拥堵的双重压力，就算挨骂也得这么做。因为单双号限行能够立竿见影地解决交通拥堵问题。虽然汽车尾气不是雾霾的主要成因，但一定是大气的重要污染源，限行至少可以减少一半的排放。此外，堵车时的排放是正常行驶的好几倍，从这个角度说减排量会远大于一半。所以单双号限行对大气污染也会起到明显的缓解作用，这么做"APEC 蓝"成为新常态才有点可能。

当然，这个决策是艰难的，政府一定会挨骂，一定会面临着很多阻力和一系列问题：限行是否侵犯公民的私有财产权？是否应该大幅增加汽车使用成本，用来对公交系统进行补贴？是否应该严格限制外地车辆进京？是否应该加大废旧车辆淘汰和油品质量的提升？是否应该给予限行车辆必要的补助，如何补助？是否该在公交和私家车之间提供第三种选择，比如较为舒适便利的空调大巴？是否该推出一系列的鼓励政策，引导市民拼车出行？但再难也得这么做，决不能犹豫！如果要打比方，单双号限行有点像化疗，得了癌症后悔也没用，只能选择对身体有极大伤害的化疗，毕竟生命最重要。

其实，公共管理的核心是期望值管理。在香港和新加坡，绝大多数年轻人都不会考虑买车，一般的工薪阶层也不会考虑买车，因为使用成本实在太高，也就是说他们在"拥有私家车"这件事情上期待值很低。没有期望，也就谈不上失望。我们则不一样，大学毕业没两年就想着买车买房。在北京限号之前，几万元都可以拥有一辆私家车，无需任何门槛，也无需支付高昂的使用成本，所以大家的期望值很高，不买白不买，你买我也买。有车有房甚至是一个年轻人是否成功的标志，甚至是一些丈母娘选择女婿的首要标准。

城市管理者一开始对市民买车的期望值缺乏最起码的管理，从而造成了目前的困境，车辆越来越多，路上越来越堵，空气越来越脏。怎么办？买了车的人当然不希望被限制，然而长期的拥堵和令人窒息的雾霾使得很多车主也苦不堪言，但要他们自己主动放弃不开车，恐怕谁也不愿意。凭什么我放弃？要堵大家一起堵！这个时候，这就需要政府通过行政手段来强制车主们放弃一半的权力，换取另一半时间的通畅。应该说，这是没有办法的办法。

因此，我呼吁那些欠发达地区的管理者，请不要试图在 GDP 和环保之间搞平衡，一定要通过有限拍卖车牌、大幅提高车辆使用成本、加大投入完善公交系统等办法来管理好市民购买私家车的期望值，千万不要再走"先鼓励再限制"的老路和"先污染再治理"的死路。

说完期望值管理，再说一说供给。管理人们拥有私家车的期望值还有一个前提，就是公交系统能够满足出行需求。在新加坡和香港，为什么大部分人不买车？除了成本很高之外，很重要的原因就是公交系统发达，乘坐公交出行很舒适，很有尊严。但是在北京，选择公交上下班舒适就不要奢望了，就连最起码实的尊严都毫无保障，每天上下班都是一次战役。

所以，我选择支持单双号限行，并非心甘情愿，而是情非得已，是基于理性和现实的痛苦抉择。过去，我们放任私家车无序增长的政策错了，我们生存的城市已经不堪重负，现在，我们不能一错再错。期待政府在推行单双号限行的同时，耐心做好宣传引导工作，主动做好公车使用管理，切实加大对公交系统的投入，对限行车主给予必要的补偿。

为了首都的通畅和可能的"APEC蓝"，请大家都来支持政府这个无奈的决定吧。

附：昨天晚上，我分别发了一条微博和微信，请朋友们对此事发表自己的看法，摘录如下，略有删节。

在新浪微博上，反对者多于赞成者。

@ 石大爷 –

不认同，不加强公共交通的建设总想着采用这种方式什么时候是个头（变向地推动部分民众再去想办法买辆车），解决北京交通压力的问题不应停在这种简单的方式了，针对主城区各功能区的调整才是出路。

@ 姚清江

简单限号可能不好，不如利用市场机制，增加市区行停车费用以投资交通环保。

@ 过节 0

政府应该先从自身做起，加快推进公车改革，取消所有财政负担的公车，再谈单双号。

@ 琨琨 YK_

急则治其标，缓则治其本…单单只是限号，没根本解决问题，两者兼顾。

@ 紫藤花的阳光

单双号限行,治标不治本,造成雾霾的根本原因是汽车尾气吗？请政府不要掩耳盗铃！治理先拿老百姓开刀，无能的表现！单双号限行只会徒增大家的抱怨，解决不了任何问题。如果雾霾真的仅仅是汽车尾气造成的，我举双手赞同，反之，即使满大街无一辆车，雾霾照样横行，政府这一策略是不是成世界之笑柄。

@ 李勇峰 LYF

如果单双号限行，意味着私家车一半时间不能开，政府是否返还一半车钱？新车是否降一半价？保险费是否减半？小区停车费是否减半？另外，试问：前两年某副市长说要严禁地铁超载，请问何时兑现？怎样兑现？目前公共交通已不堪重负（尤其上下班高峰），如果限行，让市民怎样出门？怎样上下班？

@Rrran_ChasingFAITH

是否限行和公交系统是否发达有直接关系。我认为，真要是公共设施足够完备，比如说公交车 10 分钟以内就能来一辆，不会被挤得下不去车，又何必非要开私家车？地铁还要涨价，私家车还要单双号，这样两头堵的政策是不是不太合适？而且"APEC 蓝"我想多半是重工业停产而产生的。单双号限号很可能带来摇号购车的新高峰，很快城市又达到饱和，又该如何？

@SUNNY 阳光花园（北京奥伦多国际公关 CEO、《外交官 Diplomat》杂志主编）

完全同意恢复单双号限行，车多麻烦。另外建议地铁保持两元车票，再安排二环内停车费一小时 100 元，三环内 80 元。这是澳大利亚做法，很管用。另外要增加市民交通补贴。

在微信上，也有不少朋友发表了自己的看法，但支持者多于反对者。

中央人民广播电台编辑时晨明确表示"支持单双号限行"。她认为，雾霾，每个人都是受害者，每个人也都是制造者，只不过制造的程度影响不同。而目前身体力行最有可能改观的，就是减少汽车尾气排放，那么有车族必须承担这个责任减少自己的汽车尾气排放量。当然，从国家政策上也应该灵活调整，对汽车各种税费以年度进行收取的进行调整。另外，大力倡导公共交通，公交地铁就不该涨价。如果乘坐地铁成本一下增长了几倍，比开车或者打车成本也低不了多少，谁还愿意坐地铁？有点经济能力的还是愿意打车开车。

中国新闻社记者张楠说她也在思考这个问题：想来想去突然明白一个道理，政府即将论证的事情就没有实行不了的可能，北京单双号政策是早晚的事，现在讨论是否该单双号似乎为时已晚，我们要思考的是北京何时才能具备实行单双号的条件——公共交通系统是否完善、用于改善大环境的财政款项如何使用、改善效果能否被认可……

北京大华国际传媒张山蛟这是坚定的支持者。他认为，首先，我们需要肯定的是，单双号限行是值得提倡并继续坚持的。原因如下，一、城市交通代表着一个地区的先进性和文明程度。二、流畅的交通有利于提高工作效率，并促进经济发展水平。三、减少汽车尾气排放对类似于北京这样的大都市，更有利于环境保护，如此，"APEC 蓝"将不再是一种现象，而是常态。四、直接有利于提高人民居住环境的幸福程度，对提高城市服务业而言，有百益而无一害。五、当然，最重要的一点，良好的生存环境将直接影响到人均寿命程度，避免不必要的灾难和疾病发生。总之，交通促进城市文明及城市形象的双重进步。

中国节能环保集团办公厅的张哲态度很明确：建议实行单双号，把目前的摇号改成拍卖指标。

反对者包括北京七彩云南办公室主任佘东初，他认为，限制对车辆的使用权，本质是对车辆所有权的部分剥夺。因为使用权是所有权天然包含的一部分。限制车辆使用，与保护公民私有财产相悖。

北京央媒联合国际会展中心总经理高灿华也认为，车主是自由的，纳税后不受单双限制。无论是拥堵问题还是雾霾严重，都应该由政府去治理。

中国技术交易所办公室郑绎则保留中立。因为联想到，单双号的推出，或许会增加某一类用户的车辆持有量。在资金充足的情况下，每户若购置单号尾牌和双号尾牌各一辆，那么此户就可以天天用车了。不明确这种情况会占多少比例，但或许这也是值得被考虑进去的因素。

北方交大学生赵竞认为限行未尝不可，对环境保护也有作用，但必须考虑并且计算现有的公交地铁系统是否有足够的运力，如果承担不了还是别改了。地铁已经很堵，大家都已苦不堪言。地铁是刚需，显然涨价也无法改变。APEC期间地铁明显增加了班次，这样的情况仍需要数据计算运力，如果能像APEC期间那种频率也未尝不可。

王府井管委会武曼也持有保留意见：从可持续发展来看，一定要实行单双号限行，甚至提高行车成本，鼓励公共交通成为市区主流，否则就目前而言，空气污染已经成为很多人离开北京的主要原因，阻碍城市发展，破坏历史人文情怀。然而眼前，从城市发展及效率来看，如果单双号限制，必然降低居民生产效率，影响居民生活便利致使幸福指数下降，所以在实施单双号限行前要做好社会交通能力测算，对交通承载人力进行详尽划分，做出分类解决方案，拓展公共交通层面及执行力，利用互联网等，广泛开发新型公共交通方式。

中国联通公司工会、摄影家李志松考虑的更多的是解决方案，他认为"油价下降、公交涨价，微微拼车、正当其时。"

政府多信任民间，公益会更好

2013 年 2 月 7 日发表于《环球时报》

几天前，有一位司机由于免费载 4 名工友回老家过年，被南京江宁运管所稽查人员拦截，并被指责涉嫌非法运营。尽管这只是个别事件，但足以对当地政府形象产生消极的影响：他们难道想让中国人都不敢搭顺风车吗？释放民间运力，打好春运保卫战，是政府加大对民间公益事业的支持、信任和宽容的重要契机。

当下，中国正处于一年一度的"春运大迁徙"阶段，尽管政府做出了多方面的努力，但运力仍明显不足。这就需要有效释放民间春运运力，鼓励更多的民间力量参与春运大潮。对于各种挖掘民间运力，释放春运压力的成功做法，如果政府能够给予更多支持和信任，而不是像江宁稽查人员那样充当负能量，整个春运环境或许将会得到有效改善。

近年来，随着中国社会的发展，NGO 组织如同雨后春笋，通过发展各种公益事业，开始充当社会的"减压阀"和"稳定器"。但由于一些人对 NGO 所推动的民间公益事业仍有疑虑，民间公益事业的社会效用并未能得到最大发挥。例如，近年来由媒体界爱心人士发起的"爱心衣橱"活动，已经在社会上引起强烈反响，并得到民间人士的大力支持。然而，成立近两年的爱心衣橱到现在都没有自己的公章，使得这个组织处于非常尴尬的境地。从国际角度来看，公益机构企业化、社会化是大势所趋，如果能得到政府的信任和支持，使其完善制度和管理，它不仅不会让政府有更多的担心，还能够有效减轻政府的负担。

笔者认为，一些政府机关和人员之所以对民间公益事业持怀疑态度，根源其实是对"政府包办一切"的迷信。打个不恰当的比方，政府和公益组织的关系就如同家长与孩子。要让"孩子"成长，"家长"就要敢于放手，不要怕"小孩"跌倒、哭闹甚至是"惹是生非"。唯有如此，"孩子"才能快速成长、成熟。如果"家长"一切包办，不但不利于"孩子"

健康身心的形成，也使得"父母"压力倍增，无法分出精力做本该属于父母这个角色的事情，实在不是一个两全其美的办法。在十八大上，中央再次提及"有限政府"的制度设计，这无疑也是为公益事业发展创造宽松社会环境及政策支持释放了一个信号。为此，我们希望政府能够从现在开始，积极让公益组织从"襁褓"中走出来，在政府的"搀扶"下，学会自己走路。

经济学家艾丰认为，中国改革开放 30 年的成就就是包容的力量所创造的奇迹。包容的力量应该包括包容的思维、理论、政策、体制和方法。对待民间公益事业，政府同样需要以宽容的态度从制度、社会舆论等多个方面，为其成长创造宽容的社会环境，信任并支持其发展。

"有偿拼车等于黑车"无稽之谈

2014年11月19日发表于环球网

今天早上,一篇题为《交通部门:APP有偿拼车等同黑车,保险无法理赔》的新闻引发了广大市民的关注,大家纷纷在网上吐槽。北京广播电台的记者第一时间采访了我,我对这则新闻的感受只有四个字:"无稽之谈"。

首先,文中提及的发言人没有一个有姓名和职务的,其权威性和真实性有待考证。对于一篇严谨的新闻报道,不能引用

不具名的普通工作人员的话作为权威表态,更不能在文章的标题中冠以"交通部门"的字样,否则会让无暇阅读内文的读者误以为这是政府的规定,严重误导读者。

其次,"有偿拼车"等同于"非法运营"并无法律依据。众所周知,北京市交通委已经在2013年底发布的《北京市小客车合乘意见》对"合乘"行为进行了定义,"合乘"一般是指同一小区或毗邻小区之间,出行路线相同的人,签订合乘协议后拼车出行。根据合乘目的,可分为上下班通勤的长期合乘、节假日返乡的长途短期合乘。根据分摊费用可分为公益性合乘和互助性合乘,公益性合乘不收费;互助性合乘可以合理分摊出行过程中的油、电、气、高速通行费。"分摊费用"当然要"有偿",否则怎么分摊?所以说,把"有偿拼车"等同于"非法运营"的说法毫无道理。有偿拼车只是公民在互助的过程中分摊费用而已,所以"私家车不具备运营资格,与搭顺风车不同的是产生收费行为,属于非法运营"这一说法没有法律依据。就连顺风车公益活动发起人、央视著名主持人赵普也在节目中吐槽"吃个饭都可以AA制,拼个车怎么就不行呢?"

第三,电子协议也是协议的一种。我国《合同法》规定合同的订立需要有要约和承诺这两个过程,电子合同同样也需要具备这些要件。联合国的《电子商务示范法》第11条也规定:除非当事人另有协议,合同要约及承诺均可以通过电子意思表示的手段来表示,

并不得仅仅以使用电子意思表示为理由否认该合同的有效性或者是可执行性。笔者曾参与《北京市小客车合乘意见》的起草工作，我在和北京市交通委法制处处长孙红军交流时，他明确表示，由于通过注册 APP 时都需要确认拼车条款并签订电子协议，所有的预约拼车都视同为签订了电子合乘协议。所以，文中"尽管司机拿出手机证明自己是利用 APP 拼车软件招揽的乘客，但这并不能算作《北京市小客车合乘意见》中提到的合乘协议"的说法毫无道理。

第四，保险公司的引述答非所问。原文有关保险那一段，记者引用的保险公司的原话是"对于非法运营车辆，保险公司不予以理赔"，这句话固然正确，但显然是偷换了概念，因为拼车本来就不是非法运营，非法运营不予以理赔，不等于拼车不予以理赔。事实上，阳光保险、太平洋保险、中国人寿、中国平安都已经先后推出了拼车险，为拼车提供安全保障。

笔者作为顺风车的发起人，16 年来一直致力于推动顺风车和拼车事业的发展。之所以创办微微拼车这样一个社会企业，正是希望通过商业的手法推进社会公益。目前，顺风车和拼车的发展如雨后春笋，所有试图阻挡拼车市场发展的尝试都是徒劳的。此外，从世界范围来讲，拼车属于共享经济，也是大势所趋，政府、老百姓和社会各方均从中受益，欧洲、美国、日本等发达国家都极力推崇。

在 APEC 上，习大大也在说希望"APEC 蓝"成为新常态。我相信，从习大大到普通市民，都希望城市的交通越来越畅通，天空越来越蓝，拼车无疑是节能减排、减缓交通压力的最直接的办法，能够最直接的提高车辆的载客率，降低车辆的出行率，也可以减轻公交系统的压力，挤压黑车的生存空间，增加人与人之间的沟通，可以说百利而无一害！

当然，包括微微拼车在内的所有拼车软件都尚处于起步阶段，肯定还会有这样或者那样的不足，希望广大市民朋友在使用过程中提出宝贵意见，帮助软件不断完善，使其更加易用，更加安全。也请有关部门抱着包容和发展的心态来扶持这些软件，帮助他们不断规范，不断进步，而不能因为一些小问题就粗暴地叫停或者一禁了之。我对有关部门的科学管理能力和管理水平充满信心，相信他们绝不会因噎废食。

拼车出行利国利民，期待政府、车主、乘客、社会和媒体等多方共同努力。

要理解政府的底线思维——
就《专车征求意见稿》答记者问

2015 年 11 月 5 日发表于新浪博客

【作者按】本文是笔者接受 21 世纪经济报道记者书面采访的回复，仅代表本人观点，是否采纳，以最终发布的稿件为准。

问：《网络预约出租汽车经营服务管理暂行办法（征求意见稿）》第 12 条，即"车辆使用性质登记为出租客运"和专车司机符合第 15 条，即具备《道路运输从业人员从业资格证》，您的看法，是否支持？

答： 我支持。毕竟专车的性质和拼车不同，前者确实属于出租客运，司机也属于专职工作，理应接受职能部门的管理。

问： 媒体报道，根据高德公布的第二季度拥堵指数，北京、广州、杭州、深圳四个城市，虽然已经实施了机动车限购，但第二季度的拥堵指数却反而上升。而且有的城市交通部门已经有调研，交通拥堵与专车有关。您的观点是？

答： 我同意，这一点其实显而易见。这 4 个城市已经限购，也就意味着增量市场趋于稳定，而存量市场里的专车，却极大地提高了活跃度，相当于原本不怎么出行的专车开始和出租车一样在路上跑，占用了道路资源，也势必加大城市的拥堵指数。

问： 征求意见稿规定了价格报备制度，您的观点是？

答： 对这一点我持保留意见。既然接受了职能部门的管理，车辆性质也是出租客运了，那么市场价格就应该放开，不要再搞价格报备。就算要报备，也只应该规定上限，不允许坐地起价，而不该规定下限。专车承担了运营车辆的责任，自然就应该享有自主定价的权力，航空公司的机票都能打折，折后价格甚至比大巴还便宜，难道也应该被禁止吗？我认为这是最基本的市场原则，到底多少价格合适，应该让消费者和市场自主选择。

问： 征求意见稿规定了"优先发展城市公共交通，适度发展出租汽车，有序发展网络预约出租汽车"的原则，您的看法？顺风车应如何定位自己？

答： 我非常赞成这个原则，其实还应该加一句，"大力提倡顺风车"。顺风车本质上也属于某种形式的公共交通。一辆车原本一个人开，如果变成两个人或者三个人坐，尤其是车主之间能够参与顺风车，三个司机坐一辆车出行，就可以让路上少了两辆车，节能减排，缓解拥堵，促进公众互信，又不增加任何投入，节约道路资源，多好呀！

问： 有专家将征求意见稿比作"互联网－"，您的意见稿的整体印象？政府是否过于管制？

答： 呵呵，"互联网－"的说法很有意思。意见稿虽然有了很大的进步，也做出了很大的努力，但总体给人的感觉仍然过于管制，本质上是对部门权利和行业既得利益看得过重。不过，我们也要对政府的思维逻辑给予理解，公众想的往往是上线，但政府必须保持底线思维，必须维持社会稳定，从这个角度上讲，这次的征求意见稿就不难理解了。我想说的是，政府需要在公众预期、社会稳定和行业发展三者之间寻求平衡，这一点其实很不容易。

问： 尽管意见稿规定了顺风车不适用此规定，您是否担心政策会收紧？

答： 我完全不担心。我从2008年起就开始着手推动北京市交通委出台相关的鼓励政策，政府对拼车的意见也从一开始的禁止到规范，再到鼓励，这是一个循序渐进的过程，也是社会和新经济发展的必然方向，公益顺风车的政策肯定会收紧。

不过我想强调的是，滴滴出行剽窃了公益顺风车的注册商标，是我们不能接受的。"顺风车"这个商标虽然我们注册了，但大家都可以用，只要是公益的就行了，腾讯、阿里都在用，我们之间也都有合作。"拼车"也很好，节能减排，司机可以分摊油钱，乘客也可以节约开支，我本人也创办了微微拼车，但不能将有偿拼车和免费的顺风车混为一谈。

滴滴顺风车其实应该叫滴滴拼车，这种粗暴的行为对我们坚持了17年的公益顺风车是一种严重的伤害，期待滴滴出行能回到理性、正确的道路上来，通过协商的方式解决问题。公益组织没有经济实力，但我们捍卫自身合法权益的决心从未动摇，我们也得到了很多法律人士和媒体的支持。我们坚持了四年的"春节回家顺风车"大型公益行动也已进入筹备阶段，我们会适时通过法律手段维护"顺风车"的合法权益。

问： 征求意见稿自10月9日发布以来，顺风车注册车主数量及活跃程度有没有变化？

答： 我们顺风车之前没有独立的APP，2012和2013的开发的两版APP也因为技术原因没有推广。今年10月10日我们在微微拼车技术团队的支持下发布了公益顺风车APP安卓版，10月21日IOS版上线以来，顺风车注册车主的数量在持续上升，活跃程度也在持续增加。目前来看，尚未没有受到征求意见稿的影响。

第五章
顺风车
媒体报道集选摘

免费邀乘频遭误解不改初衷，
顺风车十年载千人

2008 年 1 月 29 日发表于《北京晨报》记者　刘珏欣

招呼再三，终于有人上车了

王永询问搭车者在哪里下车

　　每天早晨，家住回龙观的王永都会开着自己的大奔来到附近的公交站，向排队等待公交车的人群喊道："有去马甸、双安的吗？搭车不要钱。"这样的事情，王永已经坚持了 10 年，从最开始遭遇白眼和不解，到现在赢得越来越多的信任，甚至有人在他的影响下也向别人提供顺风车。王永的理想是，能使顺风车制度化，让越来越多的人实施。

热情邀搭顺风车频遇冷眼

　　昨天早晨 7:30，记者来到回龙观王永家门口坐上他的车。开车的王永竟对附近的公交站点了如指掌，知道哪站和他顺路，哪里方便停车。

　　在 344 路快车站，王永向几十米长的队伍喊："有谁去马甸、双安？搭车，不要钱。"王永告诉记者，这一站的人基本都去马甸，很容易坐满。即使这样，许多人的反应仍是扭过头不看这边。王永又喊几遍，终于有位男子站出来拉开车门，随后有了第二、第三个人，没有女性。

　　三个人坐在车后沉默着，王永笑问："怎么敢上我的车？"第一个男子说："天实在太冷了，要不然就不上了。"气氛逐渐活跃起来，他们告诉记者，曾经听说过回龙观这边有些人提供免费顺风车，今天是第一次遇见。你来我往几句闲聊，本来单调的车程不再乏味。

到了马甸，三个人道谢后先后下车。王永又开到公交站喊道："有去双安的吗？免费搭车。"等待的人不多，纷纷扭开头，面无表情，只有一位阿姨听到"双安"，以为王永问路，上来热情地指点。

"太习惯冷眼了。"王永对记者说，"曾经问一个女孩坐不坐车，被她男友误会，上来就泼了一杯水。即使这样我还是喜欢每天跟不同的人聊聊。"到了双安，作为品牌中国产业联盟秘书长，王永将开始一天忙碌的工作。

10 年前受启发开拉顺风车

在王永的湖南老家，出门搭乡亲的顺风车是很自然的事情。而 1998 年的一场暴雨，更是触动了王永。"我看到一位老太太走得很艰难，可路过她身边的车都不减速，溅她一身污水。我看不过去送她回家。老太太感激得不得了。原来这样的小事也能给人带来这么大的温暖。"从此之后，王永开始了 10 年免费搭顺风车的生活。

说到坚持的动力，王永告诉记者："我每天观察路上的车，发现 70% 都是私家车，其中 70% 又只是一个人开，这样实在太浪费了。如果能达成搭乘双方的信任和安全问题，我觉得顺风车是解决交通问题的一个好方法。"王永已经摸索出了一整套解决方案，希望能得到政府部门支持，使顺风车能制度化，也成为一种文化。

北京"拼客"王永的顺风车

2008 年 9 月发表于《记者观察》记者　彭　斐

北京的王永是个"拼客"。10 年来，他每天上下班都会在临近的公交站喊顺路的人免费搭乘他的车。

10 年搭王永车的人已近万。尽管这么多年他遭受了很多的白眼，曾被城管当作过黑车司机，甚至还遇到过劫匪，但他坚持了下来。他认为这样做不仅可以合理利用资源，对解决交通拥堵、减少尾气排放等城市问题，都是一剂良方。令他欣慰的是，在他的带动下，越来越多的有车族加入到了"免费顺风车"队伍里。

世界上载人最多的奔驰车

每天早晨，家住北京回龙观的王永都会开着自己的大奔来到附近的公交站，向排队等待公交车的人群询问："有去马甸、双安的吗？搭车不要钱。"10 年来，他从最开始遭遇白眼和不解，到现在赢得了越来越多的信任，甚至有人在他的影响下也向别人提供顺风车。王永的理想是，能使顺风车制度化，让越来越多的人实施。

王永告诉记者："现在只要我把车停在 344 路公交站点，基本上不用喊，就会有人上车。"

"我目前开的是一辆奔驰 S350，是 2004 年年初买的，之前我还开过红旗和本田，都用来开过顺风车。一次一位搭我车的小伙子说：'你这辆奔驰恐怕是世界上载人最多的奔驰了'。我一想，还可能真是那么回事！"

"仔细算算，我现在这辆车搭过的乘客大约有 3000 人左右。按照 4 年半计算，除去出差等因素，每周我平均搭载顺风车乘客 10~12 人左右，这样算下来，每年 500~600 人，4 年算下来最少也有 2000 人了。"

从 1998 年拥有第一辆车开始，王永将自己的顺风车坚持了下来，10 年间，不免被他人误解，但他无怨无悔。"我每天能从开顺风车中获得不少乐趣。搭车的人可能来自不同的城市，从事着不同的工作，在短短的几十分钟时间里，大家互相交流，互相介绍，气氛非常好。"王永说。

有一次，王永搭到了一对夫妻，路上才知道这对夫妻竟然是在搭王永的顺风车时认识的，而后发展为情侣，进而走进婚姻的殿堂。

通过在顺风车上的交流，王永还曾用自己的切身经历感动了许多人。一次，王永搭到了一位因生活困难准备回老家的女孩，"她情绪不好，我就劝她，当年我 300 块钱起家，住过地下室三层，房顶滴水像水帘洞一样，现在也挺过来了。两年后我接到她的电话，说她已找到了工作，还结了婚，买了房子，谢谢我当年的劝慰。"

还有一位曾搭过顺车的小伙子在阿里巴巴工作，这个小伙子当月可能成为阿里巴巴公司销售前 100 名，还可能会见到马云。他给王永发来了短信："谢谢王永先生与人方便的爱心行动，您的行为感动了我。您给我上了很有意义的一堂课，我会牢记这次经历和您的一番言谈，祝您事业蒸蒸日上，好人一生平安！——王安宁"。王永说："类似这样的短信我经常收到，每次都让我非常开心。"

什么让王永坚持 10 年

是什么让王永 10 年的时间里坚持不懈？王永从文化、环保以及人文三个层面为自己的行为做了解构："第一个层面是一种文化，在我的湖南老家，村里人进城都可以免费搭顺风车。我们上学的时候都是骑自行车，如果他的车后座没有人，说明这个人没有混好，没有人搭他的车。这就和学校住宿生从家里带的菜如果没有被偷吃就说明他没有人缘是一个道理。"

"初中时，我们学过一篇英文短文，标题是《一门新兴的职业》，讲的是一群人每天都打扮整齐，到马路边等，专拣好车拦，一招即停，然后大摇大摆地坐上去。进城之后，什么也不干，晃悠一天再搭一个车回来，下车以后司机竟然还给他一笔钱。老师让我们猜这些人从事的是什么职业。最后才知道，那个国家规定，再好的车如果只坐一个人就不让上高速，如果坐两个人或者是三个人不但允许上高速，还免过路费。这个国家之所以这么做是在强调要节能环保，这让我受到了启发。"

"最后打动我、让我决定坚持的是，1998 年，那时候我刚刚买车没多长时间，晚上 10 点多回去的时候，突然下起了暴雨，路也很颠簸。我看到一位老太太在冒着雨走，前面的车开得特别快，溅了老太太一身泥水。我觉得很不好，就把车停下要送她回去。她当时用一种温和的目光看着我，那种特别的感觉，第一个我觉得很温暖，同时也很难受。这么简单的事情对我们来说是举手之劳，但对他们来讲却是雪中送炭。"

"10 年前，拉顺风车是为节能环保，那个时候交通压力还没有现在这么大，还有就是建立人与人之间的相互信任，像这一点我觉得我们中国人现在特别讲究圈子。"王永说。

一次到电视台做节目时，王永搭了一个叫姚武杰的人。他来自山西，在北京做防水施工。"刚开始他已经上车，但很快又下去了，我说你怎么下去了，他问我要不要钱，我说不要，他说那我下去了。我就说，我都开大奔了，你还在等公交，我能把你怎么着，他一听觉得有道理，就又上来了。在路上我跟他聊天，他说免费让人搭车这种事情很难想象，总觉得有什么陷阱。"王永当时略带调侃地问他："你是不是看我是光头像坏人？"他说也不是，这个社会上陷阱太多了，人们都宁愿少一事也不愿意多一事。

王永说，一开始拉顺风车时，大多数人都不愿意上车，或者上车之后和他基本不交流。"可能传统观念让我们比较封闭，但只要打破这种封闭，我相信顺风车的行动还是很好开展的。"

风雨 10 年，顺风车温暖人心

拉顺风车经常会被人误解，王永说："曾经问一个女孩坐不坐车，结果被她男友误会，上来就泼了我一杯水。"作为一家公司的老总，到单位后，王永还是很快就将刚经历过的委屈与误解抛到脑后，开始了一天忙碌的工作。

而王永不仅经常遭遇白眼，还遇到过以为他开黑车要抓他的警察，甚至腰间别刀的歹徒。"一天晚上 10 点多，一个人上车后反复问我真不要钱吗，也不说别的话，走的时候说了一句'哥们儿，不是所有人都是好人，碰到我你算幸运的'。我还纳闷这是什么意思，下车时一看，这个人腰间别着一把一尺多长的刀。不知他是不是见我不要钱，不好意思下手。"

有一次，一个农民工上了他的车，上车后第一句话就是："反正我现在一无所有，你爱怎么着就怎么着。"这个农民工似乎受了不少委屈，看起来很沮丧。于是王永一路走一路开导他，下车时，他说："好人还是有的。"

从 1998 年开始拉顺风车，王永先后换了 3 辆车，据他统计，10 年间坐过他免费顺风车的人可能已经超过了万人。有时到了公交站，已经认识他的交通协管员会跑来表示感谢。"最开心的事是有一次路上遇到一人，他摇下窗子朝我喊：'王永！王永！我原来搭过你的车，现在我有车了，也开始搭别人啦！'"

李连杰为王永顺风车支招

搭过王永顺风车的一位先生在博客上写道："昨天下午，携妻带子回娘家，在回龙观小区等了许久，正打不到车，一辆白色本田划着优美的弧线停在旁边，'你们去哪里，我可以捎你们到马甸或双安，免费的！'车主是位 30 来岁的小伙子，聊天得知，原来他就是王永……"

开顺风车，安全问题一直是王永的家人最担心的，尽管在拉人前会有所判断，但同样难免意外。王永遭遇过车匪，好在他冷静处理，化险为夷。但无论怎样，王永一直在坚持，通过他的行动带动一大批人也加入这个行列，是他前行不竭的动力。

对于开顺风车家人是否反对，王永说："我妻子的基本态度是：不支持但也不反对。每次我和她出门时，为了妻子以及私人空间等方面的问题，基本上不会拉别人。但这么多年来，她从来没有对我做这件事提出过什么相反的意见，可以说她对我拉顺风车还是默默支持的。我们家有好几辆车，车牌号也分单双号，这次奥运期间从 7 月 20 日到 9 月 20 日的限行，丝毫没有影响顺风车，最重要的还是要感谢我的妻子，因为她平时也开车，在这方面她为我做出了牺牲。"

除了家人的默默支持和社会的认可外，王永的顺风车计划同样还得到了一些投身慈善事业的社会名人的首肯。今年 8 月 2 日，"壹基金"慈善事业发起人李连杰，在应邀参加在杭州举办的 APEC 工商理事会中小企业峰会时，在听取王永的介绍后，李连杰表示："顺风车这个倡议非常好，我非常赞成！但我建议不能要求每一个人每天都这样做，这样执行起来难度非常大，而且不是每个人的思想水平、认识都能达到同样的高度。可以号召每个有车族一个月或者一周拉一次顺风车。这样一来，大家的压力就小了，压力小了，阻力就小了，顺风车的推广就变得容易了。一句话，做任何事情首先要考虑到它的可行性，这样才能够持续。"

建议顺风车制度化

在同顺风车的乘客交谈当中，获得赞许的同时，由于油价的连续上涨，许多人也表示，以后如果选择买车或者继续开车的话，成本将大幅度地增加。

结合自己拉顺风车的经历，王永认为：目前油价上涨，能源市场相对紧张，姑且不谈环保、道路资源占用以及人与人之间的和谐，单从节约能源和费用开支的角度来说，倡导实行顺风车制度，越发显得迫切和必要。像石油、煤炭、天然气等能源终归是有限的，总有一天会消耗殆尽。因此，减少私家车出行，改乘公交车或者搭载顺风车，这是我们能做到的、可以有效节约能源消耗的措施。

2008 年 3 月，王永委托政协委员提交了一份关于解决北京堵车问题的提案——《倡导建立环保节能的顺风车制度》，希望可以有效缓解城市交通压力。"其实，实行顺风车制度并不难。比如我们可以在高峰时段规定：一个人驾驶的车辆不允许上高速或需要加倍收取高速费用，两到三个人可以正常上高速行驶，而四个人以上则可以免受高速费用，我想这样一来，顺风车就会马上被接受！"

另外，现在小区很多有内部局域网和论坛，网络便捷迅速，通过这一方式沟通，几个人组合"拼车"，AA制分摊费用也是一种可行的办法。

目前，王永已经摸索出了一整套顺风车搭载方案，希望能得到政府部门的支持，使顺风车能制度化，也成为一种文化。采访即将结束时，王永向记者发出邀请："欢迎今后你也能搭乘我的顺风车。"

向践行"顺风车"13年的王永致敬

2010 年 8 月 27 日发表于人民网 作者 孙 仲

上万人坐过他的私家车,这些人都是路人,素昧平生;其中有心生疑惑的民警,也有欲行打劫的歹徒……(8月26日《潇湘晨报》))这个叫王永的湖南邵阳人,在北京打拼。每天上班之前,他都会沿着以人多拥挤闻名的344公交车路线去北京回龙观社区搭载要进城上班的居民。13年来,他免费搭载上万人,渐渐声名鹊起,顺风车品牌蔓延全国。

有些事情,总会让人不自觉地感动,感动之余,又会莫名疑惑。王永十多年如一日免费搭载路人的事迹,叫谁看了都会感动,但感动归感动,却抹不去人们心头的一些疑问,诸如他为何如此乐于助人,运管方面会不会将他当成是黑车经营,假如出了事故怎么办等等。

我们当然相信王永免费搭载路人是出于好心,最初是1998年的一场暴雨触动了他。当时,一位老太太走得很艰难,被不减速的汽车溅了一身污水。他看不过去送她回家,老太太感激得不得了。老太太的肯定和感激对他来说却有着不同的感受:原来这样的小事也能给人带来这么大的温暖。从此之后,他便开始了免费搭载路人的顺风车生涯。有时候,一个人助人为乐的理由就这么简单。

问题是,免费搭载路人不同于搀扶老人过马路,运管见着了可要以涉嫌黑车经营予以处罚或干预的。大家对某些地方的"钓鱼执法"风波一定感触颇深,这么多年,王永难道就没遇到运管的检查?就算真的没遇到过,又能保证今后不遇到吗?万一哪天被运管撞见了,能轻易相信王永是助人为乐吗?就算运管相信他是助人为乐,又会予以认同或网开一面吗?

按王永的说法,他最开心的事情是有一次路上遇到一人,摇下窗子喊他:"王永!

王永！我原来搭过你车，现在我有车了，也开始搭别人啦！"于是，发动或引导更多的人加入到了顺风车行列，便成了王永的一个心愿。为此，他摸索出了一整套解决方案，希望能得到政府部门支持，使顺风车能制度化，也成为一种文化。从 2008 年开始，连续三年的全国及地方两会期间，他都通过政协委员、全国人大代表提交顺风车的提案议案。可是，又有多少人知晓这个提案议案遑论落实了？

顺风车的好处不言而喻，这里无需多说。在国外，顺风车更是司空见惯的事。就拿韩国首都首尔来说吧，为了缓解交通压力，采取了这样一条措施：在南山 3 号隧道口，市政府建了市内唯一的一座收费站，每经过一次，小型汽车必须缴纳相当于 15 元人民币的费用，但政府同时规定，如果一辆车内坐的人数超过三人，就可以免交这笔费用。所以人们进出城，尽量会拼车，这确实在一定程度上减少了机动车的流量。这种以实载率高可以免费为"诱饵"，鼓励人们拼车出行的举措，难道不值得我们学习吗？

据悉，王永还计划筹拍一部名为《都市顺风车》的电视剧，积极促进顺风车的推广。但愿王永的做法及建议，能引起有关方面思考，争取早日在拼车、顺风车等问题上做出科学决策。

王先生的顺风车

2011 年 7 月 26 日发表于《南都周刊》记者 张 雄

摄影 刘 浚

13 年里，王永的顺风车从红旗、本田、奥迪换到现在的奔驰。

王永总是最先打破沉默的那个人。他的声音脆亮、饱满，充满活力，且富有乐感。

7 月 17 日，他召集几个微博上的网友，一起去八达岭长城坐他埋单的"顺风直升机"。在车上彼此陌生的组合中，总是由他挑起话头，一车人很自然地被他那当高中班主任时带领学生斗流氓的故事所吸引。大家说起顺风车，那是王永坚持 13 年的事业（王永不喜欢这个词，他说那是"享受"），又说起面对陌生人的安全感，同行电台主持人朱利安——一个在中国的法国人，说自己并不享受飞机上来自陌生人的搭话时，王永摇摇头："我跟你不一样，我很愿意跟人交流，无论任何话题。"

事实上，37 岁的他是一个天生的搭讪者。在飞机头等舱，他放好行李就给周围的乘客发名片；开顺风车时，他并不去找别人要名片，在他看来这意味着"想干点儿什么"；搬到新居，他给同楼层的十户邻居送了一封信，介绍自己和家人，并附上全家福和家里每个成员的手机号码。受邀做客的邻居们表示，此前 7、8 年他们彼此从未有过此种形式的交往。

在充满拘谨、防卫表情的大都市北京，像王永这样的热心肠算是罕物。

一

回忆起当时的初衷，王永只是说住回龙观进趟城真不容易。他在海淀区双安附近上班，距离回龙观有 25 公里路程。每次出门，他总把车停在 344 路公交车站候车的人群边，摇下车窗，铆足劲甩出一声带点江湖味儿的吆喝："有去双安、马甸的吗？免费捎一段啊！"路人一脸狐疑，甚至有人被吓到，条件反射般将手里的油条、包子扔进他车里。

2000 年，他打电话给一家报纸的读者热线，抱怨自己开了两年的顺风车屡遭冷眼，"经常拉不到人"，他感到很郁闷。报社派记者跟他一起去车站采访，写了篇《王先生的顺风车开得寂寞》。

回想起来，他也为 10 年前那个愣头愣脑的小伙感到好笑。"人家不坐，往前走，我还开着车追着，边不停跟他说：上来吧，上来吧！"

大约又过了两年，他想明白了"不是你想帮就能帮"的理儿。这个城市的一切都不是他家乡——湖南邵阳那般。在那里，全村的房子沿着进城的那条公路铺开，王永认识这里的所有人。村民走在乡间马路，听见身后马达轰鸣，便回头挥手，招呼车主载他一程。一切天经地义，如饥食渴饮般自然。

那些不被招呼的车主，会被认为人缘很差。

"他们根本不认识你，你却给他们出路费油钱。这事不符合逻辑。"王永说，他越来越理解北京街头那些狐疑的冷眼。最尴尬的一次，是遇上一家三口。男人和小孩都想上车，女人像护雏的母鸡般将他们拉住，嘴里嘟囔：也不看看什么玩意儿，你就敢上。

他从未感到如此羞辱，气势汹汹走下车来，"大姐，我不是什么玩意儿，我是人！"他指指车："我好歹开的是奔驰，100 多万吧，犯得着到公交站台打劫你么？"又拿出自己写的书和名片，最后丢下一句狠话："你们今天不上来，我就不走了！"

下车时，困窘不堪的女人连连道歉，她承认自己对王永"太误会了"。

女人总能给王永的顺风车留下故事。有次在回龙观，他远远看到，一个抱着孩子的妇人站在道边拦车，那孩子满头是血。绝尘而过的出租车们并没有理会她。他立马停车捎上娘儿俩，直奔北医三院。原来是夫妻打架，伤到了孩子。医生说，再晚半小时，这孩子也够呛了。

他留下 3000 块钱垫作医药费，便起身告辞。几天后他经过那条路，那妇女竟又抱着小孩站在道口，旁边立着块纸牌写着：好人，你在哪里？

他有些感动，但并没停车。3 天后，她还站在那里。"大姐，你在等谁啊？"他终于忍不住，下车去问。

她竟没认出他来，把故事原原本本复述了一遍。他有些失落，却说：大姐，这个事情要我的话也会这么做。可能是过路的车，你等也没有意义。既然别人愿意帮你，也不会图什么回报的。

妇人听完便离去了。他觉得温暖，却心绪难平：她居然一点都不记得我。事后跟人聊起这事，朋友说：那么紧急的时候，谁还记得你长什么样！

二

王永的顺风车从 1998 年开始，以家为点，1999 年在回龙观，去年 9 月搬到了世纪城。13 年里，王永顺风搭载的男女大约已过万人。

他尽力让自己表现得像个晚会主持人，挑起话题让大家熟络起来："你们用家乡话介绍一下自己啊，'顺风车'用你们方言怎么讲啊？"车厢是一个神奇的舞会，那些来自天南地北的人们在这里偶然相逢，又匆匆离去。座上的人永远在换，每一趟旅程都是从新开始。

很多人是第一次坐奔驰。这里看看，那里看看，总觉得新鲜。王永就教他们调试那夏天通风、冬天加热的座椅。下了车，乘客还觉得"像做梦"。有次一位做装修的农民工上车，便拿出鞋套套上，"我不能把你的车弄脏了。"临走他还留下几对，说后面的人还用得上。

他承认有过艳遇的机会，在 2005 年尤其多——那年，他把本田车换上了奔驰 S350。为了搭客，他推迟了至少两年买奔驰，他怕没人敢坐。

"如果我不是倡导顺风车，还真不排除有故事发生。"他说自己扼杀了所有的可能，"大家会觉得，原来你这么多年就是为了干这个啊。每到这种时候我都想，万一发生了故事，又传出去，我 10 年的工夫就白费了。"

起初，家人对他的"顺风车"行动并不理解。因为可能的艳遇，也因为不可预料的危险。还是在回龙观上桥的地方，2003 年的一个午夜，他载了一个看起来并不友善的男人。

"谢谢哥们儿啊，不然这大夜里一个人走太寂寞了。"王永怕人拘谨，便如此开场。那人在副驾坐定，并不接招，过后转头问王永："你收不收钱？收多少钱？"又问："你年纪轻轻，怎么开这么好的车？你家做什么的？"

他便说起自己在湖南农村长大，20 岁带 300 块钱闯北京，从地下三层住起，睡沙发睡地板，那房子像水帘洞一样。条件好些，便换到地下二层、一层、地上。现在奋斗几年，也算有家有业。

他问对方要去哪里，那人说你往前开就是了。他便与人普及起顺风车的好处来。十几分钟后，车到北三环，那人让靠边停。临下车跟王永撂下一句："哥们儿，你注意点啊，不是所有人都是好人。"

那人转身，王永看到他腰上带着把刀，露出一小截。他后怕得不得了。"万一我要收钱，他肯定要找茬，或者我要显摆，他搞的就是你这种人。"他说，"其实人内心深处都有一个善念，你把他当做好人真心待他，他也会不好意思。"

三

10年中顺风车一直被媒体关注，连带的主题却一直在变化：最早采访王永的记者跟他谈节能减排，后来是奥运交通，近两年又变成了治堵。"跟交通委打交道很久了，他们过去总是说'你这个建议真的很好，但是……'"后来他写了一篇谈顺风车的文章，发表在《人民日报》。他把报纸寄给北京市委书记刘淇，很快他就收到北京市交通委发来的感谢信。王永不确定这中间是否有什么关联，但明显比以前给北京市两会交提案效果要好。

2010年年底，北京综合治堵方案出台，里面揭出规范合乘出行。"他们还不敢提'鼓励合乘'，先规范再说。"官方的保守在王永看来无非是出于安全考虑，他建议规范细则，可以从小区内部或单位内部做起。"熟人间会放心很多。"王永说，同一社区在同一商区上班的四个人拼车上下班，一个月下来，每人只需要开一星期的车。

越来越多的人在路上认出他来，从现实到网络，他被喊成"奔驰哥"。有人好奇他的真实身份，搜索一下，发现他是一家品牌咨询公司的董事长，还是全国青联委员。于是，微博里总有评论质疑他是不是在作秀，有人替他回复：有本事你也秀个13年，再过来说好不好。

这让王永将深陷"暴力慈善"旋涡的陈光标引为同道中人。"重要的是你要去做。这个事情的价值在于：它很简单，但你要每天都身体力行，而且不管别人如何误会，确实很不容易。"

（本文有删节，汪昕对本文亦有贡献）

爱心善举转起来——
那些感动我们的爱心网事

2012 年 2 月 21 日发表于《中国青年报》记者 来 扬

在刚刚过去的一周，王永的日程表被一个叫做"顺风车"的关键词占据着。

2 月 14 日，参加"春节回家顺风车"总结会暨顺风车常态活动研讨会；2 月 16 日，参加中央电视台《夜线》栏目的直播，主题是——"顺风车"你敢坐吗？；2 月 17 日，参加"顺风车"手机客户端技术研讨会……

除"品牌中国产业联盟的秘书长"这一头衔外，这位在合影时总是拿自己

光头自嘲，问大家"王永的脑袋亮不亮"的全国青联委员在自己的微博简介中突出的另一个身份是——"顺风车（拼车）倡导者"。

"春节回家顺风车"是王永和陈伟鸿、郎永淳、赵普、邓飞等 4 位知名媒体人联合发起的一项公益活动，旨在"帮买不到票的人顺利回家"。在为期 30 天的活动中，共 500 余名车主免费搭载近千名乘客回家过年或返城工作，在网上参与微博互动的网友超过 1.8 万人。

线上转发，线下行动

近两年来，随着微博这一应用逐渐为网友所接受，加之移动互联终端的不断普及，类似"春节回家顺风车"这样的爱心网事得到了很多网友的支持。

"免费午餐""宝贝回家""大爱清尘""老兵回家"……这些许多网友熟悉的爱心善举发端于网上，得到了广泛的转发。

在媒体人邓飞看来，在微博上可以获取很多的资源，并得到民间的智慧和支持。他参与发起的"免费午餐""随手拍解救被拐儿童""春节回家顺风车"等公益活动，都从微博上得到了巨大的支持。

2011年4月2日，邓飞等500多位记者一起发起了"免费午餐"公益项目，联合中国社会福利教育基金会发起"免费午餐公募计划"，倡议每天捐赠3元，为贫困学童提供免费午餐。

自筹备之初，邓飞就为"免费午餐"项目在微博上设立了账号，与感兴趣的网友进行深度互动。

邓飞和他的团队通过100多位微博名人的影响力征集物资，并即时更新发布山区孩子的现状，得到了许多网友的转发和评论。其间，微博记者团跟随邓飞等人探访部分开展了"免费午餐"项目的学校、并通过微博进行后续报道。

在微博上看到相关信息后，邓飞和其他发起人的"粉丝"们在网上转发相关微博，询问参与方式，交流经验教训，讨论完善方案；在线下，他们行动起来，或跟随团队实地探访，或志愿进行调查监督。当然，更多的网友在受到项目的感召后，一边在线上转发，一边在线下慷慨解囊，捐钱捐物。为了支持"免费午餐"项目，广州的一位企业家甚至发微博说转一条捐9元，结果一天之内就转了10万条，他也捐了90万元。

从某种意义上说，"免费午餐"项目在线上传播的影响力和声誉为其线下的募集做了担保；而在线下不断募集到的捐款和物资，以及利用相关捐款和物资继续开展的项目，为线上的项目品牌传播提供了更加丰富的内容，进而提振了关注者的信心。

截至目前，"免费午餐"已经惠及了河南、湖南、陕西、四川、贵州、西藏等10余个省区市的100余所学校，有些地方实现了全县覆盖，解决了数万名学生的午餐问题。

"微博能聚集起良善的力量，帮助别人，改变社会。只要有人愿意去做，就很快能积聚跟你想法相似的人的力量，大家一起去做一件事。"邓飞说。

时至今日，"免费午餐"项目依然将微博作为最重要的合作方，不断推广项目。"微博是一个很好的传播工具，我们边捐款边传播、边传播边捐款。"邓飞说，"以后'顺风车''大病医保'等也会采用这样一个模式。"

中央电视台特约评论员、清华大学新闻与传播学院副教授周庆安认为，好的爱心善举的传播有两种形态，一种是"打动式"的，某些善举能够让人们感同身受，觉得离自己很近，很容易为之动容；另一种是"参与式"的，一些善举提供给人们的不仅仅是感动，更多的是可参与的方式。"比如志愿者、免费午餐或者微博打拐等，人们的身心容易为之改变"。

爱心善举传播由单向评选转为多向互动

与"免费午餐""春节回家顺风车"等爱心善举发端于网络不同的是，一些由官方组织的好人好事评选活动，以及一些媒体策划的感动人物评选活动往往是从线下发起的。

诸如已有 10 年口碑的"感动中国"节目，便是由中央电视台新闻中心评论部策划制作的。这一个在主持人敬一丹眼里的"跟好人的约会"，已经举办了 10 年，并成为许多媒体效仿的对象——"感动重庆""年度真情人物"等评选在各地生根发芽。

随着新媒体科技的发展和互联网应用的普及，类似"感动中国"这样的爱心善举传播也不再只注重单向的评选，这些原本在线下开展的评选活动纷纷"触网"，在线上寻求与受众的深度互动。

最容易看到的转变，是对网络民意的吸收。

最初，"感动人物"及其事迹的初选和评定主要来自主办方邀请的推选委员会的推选，评选标准、仪式流程乃至颁奖词的内容所代表的立场都有所局限。随后，主办方渐渐自我"限权"，引入公众参与，倾听各方声音，乃至开通网络讨论和投票的平台，吸收网络民意。

通过检索近年来一些研究者撰写的关于感动人物评选活动的论文后不难发现，"平民化"和"人性化"这两个关键词是判断相关评选活动是否成功的两大指标。有研究者指出，缺少大众的关注正是很长一段时间以来典型报道式微的重要原因。

而近年来的相关评选，不但在评选对象的征集和选取上更贴近群众，在传播和评选相关人物的爱心善举时，也主动地吸收来自网络的民意。

中央电视台"感动中国"节目在 2009 年年底便开通了微博账号，近 3 年的节目播出前后，都有与网友的互动，也会安排部分当选人物和节目主创走进"微访谈"的直播间，与网友深度交流。

由新京报举办的"感动社区人物评选"聚焦身边人和身边事，并在 2011 年 11 月"爱国、创新、包容、厚德"被确定为"北京精神"后，将对 2011 年的第五届"感动社区人物评选"的主题定为"公益同行，厚德北京人"，在报纸和网站上登出征集令，制作专题页面讲述被荐对象的事迹，由网友投票选出最终的当选者。

而"感动重庆年度人物评选"从第三届开始，整合了重庆市多家媒体资源，形成了写感动（市民投稿或者报纸记者采写）、看感动（电视媒体播放感动人物事迹）、听感动（广播电台播送感动事迹）、发感动（市民发送手机短信）、网感动（市民网上投票）、观感动（户外观看感动人物事迹展览）、谈感动（举办感动论坛）的全民参与感动的局面。

"总体上看，爱心善举的传播往往并不超越人们的想象，比如感动中国的人物，他们都做的是我们知道的事情；但是这种善行发生的地方、时间或者参与的人群往往超乎人们的想象。"周庆安说，"比如白方礼老人数 10 年助学，而自己清贫一生。这些善行能重构人们对社会的理解和对美好事物的信心。"

从爱的传播转向善的动员

在当了 14 年"顺风车"司机、免费搭载 1 万余人后，王永的"顺风车"善举渐渐形成了自己的品牌——他当选为第四届"十大感动社区人物"，关于他开"顺风车"的故事，也被拍成公益短片，在中央电视台新闻频道整点之前的"真诚沟通"栏目中不时播出。

王永觉得，只是单纯地传播他一个人的善举还不够。今年春节前夕，他和另外 4 位"公益哥"在微博上联合发起了"春节回家顺风车"的公益活动，倡议准备开车回家的车主通过微博发布空位信息，搭载同路人一起回家。

这一号召得到了很多网友的响应，并在活动期间成功配对了 500 余趟"顺风车"。让王永感到开心的是，许多网友乐意充当爱心善举传播的"二次方"，不断转发倡议微博，在搭车的途中发布微博直播返乡的过程。而在线下，有的车主为确保安全，还特意在启程前去 4S 店把车做了保养。

还不"知足"的王永现在还在联系相关政府部门和企业，尝试将"顺风车"活动常态化，并与一些媒体和微博平台建立联系，搭建可行的公益平台。

在"春节回家顺风车"的联合发起人之一、中央电视台主持人陈伟鸿看来，在新媒体、自媒体发达的当下，每个人利用自己身边有效的资源并加以放大，会带来的一定的影响力。包括"顺风车"在内的成功的公益活动案例，基本上都在微博上赢得了支持。网络平台为爱心善举的传播提供了一个传统媒体之外的全新渠道。

武汉大学信息管理学院教授沈阳告诉记者，在微博时代，爱心善举的传播有很多新的特点。"第一，从传播信息向公益关系构建的转变，由文识人，由人而群。第二，爱心传递从瞬时、碎片到更加稳定持续的微博关注链条。网友有了更加低成本、便捷的慈善参与通道。第三，更高的网络围观到线下行动的转化率，更广泛的参与性极大增强了网络慈善活动的现实影响力。"

"此外，爱心善举的传播可以实现政府、民间组织、意见领袖和网友多方共赢，特别是意见领袖转型能带来慈善活动的新动力，各方良性互动能带来社会细节改良新模式。"沈阳说。

在执教于中国人民大学新闻学院的常江博士看来，"感动中国""免费午餐"等爱心善举在微博等新媒体上的传播，已经不再是简单的信息传递现象，而是带有了社会动员、社会组织的意义。

"新媒体比传统媒体具有更加强大的组织和动员功能，它不光能传递信息，还能有效地影响人的行为。"常江说，"希望运用社交媒体来促进公益事业的人士更加充分地发掘其互动性强、人际传播的高可信度等特征，使之成为公益事业的一个有机的部分，而不仅仅是一个传递信息的中介。"

对王永来说，将"顺风车"活动常态化或许就是将这一公益项目从爱的传播转向善的动员的重要一步。

一个好消息是，新浪微博已经在2月17日正式上线了一个专门针对微博用户开发的求助施助互动平台。这个名为"微公益"的平台将协助用户实现公开透明的信息发布与管理、物资募集与管理、款项支付与管理、志愿者招募与管理、项目进程管理与公示等任务。

除了自己传播爱心、动员他人行善，王永自己也践行着"顺风车""分享带来温暖"的理念。2月16日晚，做完直播节目正准备回家的他"顺风"搭载了3位参加央视节目录制的观众——两位大妈，一位大爷。

"一位大妈说，我看您很面熟，心里窃喜。大妈接着说，您是唱京剧的吧？"王永在微博上写道。

虽然给出了一个"泪"的表情，但王永应该不会太介意的。

顺风车的意义

2013 年 7 月 15 日发表于《北京晨报》记者 刘 洋 徐晶晶

到今天为止，回龙观社区的顺风车试点，已进行整整一个月，民间公益基金尝试用"代付高速费"方式吸引更多人参与"拼车"。试点暂时还不能说成功，平均每天 55 辆私车参与，在京藏高速汹涌的车流中，几乎可以忽略不计。

与其说是一次顺风车试点，不如说是一场有关"信任"的试验。你敢捎陌生人上路吗？你敢上陌生人的车吗？你敢发出一个结局难测的邀请吗？你敢接受一次毫无动机的善意吗？

这些问号，在 30 年前，没有提问的基础，而到了今天，不发问会显得头脑简单。项目发起人王永依旧对未来充满信心，他把打算申请把试点延长两个月至 9 月 16 日，并坚信能在全市甚至全国推广。"一件好事，不去力推，永远不会有进展。"这句话，王永常说。

第一部分 顺风车的逆风路

（核心提示：志愿者贴一张顺风车车贴，补助 5 元钱，大部分人肯定不会在乎这个钱，但不排除有人会因为补贴更有积极性。）

最大社区最没效率的出行

北京回龙观社区，亚洲最大的社区，40 万常住民，每天成千上万辆私家车潮汐般涌入京藏高速，低速前行，85% 私车的副驾与后座空无一人。与之相伴，则是城铁与公交上拥挤的人群与疲惫的叹息。

低效的出行、拥挤的候车、固定的线路、无谓的尾气，这一切，恰恰构成了顺风车项目在回龙观高调推行的逻辑起点。"顺风车是一种基于顺路的前提，由多人共乘一辆车的出行方式。"记者亲眼看到，当王永对着回龙观社区办组织的47个居委会的100多位主任和工作人员阐述理论的时候，就连大叔大妈们也都理解得很快。

有了天时地利，王永还要增加一个利益的筹码。"代付高速费"，是这次回龙观试点的创举之一。项目组在回龙观居民进城的京藏高速入口前，设立了3个宣传点，每天早高峰时段，贴有顺风车车贴、乘坐3人及以上的私家车，都可领取一张"高速通行券"，由顺风车公益基金代为支付高速通行费。

一个充满逻辑的开始，不见得有一个顺心的过程。项目专员刘坤明，对6月19日试点首日的遇冷场面记忆深刻。当时，车主们普遍把举着宣传单的志愿者当做发小广告的，避之唯恐不及，准备的300张"高速通行券"，在放宽标准后，也只发了92张，而最后成功走专用通道并使用有效"通行券"的私家车只有14辆。常见的情况是，车主摆摆手，也不理人，直接开走了。

高速费"赞助"有望延期至9月16日

一个月的试点，活动方提供的数据显示，使用"通行券"参与拼车行动的私家车，最高的一天有84辆，平均每天55辆。截至7月13日，回龙观地区共有1528个车主加入了顺风车，意味着每天从该地区进城的10辆车里，都不见得有一辆是顺风车。

"1528"，这个4位数在活动方宏大的期待前，显得任重道远——回龙观试点的最终目标，是至少动员15000位车主加入进来，每二到三辆私家车里，就有一辆是顺风车。

而公益志愿者，通常是乐天派。刘坤明向记者总结这一个月的试点成绩，心情总体不错，他觉得活动最困难的阶段已经过去，最大的收获，绝不仅是刚达到4位数的参与者，而是让往返于这段路上的车主和乘客都熟悉了"顺风车"。

据了解，顺风车活动将计划延期至9月16日，回龙观地区的每个社区都将开设顺风车服务点，接受车主咨询报名。如果活动开展顺利，也不排除继续申请延期。

社区志愿 一张车贴"5元钱"

回龙观试点的另一个创举，则显然没有"赞助"高速费那么容易让外界理解。

7月11日，在回龙观社区服务中心三楼多功能厅内，记者目睹了王永对社区志愿者的一次培训。培训由社区居委会组织，来参加的100多位志愿者多是中老年人。整个培训过程，王永的嗓子稍微有点嘶哑，但一直处在一种兴奋的状态，现场气氛热烈，记者仿佛置身某种商业营销现场。顺风车的另外一位发起人赵普也通过电话连线的方式感谢大家的参与。

在人手一份的"活动宣传袋"中，有活动宣传单、志愿者 T 恤衫、绿丝带和顺风车帖等。活动最后，王永小心翼翼地表示，每为私家车主贴上一张顺风车帖并拍照留念，且登记的车主信息完整真实，将给予志愿者 5 元钱补贴。他反复强调，一张车贴 5 元钱，这是对社区宣传者的补助与感谢，就是一点心意。王永坦言，大部分人肯定不会在乎这个钱，但不排除有人会因为补贴更有积极性。

第二部分：理想未满 但轻轻撼动了现实

（核心提示：武磊说，他在电视上见过王永，知道是位名人，心想名人总不至于骗我吧，于是就上了车）

试点结果或将推动合乘新政

7 月 10 日早上 8 点多，北郊农场桥下，43 岁的王女士专心地等待着顺风车，她是专程来体验的。王女士说，以前遇到过顺风车，都是想坐又不敢的心态。"这次有政府支持，我就放心了。"

王女士口中的"政府支持"，来自于她在报纸上看到的提法。这次活动，也确实有团市委、市科委等部门的身影。"代付高速费"的回龙观民间活动，被认为是北京市小客车合乘政策出台前的试点。试点在结束之后将形成一份调研报告，作为北京市预计年内出台的《小客车合乘指导意见》的重要参考之一。

同样在车站北郊农场桥下等车的武磊告诉记者，两年前就坐过王永的顺风车，当时等了很久车都没来，正好王永开着"顺风车"过来，"知道这是位名人，心想名人总不至于骗我吧，于是就上了车。"那是武磊第一次也是唯一一次搭乘顺风车。

同一小区车主拼车最可行

一个月来，有些车主会每天都在桥下的公交站旁停一下，在志愿者的帮助下，拉上几个人，32 岁的方亮就是其中之一。作为车主，他过去担心一旦行车途中出现问题，没有法规来界定责任。方亮也曾试图当回"顺风车"，问别人您去哪……还没问完，对方就把他当成黑车，躲开了。

这次方亮很踊跃地成了顺风车主，"有政府层面的支持，有牵头的组织来管这件事就好多了，只是散兵游勇的干这件事，搭乘双方都会有担心。"

还有些车辆，是同一小区去往同一方向的三四位车主拼车。刘坤明介绍，这是我们最希望看到的，本来三个车主每天上班要开三辆车，拼车后，每天轮流开一辆车，这对交通和环保的贡献最大。

顺风车分三类：长途短期，比如春节回家顺风车；短途短期，比如路上搭乘；短途长期，也就是社区范围内每天上下班同路人之间的拼车。王永认为，从环保和减轻交通拥堵的角度来讲，一定要走"短途长期"的模式，也就是小区内上下班拼车。

手写"实名注册"保真吗？

每位顺风车主都需要填写一张表格，内容包括真实姓名、电话、身份证号码、车型，实名注册。刘坤明说，顺风车公益基金会出资，以抽查的方式，到公安机关核实身份证号码，每核实一个是 5 元钱。刘坤明说，实名注册是保证安全的有力措施，但顺风车组织者也只能选择抽查的方式，并不能核实到每一条信息。他也很无奈："在国外，这不是公益组织需要承担的责任。"

区分黑车暂时只能靠观察

顺风车被控安全风险过高，很大一个因素是它无法与黑车相区别。在高速路试点现场，刘坤明和他的同事们，每天靠观察和经验判断车主是否是黑车。但是志愿者们也承认，如果有黑车司机与乘客商量好，伪装成顺风车为了共同减免高速通行费，那么他们确实无法分辨。

第三部分：打开车门 打开心门

（核心提示：有人参与顺风车，或许不是雷锋，只希望免高速、优先走公交车道，那好，要想满足个人利益，那请你搭两个人。"搭两个人"你就满足了社会的公共利益了。这种因为要占便宜去搭别人的好事，就能培育出一个社会风尚了。）

上车与开门

顺风车推广最难的，其实只是被卡在两个动作上，一个是开门，一个是上车。

15 年前，王永独自展开顺风车试验，他热情地向候车人吆喝着自己的免费车，目睹过各种各样的表情，很少见到温暖的信任。今天，这种尴尬依旧为顺风车主司空见惯。很多人宁愿打黑车也不想上顺风车，不给钱似乎就没有安全感。更大的阻力来自于车主，他们很难想象邀请陌生人进入自己的私密空间，并为之设想出种种别扭场景乃至于尴尬结局。

全国多地都有顺风车的类似行动，核心目的大同小异，就是促进和谐互助。在北京这样的超大型城市，顺风车对治堵和社会信任的建立，哪个意义更大一点？"短期来讲对减少交通压力、节能环保是有好处的，但最长期、最根本的价值，还是在于促进公众互信。"

王永说。这句话，在很久以前，王永曾有过更精准的表述：打开车门，打开心门。

利益的杠杆顺风车不限尾号？

王永现在用 40% 的时间和精力推广顺风车活动，推广的主要目的，是为了说服政府出台相关政策。

在王永看来，政策支持是必要的。因为让人做好事，就要保证它是安全的，是光荣的，最好还有点实惠，这样才会有更多的人参与进来。

王永认为，比如有人参与顺风车，可能不是什么雷锋，只希望免点高速费、优先走公交车道，那好，要想满足个人利益，那请你搭两个人。"搭两个人"你就满足了社会的公共利益，帮助了别人，还减轻了公交压力，减少了排放。久而久之，这种因为"要占便宜所"搭别人的好事情，就能变成一个习惯，变成一种社会风尚。

政府为治堵而出台的种种限制，比如尾号限行与公交道，在王永看来，都能反过来成为推广拼车的直接利益刺激。王永为此向政府提出了给予满载的顺风车四种鼓励政策：一是减免高速费；二是免于尾号限行；三是优先使用公交专用道；四是减免车船税。

官方态度：从"规范"到"鼓励"

2011 年，市政府曾出台相关方案，其中的提法是"规范合乘"。今年北京的出租车调价方案公布后，乘客联合打车可以摊钱，计价器也为此做了调整。而预计年内出台的《小客车合乘指导意见》或将涉及"鼓励支持公益性合乘""可以分摊合乘费用""并不简单地认为是非法运营"等相关内容。这种鼓励的倾向，让顺风车公益基金的所有志愿者挺振奋的，他们觉得自己多年坚持终于得到政府的认同。

风险控制——组织者不可承受之重

关于顺风车的种种"潜在风险"，王永说，无论怎么看，搭顺风车的风险，也不会大于自己开车或者坐公交车的风险。

但风险也确实存在，这个世界，毕竟不只有阳光明媚。目前，顺风车提供三种方法保障搭乘双方的利益，包括实名注册、签订免责协议、赠送 3 万元意外伤害保险。这三招大概能规避 95% 的风险。不过，顺风车争议最大的风险控制问题，并不应该由该公益项目组织承担。他也说，现在自己的确已经有"不可承受之重"：公共政策的压力，交通事故的压力，安全信任风险的压力，全部压在组织者身上，这样会导致很多人不敢参与公益。王永认为，风险问题应该由社会来共同承担，包括车主、乘客、保险公司以及政府部门。

王永专访

总有一段熟悉的经历，如老电影般在王永脑海中循环播放。很多年前，在王永的故乡，上学的时候，同学们的自行车后座都载着人，大人要出远门，就站在村口公路旁等着蹭顺风车。那是一个人们"宁愿坐在自行车后座笑、也不愿在宝马车里哭"的年代，王永很怀念其间的温暖与信任。

许久之后，在北京这个矜持的大城市，王永开始了自己的试验。他一直坚信，中国人从来不缺乏爱心，只是缺乏点燃爱心的火种。王永觉得自己找到了一个火种，叫"顺风车"。

商人与车

王永算是小有名气，也时常在电视上露脸。但回龙观的很多居民对王永的熟悉，并非来于电视，而是因为这位光头男人坚持开了好多年"顺风车"，这几年开的还是"大奔"。

作为顺风车活动的发起人，王永早已不再单打独斗。他的蓝图是，回龙观顺风车试点成功后，市府有朝一日一声令下在全市推广顺风车，假设北京推广了，全国也就有可能跟进。

商人参与公益很平常，极度热衷则容易引起猜测。有人质疑，王永发起顺风车活动，争取政策支持多年，最后开发了一个顺风车网站、一个 APP、一个短信平台，公益背后是否蕴藏着商业目的？

问题抛给王永，一开始他有些激动，对这个问题表现得非常不屑，几乎要出言挖苦。而后他忍了一下说："APP、网站、短信平台都是不盈利的，以后也不会有。我不排除将来会引入广告，但是广告的钱一定是拿来支持顺风车的。"

最后，王永干脆直接说："拿这个赚钱太累了，其他任何业务赚钱都比这个快得多，而且不需要这么费神。"

公益与名

做公益也能有所图，王永面对质疑，似乎不得不承认，好像只有这样他的行为才能够被常人理解。作为品牌中国产业联盟秘书长，王永说，世俗的成功往往有四大标准：赚大钱、当大官、出大名、成大家，可他对当官和赚钱没多大兴趣。顺风车公益品牌，对王永的知名度有帮助，这是很现实的一件事。王永不避讳这一点，他希望别人通过顺风车这件事增加对他个人的信任，当他去做其他事情的时候，公众会觉得这个人是可信的。

"我是想出名，我出名有错吗？""我出名是为了我能有更强的号召力，能做更多的好事情，这也没错吧？""我出名没损害你的利益吧？"

他连着问了三个问号。他说自己是湖南人，湖南人有一句话叫：吃得苦、霸得蛮、敢为天下先。顺风车这件事，他的目的就是政府要出政策，让政府"认"这个事情。"而且现在眼看着要成功，我再不努力推，那么多年的努力不是白费了吗？"

对话：燕雀焉知鸿鹄之志

记者：你是性格比较张扬的人吗？

王永：呵呵，有人说我不是比较张扬，而是很张扬。

记者：实名注册车主信息都在你手里，怎么保证他们的隐私不被泄露？

王永：网站、APP 等平台实名注册，完全保证参与者的隐私安全，当然前提是大家首先要信任我。我这 15 年的努力，也是为了获取大家对我的信任。

记者：顺风车推广艰难，即便成功，你的成就感主要来自何处？

王永：你可以想象一下，当全国一亿多司机开车在路上谈论"三人搭乘，免高速费"这是谁推动的？那个光头王永！这恐怕比我赚十个亿都有成就感，这可不是物质能衡量的。

记者：做公益很多年了，你的最大感悟是什么？

王永：在新时代做公益，首先要心态好，质疑我，骂我，我得忍着，我还得天天花钱、花精力，有时还需要解释别人的质疑。对于一些人质疑"做这么多究竟是为什么"，我也只能用一句话回答：燕雀焉知鸿鹄之志。每个人的追求和价值观是不一样的。最容易做的好事就是慈善，给钱。我推动的顺风车准确的说不是慈善，而是公益。我也捐钱，但这比较容易，自卖自夸地说，像我做的这种可能影响公共政策的公益，真的非常难。在中国，要想做成一个大的公益项目，除了心态好，肯付出，能坚持，有韧性之外，还得有很好的沟通能力，深厚的资源整合能力，超强的承受压力的能力。而这种"铁人"和"完人"显然太少了，这种超乎寻常的要求会抑制很多人做公益的热情。

王永其人：做公益上瘾、喜欢得瑟

王永的标志是个光头，那就从他的光头说起。王永说，光头有几种原因，"主要原因是做了品牌以后，我觉得也应该有个标志性的形象，而我的头型也比较适合光头。剃了头很舒服更好看，后来发现它也成为了一个标志。"

王永是湖南人，毕业于衡阳师范学院美术系，学习国画，后在北大经济研究中心读EMBA，现在还在香港理工大学念博士。他毫不避讳地说："我最赚钱的时候是我做设计公司的时候，我对财富的要求不高，所以个人的钱在 2002 年就赚得差不多了，那年刚 28 岁。"

　　北大的导师林毅夫教授对王永的影响很大。"他告诉我，人一辈子最有价值和意义的事情，就是把你做的事跟国家和民族的利益结合起来。很多年以后，人们还会因为你做的事情记住你。"

　　"另类""偏执狂""做公益上瘾""喜欢得瑟"，王永说这是别人对他的评价，他认为这些说法不无道理。

王永：人心荒漠的掘井者

2013 年 10 月 18 日发表于《风度》杂志

如果你并不认识对方，你愿意捎他一程或坐上陌生人的顺风车吗？

15 年前，北京街头出现了一个开红旗车的年轻人，他总是沿途搭上几位萍水相逢的乘客。

15 年过去了，这个年轻人成了光头，他的红旗轿车换成了奔驰，他的顺风车成了公益组织，一

个为私家车主和乘客免费提供顺风车信息的交流平台，他就是"顺风车"发起人王永。

王永老家在湖南邵阳，小时候他最羡慕的就是村里开汽车的那个人，因为车主的人缘极佳，大家都喜欢坐他的车进城。

王永在这种互带互助的环境中出生长大，"在老家上学那会，骑自行车上下学的人要是老不能捎带别人，就会被认为没人缘。"

1998 年，来北京闯荡了两年的王永买了第一辆车———红旗 7220E，并开始磕磕磕绊绊地开起了顺风车。一天晚上 10 点多，王永驾车行到北洼路时，突然暴雨如注，他看见一位老太太没打伞在雨中艰难地前行。路过的车辆开得飞快，溅了老太太一身水。王永赶紧停车、载人。分别时老太太感激的眼神，给他一种难以名状的触动，他决心把这件事正经做起来。

可想而知，这条路走得比想象的艰难。

王永最初在回龙观 344 路车站驻扎，试图载乘客进城。"在这里等车的人每天都排着长龙，大约有数十米。"他每天重复着同样的问话："有没有去马甸、双安的，免费顺路

捎一段，走不走？"有时候，维持秩序的大叔还帮忙招呼一声，但路人的回应，仅仅是一张张冷漠的脸和严词质问。

"你是谁？""你为什么要搭我？""有病吧？"在相当长的一段时间内，王永天天都能听到这样的诘问。有一次路过马甸，王永问一个等车的女孩上不上车，结果被他男朋友误会，把一杯水泼了过来……

人心不安，陌生人间的信任，就像荒漠中的井眼一般稀少珍贵。面对人心荒漠，王永这样自我劝说："把热情比作 100 分，每个人拒绝我扣 1 分，成功载上一名乘客加 10 分，再上一个加 20 分。如果人们还不理解我，那一定是我做的不够。"

打开车门 打开心门

顺风车方便他人、方便自己是其最显而易见的优点；缩减私人轿车的空载率，减少私人轿车的出行数量，进而减少汽车尾气的排放、缓解城市拥堵。可以说，顺风车是绿色出行的一种新生活方式。

今天，王永的理想是能使顺风车制度化，让越来越多的人一起实施。"这个事情靠我一个人做，有意义，但意义不是很大，应该制度化。"推进顺风车常态化、制度化，这是王永一直努力的目标，但这需要民众之间的信任基础，信任缺失、人心如荒漠般是社会现实，可王永所做的事，却偏偏最需要社会信任的基础，"顺风车这个事，必须有更多的车主来积极参与，我的作用就是要证明顺风车可信、可行。"

王永还记得第一个坐他顺风车的人叫韩祥波，当年他们住在回龙观的同一个小区，现在已经是很好的朋友了。王永现在偶尔还能坐上别人开的顺风车，"当一次我在人民大会堂开完会，到路上拦车，有辆车停下来问我是不是王永，送我到要去的地方，我们还合了影。"从 1998 年至今，王永的车厢内，天天都上演着不同版本的都市情景剧。有在北京打工的"北漂"，有四处求职的大学生，有农民工，甚至还有搭王永顺风车相识结成的夫妻……

有一天王永开车上路，旁边一辆车的司机摇下车窗冲他大喊："王永！王永！我原来搭过你的车，现在我有车了，我也开始搭别人啦！"

在"顺风车"公益组织中还有一群年龄较大的志愿者，他们是退休之后参与进来的，他们其中有些人曾经坐过王永的车，有些人则是当年王永远回龙观 344 路车站时，曾经帮他"揽客的协管员"。

王永对"顺风车"公益活动有一句最准确也最诗意的表达："打开车门、打开心门"。打开，意味着接下了滋润人心荒漠的一捧甘泉。

到今天，经过"顺风车"公益组织的推广，全国有 8 万顺风车主和王永做着同样的事。

当你心急如焚地等在路旁，一辆系着绿丝带的顺风车停了下来，何尝不是荒漠中一碗清冽甘甜的井水。王永，不知不觉做了这名掘井人。

我每天都做好了当被告的准备

然而，在他掘井的路上，除了信任缺失，问题还很多。做"顺风车"之初，王永预见到的最大困难是交通事故，"我每天都做好了当被告的心理准备。"北京每天路面上有成千上万的车流量，很多事情是他不能控制的。所以在这个问题没有得到妥善解决之前，王永并没有大力推广"顺风车"。

直到去年，中国太平洋保险为参加"顺风车"公益活动的车主，免费提供 3 万元的意外伤害险，并由岳成律师事务所为参与的车主和搭乘者制定协议，明确车主的责任。

后顾稍解，2012 年 1 月 10 日，王永联合邓飞、赵普、郎永淳、陈伟鸿 5 位公益人士在新浪微博上发起"春节回家顺风车"活动，倡议大家开顺风车回家，缓解春运困难。参与活动的微博网友超过 1.8 万人，500 名车主帮助约 1000 余名乘客免费回家过年或返城工作。

如今，"顺风车"正在进行第二阶段试点，新的力量资源也正在参与进来：全国已建立 30 多个工作站，天津还成立了第一个实体店；北京京藏高速相关路段免收高速费的试点，标志着"顺风车"向常态化、制度化发展的巨大进上。"一件好事，不去力推，永远不会有进展。"这就是王永为之奔波的巨大意义。

但在今年 7 月，王永遇到了推广"顺风车"以来最为棘手的一件事。一位顺风车主被当作黑车司机抓了起来。汽车被扣时，这辆车的后视镜上还挂着象征公益的绿丝带，车前贴着印有"顺风车"字样的绿色车贴。顺风车、拼车和黑车到底该如何界定，成了王永接下来要思考和解决的新课题。

"我一直坚持'温和的表达，坚定的行动'，但即使一个人的心再温暖，如果长期待在冰天雪地，也难免不失温。我认为，一个好的社会环境应该让愿意奉献正能量的人感知安全、温暖、受人尊敬，而不是提心吊胆，甚至担心不知道什么时候就成了被告。我不知道，这样的要求算不算太高？"坚定信念下的隐隐担忧，让王永明白这条路仍然很长。

愿"顺风车"是传承之作

学国画出身的王永，如果不是来到北京，他现在有可能在江南水乡的某个小镇挥墨丹青，做一名光头艺术家。

1996 年，22 岁的王永带着几百块钱来到北京，想考电影学院的研究生，但因为自身条件不够而作罢。他转而进入一家小公司工作，"那是一家出书的文化公司，我主要负责设计工作，实际上干的是搬运、图书馆查资料、去银行、发货等活儿，总之什么活儿都干。"那时候王永住在地下三层的出租房里，"在我自己买车之前，我骑自行车时、打出租车时都主动顺载他人，我太太就是在我搭顺风车时认识的。"王永笑称，这件事是他做顺风车的额外奖励。但最根本的还是信念问题，"穷则独善其身，达则兼济天下"，这是他的人生信条。

这个夏天王永是忙碌的，每天早晨5点出发从西四环奔赴城北头的回龙观。在这个拥有40万常住人口的社区，每天有大量的上班族以此为原点开始一天的生活，同时，京藏高速进京方向、回龙观入口等地段，是北京市早高峰最为拥堵的路段之一。

于是，在6月17日至7月16日，"顺风车"免高速费试点活动在回龙观社区服务展开：志愿者负责把候车的人按照路线分类，同路线的私家车顺路搭载这些路人，并享受"三人一辆车，代付高速费"的优惠。一个月后，"顺风车"试点活动共有1645辆私家车，超过4935人享受到"三人一辆车，代付高速费"。

第一阶段试点暂时不能说成功，平均每天55辆私家车参与，在京藏高速汹涌的车流中，几乎可以忽略不计。但对王永来说值得纪念。毕竟，顺风车最根本的价值，在于促进公众互信。王永等待着蝴蝶效应，互信的人越来越多，节能环保意义终得实现。

有人总结，人这一生有四大成功，第一最俗的是赚大钱，再俗一点叫当大官司，第三个叫成大家，最后叫出大名。王永对出大名的理解是："人一生最有价值的是你所做的一切，对这个这个国家产生的意义，多年后，人们还能记得你。"这是他认为最大的成功。"多少年后我死了，老百姓会说因为王永，我们现在开顺风车，这就是我活过的价值和意义。"

王永做了这样一个比喻："跟杜甫、李白同期的煤老板、房地产商大家记得吗？但是李白我们记住了、王羲之我们记住了，因为他们有传世之作。王安石、商鞅变法，我们记得，因为他们做了传承之事。若干年后，我会告诉我的孙子，现在大家推崇的顺风车是爷爷当年做的。而不会跟他说，爷爷当年赚了5个亿。"

王永已过不惑之年，他要再花30年为"顺风车"精神的传承继续努力。这也许是沙漠掘井人的"自私"愿望，但更是他继续下去的源动力。

社区顺风车 世纪城首发

2013 年 10 月 28 日发表于《法制晚报》记者 蒋桂佳 李晓雨

从今天起，海淀区世纪城的居民可以通过"拼车"的形式，免费搭乘顺路居民的车辆，从小区周边前往人民大学、中关村等 7 个方向的常去目的地。

到今天上午 8 时许，世纪城社区已经有 50 位报名"顺风车"的车友，车主 18 位，搭乘成功 10 对。

顺风车活动发起人王永表示，世纪城小区是他们选取的第一个"长期短途"搭乘试点。

世纪城社区共有 12 个园区，有 1.5 万户，4~5 万常住人口，许多家庭都拥有 1 辆以上私家车，社区车辆总计约 4 万辆。志愿者前期调查发现，人民大学、中关村、五道口等 7 个地点是居民常去的，因此该社区成为首个"顺风车"试点小区，这 7 个方向目的地也成为了首次开通的路线。

为了方便居民搭乘顺风车，物业还在世纪城小区 12 个园区出入口的主干道旁设立了"顺风车车站"。约好的车主与乘客可以在这里碰头，所有搭乘乘客均免费。

为了保证车主和乘客的安全，此次顺风车活动建立了实名认证体系，车主和乘客首次在顺风车平台上认证并配对搭乘成功的用户，将免费获得保额为 3 万元的意外伤害保险。此外，双方还需签署一份电子版的搭乘协议书。

追问顺风车

虽然这是顺风车首次在社区开通，不过顺风车行动并不是第一次发起了。从 6 月 17 日，顺风车公益基金就发起了"三人一辆车，代付高速费"活动，只要带有顺风车车贴、并且搭载三名乘客的顺风车车主将领到免费高速通行券，试点就在京藏高速回龙观社区附近。这个活动状况如何呢？

发起人：曾经的顺风车 效果不理想

根据统计，在活动举办的 3 个月时间内，第一个月中约有 1645 车次参与活动，搭载人数超过 4935 人；后两个月中共有 1618 车次参与活动，搭载人数达到 4854 人。

参与人数与搭载人数并没有大规模增长，回龙观地区的拥堵也没有得到明显缓解。

"应该说不是特别理想。"对于这样的成绩，王永略微表示遗憾，顺风车参与车主人数与乘客人数都没有达到开始的预计目标，甚至不及王永"十年来免费搭载万人"的成绩。

王永分析，顺风车没有刮起"风暴"有一些特定原因，比如顺风车免费通行券的发放地点不理想，不方便居民取券，仅仅免掉 5 元钱的高速通行费对一些车主吸引力不大。

这一次从社区出发的顺风车，王永又打算如何吸引居民们参与呢？

在此前"三人顺风车，免过路费"的活动总结中，王永认为参与互动的人数还不够多，希望能有更多怀有公益心的车主加入，也会有更多对爱心车主的实惠。

目前，世纪城社区内为公益车主们提供了 12 个免费停车位，后续可能还会增加。金源世纪商城内，车主可以专享部分商家的打折优惠。

未来，公益车主还可能有物业费和小区停车费的减免，顺风车也在与中国移动、电信、石化等企业联系，希望未来能赠送车主们手机充值卡、加油卡等物品。

"还计划组织线下活动，比如海航提供的直升机试乘，车友相亲会等。"王永称，除去物质奖励，他们会为爱心车友组织更多有乐趣的活动，让大家广结朋友，乐在其中。

志愿者：不把自己当外人最招人烦

在上一次的顺风车免高速费行动中，63 岁的徐连喜是活动的一名老志愿者，活动期间每天都到回龙观试点现场发放通行券，引导居民乘坐顺风车，同时也负责听取车主和居民意见。

"一些居民的素质还是最大问题。"为啥顺风车叫好不叫座？徐先生忍不住"吐槽"，一般来说，参与顺风车的车主都性格随和，但是搭车人却"什么人都有"，一些搭车人将顺风车当免费出租车，上车吃东西、高声打电话、对"师傅"提无理要求，有的甚至一路都不与车主说一句话。一些车主"心寒"，悄悄退出了顺风车的行列。

针对以上情况，王永表示，在此次活动中成功加入顺风车圈子的乘客，都会收到一份"乘客须知"，内容大概有车内禁止吃零食、长时间打电话、大声说话影响司机等行为，也会有希望乘客能与司机多沟通交流，遇到特殊乘客，乘客之间能互相谦让座位等"友爱条款"，希望车主和乘客双方能从陌生邻里成为朋友。

"顺风车"发起人王永的使命与梦想

2015 年 4 月 22 日发表于《家庭 family》第 9 期

　　从 1998 年至今，王永的"顺风车"公益活动已经走过了整整 17 年，让数万车主身边的空座成为他人回家的希望。而今，中国大街小巷每天有一亿辆车在行驶，80% 以上的车辆都只是一个人乘坐，不仅浪费资源，而且破坏自然环境。17 年一路走来，每个脚印都盛满心酸与快乐，但王永誓将"顺风车"公益活动进行到底。他说，这个行动与他的中国梦紧紧相连。

打开车门容易，打开心门却无比艰难

"有去马甸、双安的吗？搭车不要钱。"很多年里，在北京昌平区回龙观公交站，王永总是在重复这一句话。

王永告诉记者，他萌生邀请别人搭顺风车的想法源于一件小事：一个雨天，王永开车回家，发现一个老太太没打伞在雨中行走，他打开车门，把老太太送回了家。老太太的女儿对他感激不尽，那充满温情的话语王永一辈子都不会忘记。

彼时的王永，从湖南邵阳老家到北京发展不到两年，拥有了自己的设计公司和小汽车。他发现，北京虽然很繁华、很大，但每个人都步履匆匆，人与人之间缺少温情。这种人际关系的淡漠让他格外怀念年少时在乡下的生活：一台手扶拖拉机从路上驶过，总会有认识、不认识的乡亲坐上去，搭一程免费的顺风车，大家有说有笑，洒落一路欢声笑语。

王永住在北京昌平区回龙观，上班地点在海淀区马甸，整整有 25 公里路程，他以为自己在路上免费捎上几个人不会有什么问题。但他错了。当他摇下车窗，探出光头喊"去双安、马甸吗？搭顺风车吧！免费！"时，他遇到的是各种各样的表情：质疑、嘲讽、冷漠，甚至还有人嘀咕："这人有病吧。"

打开车门容易，打开人的心门却那么艰难。王永告诉记者，多年的"顺风车"岁月中，他遇到的很多事情一辈子都不会忘记。一次，王永问一个女孩坐不坐车，结果被她的男友误会，男孩瞪着他骂"你这个臭流氓！"把手里的一杯水全都泼在他脸上。

一个雪天，王永见一家三口在等车，女儿冻得直打哆嗦，他开车过去表示捎他们一程。父亲和女儿想上车，却被母亲拦住："现在是什么社会，怎么能随便上陌生人的车？"她的话把王永说急了，王永便下车说道："我自己出车出油钱送你们，您说我图什么？大姐，您今天不上车，我就不走了！"三人听了他的话后才决定上了车，女士连连向王永表示歉意。好事做成了，王永心里却别扭了好久。

人与人之间最远的距离是两颗心的距离，王永无数次想过放弃免费顺风车，却又无数次坚持了下来。他相信只要用一颗赤诚坦荡的心去对待别人，一定能驱离陌生人之间的生疏感。

某天，一位中年妇女在回龙观抱着孩子在路边拦车，孩子满头是血，一辆辆出租车却从他们身边飞奔而过，没有一辆停下来。这时王永看到了，立马捎上他们直奔医院。到医院后，孩子经过一番抢救脱离了危险。后来，王永在同一地点看到了这位中年妇女，她身边竖着一块纸牌，写着"好心人，你在哪里？"王永走过去，中年妇女却没有认出他，王永告诉她："大姐，你不必等了，别人既然愿意帮你，就不会图回报的。"

还有一次，王永正开着车，突然一辆车从后面追了上来，开车的小伙子摇下车窗跟他打个招呼："嗨，王永！"王永有些纳闷："你是谁呀？"小伙子说："我坐过你的顺风车，现在我也买车啦，旁边这位就是我搭的顺风客！"

温暖与感动充盈在王永心间，他载过的人正在成为他的效仿者，没有什么比这更让他开心的了！

从一个人的公益到一群人的公益，星星之火可以燎原

从1998年到现在，王永开顺风车的脚步始终没有停下，大概有100万人拒绝过他，至少有10万人给过他白眼，至少有2万人说过他是神经病，但至少也有1万人坐过他的顺风车。

就是这1万多人，给了王永勇气和信心。变革时期的中国，人与人之间缺乏信任感，这是在遭遇一次次拒绝后带给王永的哀愁。但他始终相信，中国是不缺乏爱心的民族，缺的是点燃爱心的火种。从小处着眼，一点一滴从细微之处做起，如果大家都能够对此给予足够的重视和关注，并积极参与其中，即便是举手之劳也会带动大多数人。

王永期盼有更多的人加入顺风车的队伍。欧美已有很多成熟的顺风车社团，但在中国，这方面几乎还是空白。高速发展的中国如此迫切地需要顺风车：随着私家车辆的激增，全国各大城市一片拥堵。2010年年底，北京出台治堵综合方案，首次提出规范合乘出行。在王永看来，政府方面比较保守，不提"鼓励合乘"，先规范再说，也许更多的是出于安全上的考虑。

但民间的公益力量可以先行一步。王永了解到，每天行驶在大街小巷的小汽车，其实很多车里只坐了一两个人，如果80%以上的个人驾驶私车能够捎上一两个人，不仅交通状况会好很多，而且还节能环保。

王永一直在寻找契机。2012年1月中旬，春节即将来临，王永联合郎永淳、赵普、陈伟鸿、邓飞等名人在微博上发起"春节回家顺风车"活动，提出的口号表达着他们最简单、最朴素的心愿："让你身边的空座，成为他人回家的希望"，目的是尽量多帮助一些在外拼搏的异乡人回家与家人团聚、过年。

活动在微博上反响热烈，不少车主加入进来，愿意奉献一份爱心，更多买不到车票的异乡人看到了回家的希望。这个春节王永没有回老家，所以没有参与到"春节回家顺风车"活动中，但这却是他过得最充实、最幸福的一个春节。这样的一组数据总是让他心头闪烁着温暖与惊喜：从2012年1月10日开始至2月10日结束，提供空座的车主约600人，成功配对约1000人。

2013年1月，王永发起成立"顺风车公益基金"，他担任主任委员，中国的顺风车

活动有了属于自己的组织。"春节回家顺风车"活动每年在春运期间成功帮助 9678 人免费回家或返城，2014 年这个数字达到 25755 名。数字越大，王永觉得离自己的梦想越近。

从公益到商业，梦想在延续

在王永看来，开了十多年顺风车，不仅有"赠人玫瑰，手留余香"的快乐，还有许多实实在在的回报：他开顺风车搭的人，有的成了他的客户，有的成了他公司的员工。更大的收获是，他的太太陈默也是因顺风车"顺"回家的。

那时王永来北京不久，他去驾校学车。一天上完交规课，很多人打车，有个女孩一边打电话一边看手表，估计有急事。于是，王永便跑到前面路口拦了一辆车，让司机把车停在女孩面前，下车对女孩说："小姑娘，你去哪儿？要是着急，你先走。"这个女孩就是陈默。和陌生男子拼一辆出租车，她有些犹豫不决，将王永打量一番，突然发现眼前这个人就是刚才课堂上特别活跃的同学。陈默放心了，于是上了车。出发前，陈默顺便问了一声王永："你去哪儿？"王永回答说去大钟寺。陈默说，正好顺路，一起走吧。"那一次，路途更远的王永搭上了陈默的顺风车。

陈默此时还是中国政法大学法律系学生。两人就这样相识，并很快相恋，然后结婚，有了女儿。婚后很长一段时间里，王永开顺风车都瞒着陈默。直到有一天，京城一家报纸报道"回龙观有个光头汉子经常开顺风车免费载客"，陈默把报纸找来一看，愣了：这人不就是自己老公吗？这家伙开了多年顺风车，她居然都不知道！回家后她立马审问老公，他说："怕你知道了担心。"

王永讲述了开顺风车的酸甜苦辣，更多的收获则是慢慢的快乐。陈默理解了，"告诫"丈夫："以后无论什么事都不能瞒着我。"

陈默渐渐成了王永的支持者。王永和同事加班讨论"顺风车"公益活动安排，陈默会给大家送来夜宵。2013 年 6 月在回龙观举办的公益活动，陈默带着女儿跟王永一起参加，此时的她已经是南洋投资公司的董事长。起初她有些放不开，但当她看到越来越多的人过来和丈夫打招呼："王永，我知道你，你做的这事很有意义。"她被感染了，感到十分开心，不仅在现场卖力地发放宣传单，活动结束后还发了微信："顺风车"王永是我老公，大家都来支持顺风车，让我们生活的环境变得更美好！

2014 年 1 月 1 日，在王永 6 年来坚持不懈的努力推动下，北京市交通委正式出台《小客车合乘出行的意见》，鼓励出行线路相同的市民在签订合同的前提下，分摊相应费用，予以合乘。《意见》的出台给了王永无穷的想象力，也让他闪过一个念头：将"顺风车"公益活动商业化。长久以来，"顺风车"公益活动让多方受益，但却屡屡遇到各种困难：

一方面，由于人与人之间缺乏安全感，导致帮助别人的好心却屡屡遭受白眼，使得部分私家车主很难坚持下来；另一方面，车主免费搭载乘客，自己承担油费等各种开销，一次两次还可以，时间一长也很难坚持下来。

2014年4月，王永正式创办"微微拼车"，并很快有投资方找上门来。更让他感动的是，北京市政府提供了200万元经费让他们用于拼车软件的研发。"微微拼车"APP很快上线：有拼车意向的陌生双方，可通过这款软件的智能匹配线路功能找到双方，没车的一方分摊一些油费和高速费，系统会根据距离自动计算出费用，相当于出租车价格的一半到三分之一，支付通过APP完成。

王永参加湖畔大学面试时，对阿里巴巴董事局主席马云说："我成立了'微微拼车'，用商业力量推动'顺风车'的发展。"马云告诉他："你早就应该将'顺风车'商业化，用商业模式来做公益，这不是简单的生意，而是一条让公益梦想永续的路径。"王永的信心和勇气更足了。

这是一个新的天地，陈默始终站在王永背后。为了支持丈夫全身心做好"微微拼车"，陈默同意王永辞去品牌联盟（北京）咨询股份公司总裁的职务，改由她担任，王永只保留董事长职务。2015年春节前后，王永马不停蹄地奔赴重庆、广州、兰州、武汉等城市，宣传拼车，鼓励更多车主加入到"顺风车"活动的大军中，这个春节有近7万人通过拼车得以顺利回家过年。目前，"微微拼车"已经入驻40个城市，日均拼单已超过2万单。王永的目标是到今年年底，"微微拼车"的日拼单达到50~100万单。

王永并不满足，只有更多人参与进来，大家生存的环境才会变得更加美好。无论是当初一个人开顺风车，还是商业运作"微微拼车"，王永的初衷从未改变：节能环保、缓解交通压力、重拾人与人之间最宝贵的信任。对王永来说，这就是他的中国梦。

（本文略有修改）

"微微拼车"王永获评北京市劳模
探索用商业推动公益

2015 年 5 月 15 日发表于中国日报网

　　日前，在 2015 年北京市庆祝"五一"国际劳动节暨表彰劳动模范和先进工作者大会上，微微拼车创始人王永被授予"北京市劳动模范"荣誉称号。此次劳模表彰会由往届以北京市政府名义进行的形式改由市委和市政府共同表彰，充分显示北京市委领导对劳动模范和先进工作者的高度重视。据悉，这是新世纪以来北京市委市政府对劳模进行的最高规格表彰。

王永在会场留影

图片从左到右依次为：新浪副总编邓庆旭、"微微拼车"创始人王永、搜狗 CEO 王小川

　　王永于 1998 年发起"顺风车"公益活动，十七年如一日，免费搭载乘客上万名，身体力行将关怀与便利传递给他人。"顺风车最大的阻力在于：你敢开，却没人敢坐，人与人之间缺乏信任。"面对不绝于耳的质疑声，他更坚定要以己之力，为"陌生人社会"注

入人性的温暖。为此，他四处奔走呼吁，不断消除人们对拼车的误解，并带动更多的人加入到"顺风车"行列。2012年，他联合央视主持人郎永淳、赵普、陈伟鸿和"免费午餐"发起人邓飞等共同发起的"春节回家顺风车"公益活动，截至目前，帮助超过10万人免费回家过年。王永的事迹在社会上引起很大反响，央视等主流媒体对他进行了专题采访报道，由他的真实经历改编，并由他本人主演的电影《顺风车》将于6月5日世界环境日当天在全国院线公映，并于6月6日"顺风车日"举行观众见面会。

17年来，王永以实际行动推动"顺风车"公益活动的同时，也为"拼车合法化"倾尽全力，在他6年坚持不懈的倡议、推动和参与下，北京市交通委于2014年元旦出台了《关于北京市小客车合乘出行的意见》，为随之而来的如雨后春笋般出现的"拼车APP"铺平了道路，也因此被业内人士誉为"拼车鼻祖"。

随着城市化进程的不断加快，交通拥堵与环境污染问题成为城市的痛中之痛，倡导绿色出行势在必行，拼车无疑是上佳选择。作为一个久经商战的公益人，王永一直思考如何能让更多人受益于拼车。源于对拼车的商业化探索，"微微拼车"由此诞生。这是个专注于打造基于互利出行的公益性拼车平台，不断改善用户体验，加强信息化应用管理，以市场化运营为广大拼友带来切实的好处，以商业化运作推进顺风车公益事业的可持续发展。目前，"微微拼车"已成功入驻全国近50座城市，用户超过百万，每日成单量数以万计并不断增长。

王永接受采访时表示："拼车出行既节能减排，又疏缓交通，对城市环境的改善有着突出的贡献；对于车主和乘客来讲，可以均摊油费，节约出行成本，增进沟通交流，可谓一举多得。每一次拼车出行，都是对大家和城市做的一次公益。一个人的公益虽然是微小的，从一个人，到一群人，到一个社会的公益，这个能量将是巨大的。"

据悉，2015年以来，拼车行业的竞争进入白热化。谈到行业的现状，王永表示："拼车属于共享经济，讲究规模效应和匹配效率，商业上的竞争是不可避免的，只有优质资源的不断整合，才能为顺风车公益事业的发展提供一个优良的商业环境，让拼车更加高效，以商业推动公益，让我们生存的环境越来越好，这些正是我创办'微微拼车'的初心。"在被问到行业发展和"微微拼车"发展之间的关系时，王永表示，作为拼车的先行者，相对于"微微拼车"一家公司的发展，他更看重行业的整体繁荣。

估值 10 亿的微微拼车到底怎么了?
刷屏背后的真相竟然是……

2018 年 2 月 3 日发表于全球创业观察

11 月 14 日我发布了一篇文章《仅仅 3 个月,从估值 10 亿到轰然倒闭,投资人一夜消失!他留下 4000 万的血泪教训!》这篇文章讲述王永先生的一段创业故事。很多读者看完纷纷转发,有人是对王永和他的团队表示惋惜,也有人从王永的创业经历中看到了自己的影子。更有人留言说想让我引荐一下王总,想谈谈合作。

16 日晚上我收到一条留言,这条留言很长,留言者正是那篇文章的主人公王永先生。

王永 | 品牌联盟董…　　　　👍 1

深刻反思,坦诚分享,放下包袱,面向未来! 这是之前的采访,不过分享出来还是需要勇气的,希望能给各位创客有所帮助。感谢和我共同战斗过的兄弟姐妹们,感谢一直支持微微的投资商和媒体朋友们,更要感谢微微的车主和乘客朋友们,向曾经的激情岁月致敬! ✈️

　需要强调的是,微微拼车从未倒闭,一直在正常运营,每天都有新用户,每天都有新订单。我是顺风车的发起人,从 1998 年到现在,已经坚持了 20 年。我相信坚持就是胜利,让我们静静的等待着春天的来临。😁😁😁

昨天

看到留言我既惊喜又苦恼,惊喜的是:我的公众号影响力居然这么大? 苦恼的是不知如何面对这样一位大佬。作为一个新手自媒体,我没有经过调查,使用了不恰当的标题,为此向王永先生和微微拼车道歉。

随后,我发现这样一条"被曲解"的专访被多个自媒体转载和发布。

每隔一段时间这篇文章就会被不同的媒体转发，我尝试在搜狗搜索微信内容让我着实吃惊，仅微信公众号发出的文章居然有 1000 个结果（这还不算其他自媒体平台，今日头条，百度百家，等等），我翻了几页，内容都是关于王永和微微拼车的，其中不乏单篇阅读 10 万 + 的大号。那么粗略预估一下，"被曲解"的文章产生的总阅读量至少千万以上。

早在 2015 年我也曾是微微拼车的一个用户，那会我在望京 soho 上班，住的地方在 8 号线育新站附近，每天，从家里走路 10 分钟到地铁站，换一次线，到望京站出地铁，还要走 15 分钟才能到公司。平时还好，一到下雨天，走 10 分钟的路经常裤腿湿透。打车回家要几十块钱，我舍不得，有一个下雨天同事向我推荐了微微拼车，就下载安装了一下，也是我人生中第一次享受到拼车的便捷和实惠，几乎是打车价格是三分之一。后来偶尔会拼顺风车回家，直到离开北京。

我转载那篇文章的初衷是为了让更多的创业避免重蹈覆辙，在文中，王永给出创业者很多条建议。每一个看完这篇文章的创业者都能从微微拼车的案例中学到很多经验和教训。但我没有注意到整个采访中，并没有提到微微拼车倒闭，随意的引用了一个误导读者的标题。

我向王永先生表示歉意后，王永先生很快接受了我的道歉。他说："没关系，这也不是第一次了。虽然文章中有些描述是失实的，但总体而言，如果我的反思能对创业者有所帮助，那就足够了"。然后我发现：这其实是个机会，不如邀请王永先生做一个独家的专访？一来向读者澄清我对微微拼车的误读，二来让大家了解一下王永先生的近况。

于是就有了今天这篇文章，我向王永先生提出了几个问题，下面是专访的内容。

微微拼车现在怎么样了？

很多文章不加调查，以讹传讹，很多读者误以为微微拼车倒闭了，不少微微的用户问我怎么回事，甚至有朋友还张罗帮我找工作，这些都让我哭笑不得。其实微微拼车从来就没有倒闭，一直都在正常运营，现在每天都有不少新的车主注册。作为微微拼车的创始人兼 CEO，我从未离开。我们也一直在寻求新的融资和突破。有好几次投资本来都谈得差不多了，但受这篇报道的影响，最终无疾而终。

受此影响，我们有一家投资商甚至还匪夷所思地提出让我回购股份。谁都知道，这明明是风险投资，看的是未来公司发展以后的高回报，而高回报就意味着高风险，这和旱涝保收的贷款怎么能相提并论呢？如果要是这样，还有哪个创业者敢去拿投资商的钱？

我从 98 年开始做顺风车到现在已经有 20 年时间了，我也算是"拼车合法化"最主要的推动者，还被媒体誉为"拼车之父"，虽然这个称号我并不敢当，但从某个侧面也算是对我推动拼车行业发展的某种认同。我也是"春节回家顺风车"公益活动的发起人。免费的公益顺风车我都能坚持这么久，微微拼车我也一定会坚持下去，我的新书《永不放弃》很快也将和大家见面。希望所有的商业拼车平台都能够坚持下去，毕竟坚持才能等到胜利的那一天！

在这里我也特别欢迎那些志同道合、不急功近利、有社会责任感的投资机构和投资人和我们联系，让我们携手共建，把节能环保、减缓交通压力、促进人和人之间互相信任的公益拼车平台做大做强。

其实，我的主业一直是品牌设计和品牌咨询，从 1996 年创立楚星设计，到 2005 年创立品牌联盟，在品牌领域里我一直耕耘了 20 多年，也算是小有名气。微微拼车是我在品牌联盟之外的一个投资项目，刚开始只是投资，后来才逐步投入越来越多的精力。目前品牌联盟（北京）咨询股份公司的经营状况很不错，公司已经于 2016 年 8 月登陆新三板，股票代码是 837940。品牌联盟旗下还拥有楚星设计、楚星广告、茶树菇大数据、中驰传媒等多家全资子公司，并拥有品牌联盟商学院和 BMBA（Brand-MBA）教育品牌，我也兼任品牌联盟商学院院长。

我相信未来品牌联盟和微微拼车之间一定能够很好的互动，用商业手法推动公益的梦想从未改变，也永远不会放弃！

2015 年，微微拼车是如何度过生死难关的？

2015 年 6 月 5 号起，由岳晓琳、李广德导演，以我的故事为原型并由我本人主演，周晓鸥、邵峰、张会中、马艳丽、袁岳、水皮、夏华、王凯等多位大咖友情出演的公益大电影《顺风车》

开始在全国公映，影片最后有微微拼车的植入。电影在公益届引起强烈反响，但由于宣发预算所限，最终没有获得预期的回报。

在上一篇采访中，我进行了深刻的反思。但有一点没讲，那就是公司发展状况和投资机构的关系。2015 年春节刚过，五一用车和天天用车就拿到了百度和创新工场的投资，中信资本给我们报出了十亿估值，并且迅速开展尽调，同时也要求我们不要再和其他的投资商接触，但后来嘀嗒拼车宣布拿到了易车网的上亿美元的投资，一直说不进入拼车行业的滴滴也宣布要投入巨资杀入拼车领域，中信资本也开始打退堂鼓，最终不了了之。

就在这时候，盛大投资找到我们，表达了投资的意愿，这对我们来说无疑是一个好消息。后来在新加坡的陈大桥先生也同意推进微微拼车项目的上会，他也看好拼车行业的投资机会。盛大的兄弟说，拼车行业有三家都有知名机构背书，我们也拿了两轮投资，说明这个行业很有潜力。他们想看微微拼车有没有机会成为这个领域的第一，所以才主动和我们接触。

盛大资本的高管对我们的项目非常重视，前后来公司考察过多次，也体验过我们的产品，和我们的团队远程视频沟通过多次。一位投决会委员当时得知我个人已经投入了 1500 万后，表示就应该支持这样的创业者，并且希望我这笔钱也能按照这轮投资的价格入资，我也同意了。

后来我们终于拿到了盛大资本的 Term Sheet，大家都很受鼓舞。为了获得这笔投资，我们不得不加大运营的投入，而这背后自然是不菲的投入，时间一周一周的过去了，投入就越来越多，资金也一天天在消耗。

当然，这显然并非盛大资本的本意，盛大整个团队对这个项目非常投入。最后一次我们去上海提案之后，还让我们再等。这时盛大资本和我们对接的兄弟从我们的角度出发，劝我们放弃。后来，盛大资本分拆了，和我们对接的很多朋友也都相继离开了盛大资本。后来说到这笔投资，大家都觉得很遗憾，毕竟大家都尽力了。

当时我们召开了股东会，希望各位股东能够同舟共济，同比例增资，但两家投资商都拒绝了。最后我没办法，除了自己拿了两三千万的现金，还想办法借钱给员工发工资和支付车主的提现。其中，借茂信资本的 50 万之前就还清了，中新圆梦的 50 万到上个月我才还清。

本来我们微卡科技是有限责任公司，投资商的钱花完了，公司的钱花完就完了。但我没有这么做，而是选择用自己的钱来投入，毫不犹豫的承担起全体股东应负的责任。因为我不能辜负所有人的信任，信任是无价的。无论是员工的工资，还是车主提现，还是外协的费用，我都尽全力妥善处理好。这其中也得到了很多员工、车主和外协单位的理解和支持，我非常感动。

最困难的时候，我个人所有信用卡全部刷爆用来支付提现和工资。那段时候，几乎每天都想用极端的方式一走了之。非常感谢太太和父母给了我最有力的支持，鼓励和安慰我，让我最终能渡过难关。现在回过头去看，觉得这一切都不堪回首。

祸福相依，经历了这次考验，我和太太的感情变得更加深厚，之前的误会也烟消云散，我自己的抗压能力也得到了极大的提升，相信这种出生入死的历练对以后做更大的事情会很有帮助。

打个比方吧，创业就相当于登山，之前老在两三千米的地方转悠，所以自己会觉得很舒服。这次是在冲击 8000 米，虽然可能还没爬到 7000 米就不得不下来了，但毕竟到达了自己前所未有的高度，也体会了前所未有的艰难，欣赏到了前所未有的风景，如果下次再来登山的时候一定会更加从容，更加理性，准备也会更加充分，成功的概率可能也会更大一些。

目前很多大学生毕业就开始创业，您有什么话想对他们说么？

从一开始，我就旗帜鲜明的反对大学生创业，尤其反对大学鼓励在校大学生辍学创业。没有就业经验的大学生去创业，就像没有受过训练的新兵上战场，和白白送死没什么本质区别。可能会有成功者，但毕竟是凤毛麟角。

所谓创业，就是把创造价值当成自己的事业。而创业又分为三种，一种是岗位创业，第二种是平台创业，第三种才是自主创业。其中，自主创业又分为三个层次，第一层次是满足需求，比如开个饭馆；第二层次是发现需求，比如航空公司；第三层次才是创造需求，比如移动支付。满足需求普通创业者就能干，但创造需求的事一定是大公司的事儿。不同的创业方式，对创业者都有不同的要求。

我们看到美国有几位成功的辍学创业者，但我想说这种事是万里挑一的，大家千万不要被这种个别的现象所迷惑！

我建议大家在校可以多去争取一些去实习机会，毕业以后，尽量工作 3 到 5 年，通过这段时间积累好自己的人脉和资源，之后再考虑创业，创业也要从低层次入手，逐步往高层次发展。

创业也从小事做起，不要一开始就想吃个胖子，一开始就要改变世界，先让公司活下去，把自己养活最重要。

最后一定要切记，为客户创造价值，创业才有意义。不要被所谓的先进商业模式、流量经济、眼球效应所迷惑，一定要学会脚踏实地的赚钱，否则到时候会竹篮打水一场空。

王永先生的自述

1974 年，王永出生于湖南邵阳。他自幼爱好文艺，专长美术，是那种不多见的勤于笔耕的创业者，不仅在各类媒体上发表过近百篇专栏文章，还出版了十余部专著，偶尔也会写写诗和古体词。就在 11 月 14 日，《人民日报》22 版头条还发表了王永的文章《数字技术驱动全球生产力升级》。

"我是个'未遂文艺青年'。"谈到自己的文艺爱好时，王永笑言。他的文艺生涯始于小学三年级，他从那时起开始给《邵阳日报》写新闻稿。不幸的是，他投的稿件都没有获得发表；幸运的是，报社一位名叫卢学义的编辑专门给他回信，鼓励他继续坚持写作。这也成为王永如今愿意抽时间应邀到各个学校做讲座的原因，"小时候得到的鼓励，对一个人未来的成长特别重要。"

高中的时候，王永开始写诗，他的诗作《我多想》发表在《中国校园文学》杂志上，后来还在邵阳市侨谊学校组建了调色板文学社并担任社长。

1993 年，王永考入湖南省衡阳师专（衡阳师范学院前身）美术系国画专业，是当年邵阳市唯一一个考上艺术院校的应届毕业生。

美术系的学生大多自顾自地埋头作画，不爱与外界交流，而王永的大学时代过得与他们截然不同：美术系学生没有外语课，他就花了很多时间自学外语，还去学着做主持，做记者，并担任校学生会的宣传部长，还被学校派去采访外教，虽然在他看来这应该是外语系或者中文系学生的强项。"当时很多人都不知道我是哪个系的，毕业的时候，我搞了个毕业作品展，大家才知道我是美术系的。"王永回忆道。

在那个武侠小说风靡的年代，文艺气十足的王永还展现出一种侠义情怀。1995 年，他从衡阳师专毕业，被分配到邵阳县工业职业高中任教。当时有几个小混混经常到学校来捣乱，校方想了很多办法但没有效果。一次，王永认真地警告小混混不要再来捣乱，否则就不客气，但对方轻蔑地瞥了他一眼，并不以为意。第二天，王永招集班上的男生狠狠地教训了再次到学校来挑衅的小混混们。从此，校园回归了平静。

"我这辈子最快乐的时光就是教书的那半年。"王永说道。在邵阳县工业职业高中，王永同时担任高一新生班和高三复读班的班主任。复读班中有些学生的年龄比他还大，但他总能与学生们打成一片。

至今他还清晰记得当时说服学生们要坚持跑步锻炼的场景，"为了让他们心服口服，我让他们找三个人跟我跑，一个累了就换下一个，如果最后输给我就要保证每天坚持跑步。"学生们不知道王老师有跑马拉松的爱好，结果可想而知。

有时候，王永也会带学生们跳交谊舞；放学自习的时候，他会让大家拉上窗帘，拿个录音机给他们放钢琴曲；周末的时候，带学生们去野外写生。

有一次，王永去课堂巡视，发现一位语文老师把"幼学纪事"写成了"幼学记事"，

"幼"字还少写了一个点。对于这样一位能把四个字写错一半儿的语文老师，王永直接找到校长态度坚决地表示，不管他是通过什么关系进的学校，必须把他调走。"当时我说，如果他不走，我就走。最后，学校真把那人弄走了。"

"我们班是最活跃的，也是最守纪律的。各班集合的时候，我们班永远是到得最快、最安静、最整齐的。"王永回忆，那时候老停电，一停电各班就炸了窝，只有他带的班秩序井然。见王永班级的教室没有动静，教导主任还以为学生都摸着黑跑光了，推开教室门一看，原来大家都默默地点起了蜡烛继续学习。"当时的高中还可以考中专，全校考上了7个，我们班占6个。"

就这样，王永成为学生们最喜欢的老师之一。"我走的时候他们列队欢送，同学们都哭成了一片。"

创业：走向品牌专家路

这是一个美好的时代，如果你有梦想就值得去实现。
这是一个希望的夏天，人生的画卷应更加绚烂夺目。
韶华岂可虚度，
当你怀揣理想来到这里，
你已笃定一个卓越不凡的未来。

1996年3月8日，王永正是怀揣着这样的梦想成为了一名"北漂"。从那时到现在，他走过了三个创业阶段：1996年~2005年的楚星设计时期，2005年~2015年的品牌中国时期，2016年至今的品牌联盟时期。前两个阶段差不多都是十年，现在是第三个阶段的第二年。第一个阶段总体而言是做商业，王永实现了财务自由，第二阶段总体而言是做公益，这段时间个人财富基本没有增长。王永说，第三个阶段他要回归商业，只有商业上的取得较大的成功，才有能力去推动公益的发展。

王永最初赴京其实是准备赶考，"当时我打算去北京电影学院报考摄影系研究生，到北京之后才知道，专科生要毕业五年后才能考研。"现在想来，如果当时他考学如愿，世界上可能会多一位优秀的摄影师，但会少了一位优秀的创业家。

放弃了考学计划，在京工作几个月之后，王永于1996年7月在双秀公园中的一幢两层小楼里创办了王永设计工作室。当年11月，他又创办了北京楚星美术设计有限责任公司（以下简称"楚星设计"）并担任董事长兼总经理。随着业务范围的扩大，2003年3月，楚星国际（企划）集团（以下简称"楚星国际"）正式成立，旗下包括楚星设计、楚星时代国际广告、楚星建筑装饰设计、楚星居尚饰品等公司。

"那时候做设计很容易赚钱，搞设计不需要投入太多成本，但是费脑子，掉头发。"王永笑言，"当时能干这行的人比较少，确实竞争不太激烈。我们找的是一个冷门行业——家居建材，别人都不爱做。"

毫不夸张地说，国内家居行业的品牌意识是王永推动起来的。1997年，绝大多数北京的家具公司都没有企业形象画册，王永帮它们逐步培养起了品牌意识，包括产品摄影、画册制作、网站策划、VI设计、展厅规划，等等。"我们最早是从香河开始做，然后到北京远郊，再到城里，最后做到家具城，这是一个自然而然的'农村包围城市'的发展轨迹。"他形容道。

当时，居然之家、爱家家居、东方家园、蓝景丽家、标致家具、曲美家具、东方百盛家具等品牌都是楚星国际的客户。"当时的设计公司里面，我们应该是最赚钱的，估计第二到第五名加起来的营业额都没有我们多。"王永很是自豪。

2002年，28岁的王永在第五届北京市十大杰出青年评选中位列第11名。"那次雷军好像是第17名。"他笑道。

为了提升知识水平和管理能力，2003年9月，王永报名参加了北京大学中国经济研究中心和美国福特汉姆大学商学院联合办学的北大国际MBA的EMBA项目学习。

当时楚星国际的总资产已经超过1亿元，年设计生产能力达5亿元，是国内知名品牌设计策划机构，多次被评为北京市优秀私营企业。少年得志的王永难免有些飘飘然，第一次跟EMBA项目的同学聊天的时候，他很自豪地介绍说，自己的公司是行业第一，销售收入达到一亿多元。而对方谦虚地回应道："我们去年没做好，纳税还不到五个亿。"这个回答让王永感觉无地自容，他开始仔细了解班上每个同学的背景，发现大家都是各个行业的牛人，有部委领导、上市公司董事长、全国人大代表、两院院士……

这段学习经历让王永大开眼界，也让他对自己有了重新的认识。"那个时候，我才算真正有点儿成熟，以前是井底之蛙，总觉得自己很厉害。"王永说。

2005年7月，王永获美国福特汉姆大学商学院MBA学位。毕业的时候，王永的导师、著名经济学家林毅夫教授对他说："人一辈子最有价值和意义的事，就是把事业跟国家和民族的利益结合起来。很多年以后，人们还会因为你做的事而记住你。"

林毅夫教授的一席话激发了王永心中的社会责任感，"我觉得很激动人心，同时我发现做品牌很有用。虽然当时中国经济发展很迅速，但没有几个响当当的自主品牌，于是我就发起成立了品牌中国产业联盟。"

因为这个决定，让原本有机会成为第一批创业板上市公司老板的王永错失了良机。但他不后悔，这是他深思熟虑后作出的选择。

王永（左）与著名经济学家林毅夫教授在香港理工大学 DBA 二十周年论坛暨晚宴活动现场合影。

王永在"2017 首届新三板品牌峰会"上发表演讲

王永（前排左三）出席 2014 品牌联盟商学院 BMBA 开学典礼。

王永谈公益：希望顺风车成为一种生活方式

1998 年至今，王永一直致力于推广顺风车公益事业。"其实中间有段时间已经做得很不错了，大家愿意免费互相帮忙，为此也很开心。后来滴滴出现了，大家发现原来拼车也能赚钱，还能拿到补贴，胃口从此被吊起来了。"王永不无遗憾地表示，"现在不给补贴了，大家也就不愿意帮忙了，这对原有的顺风车公益生态是一个很大的破坏。但不管怎样，顺风车这个理念已经被大家接受了。"

"春节回家顺风车"活动发起人合影（左起：赵普、王永、陈伟鸿、郎永淳、邓飞）

2015年，王永联合"免费午餐"发起人邓飞，媒体人士赵普、郎永淳、陈伟鸿、崔永元发起了"春节回家顺风车"公益活动。2016年春节，在他的邀请下，著名演员六小龄童，媒体人士鲁健、王凯，"光盘行动"发起人徐侠客，气候组织大中国区总裁吴昌华成为新的活动发起人。2017年春节，掌上通董事长肖庆平、智慧泊车平台ETCP董事长谭龙也加入了发起人行列。活动先后帮助超过10万人找到了回家过年或返程的免费顺风车，王永也获得了"拼车之父"的美誉。

对于这项公益事业，王永有着理论研究基础，他在香港理工大学读博期间完成的论文题目就是《不确定情境下的助人行为研究——以顺风车为例》。"为什么要强调'不确定情境下'呢？这涉及到人们帮助他人的条件问题。要帮助一时间遇到困难的人并不难，比如你需要钱解决问题，我捐钱给你就好了。但让人搭自己的车就不一样了，其中有很多不确定因素：第一，我不知道你是好人还是坏人；第二，要说服你上我的车也很不容易，因为你不知道我有什么动机；第三，搭车赶路的过程中也有不确定性，比如万一发生车祸，要确定责任就很麻烦。"王永介绍说。最终，他通过分析梳理一系列自变量、因变量、中介变量、调节变量，通过复杂的模型和上千份样本调查，完成了这篇论文，"我觉得很有意义。"

王永认为，从表面上看，现在的社会道德水准在下降，但是在人们的内心深处还是呼唤道德的，只是需要外来的火种去点燃。"人的内心深处其实是很柔软的，平时不得不把自己包裹起来，看起来坚不可摧的样子，社会因此也显得冰冷。但实际上并不是这样，如果你真地能拨动人的心弦，社会还是蛮温情的。"

"对于公益顺风车而言，并不是说通过我们的平台参与活动的人越多，我们就越成功，而是要看我们号召和调动起多少单位和社会资源参与其中。如果有一天顺风车蔚然成风，成为了人们习惯的生活方式，有越来越多的平台在技术和影响力方面远远超越我们，让我们自己失去了存在的必要，那就是我们最大的成功！"王永由衷地期望。据不完全统计，现在全国有110多个城市拥有公益顺风车组织，爱心车主超过40万人，每年数百万人得到公益顺风车的帮助。

为了确保专访内容真实可靠，王永先生与我进行了几十次的沟通，在排版完成后，与文中涉及到的个人和机构一一核对，力求客观真实。我深深的感受到王永先生对细节的严谨态度，和对生活认真负责的精神。

历经2个多月，直到今天这篇文章才正式发布。

1月31日由微微拼车承办，公益顺风车、北京交通广播、北京车友协会联合主办的"2018春节回家顺风车公益活动启动仪式"在京开幕，王永先生用他的实际行动推动着公益顺风车从0到1，直到到全民参与。

2018春节回家顺风车公益活动启动仪式

第六章
我眼中的顺风车
——顺风车相关人士作品选摘

顺风车从"没有眼泪的公益"到最时尚的出行方式

作者：刘坤明（顺风车总干事）

公益和时尚貌似毫不相干，但"顺风车"却将二者关联在一起，比如搭乘顺风车成为越来越多的年轻人旅行出行的新选择。我们经常在网络上看到类似大学生搭顺风车行走多少省份的新闻，其中让我记忆最深的是《搭车去柏林》。作者历经3个月的时间从北京到德国柏林，一路共搭车88次，经过16000多公里，穿越13个国家只为见到柏林等待他的女友。顺风车见证了这个男孩的决心，也考量着沿路人们的热心。

王永先生所发起的公益顺风车倡导同路的车主共乘一辆车出行，倡导绿色低碳的出行理念，和扶贫、教育、救援这样的公益组织相比，公益顺风车可谓是"没有眼泪的公益"。我建议，既然不能走情感路线换取用户的支持，不如就走时尚大道吧，毕竟大多数的年轻人更能接受这样的搭车方式。

传递正能量，搭车回北京

围绕时尚的主题，身为顺风车的员工当然要以身作则。2012 年，我和同事任学梅出差上海，当时北京经历了 61 年来最大降雨，我们很多顺风车车主自发去机场接送滞留的旅客。为了声援北京，支持我们的顺风车车主，在和学梅商量后我们决定把回北京的高铁票退掉，用搭顺风车的方式回北京。

我们也在微博上发布了 #传递正能量，搭车回北京# 的话题，一路进行搭车的文字直播。最终，搭乘 9 辆顺风车历经 1260 公里，用时一天返回到北京。

经历第一次顺风车之旅后，我就一发不可收拾地上瘾了。2014 年"十一"期间，我搭乘 19 辆车从北京到内蒙呼市，又从呼市回到了北京。一路上和司机欢声笑语，我感觉顺风车拉近了人与人的距离。

"顺风车＋演唱会"的新模式

2013 年，顺风车携手羽泉圣诞演唱会，再次开展"顺风车"安全回家活动，解决演唱会结束后打车难的问题，贴心回馈每一位到场支持的歌迷朋友。

顺风车还为此次活动开发了短信互动交流平台。只要编辑短信"羽泉"首字母"YQ"发送到"1066958800"，歌迷根据系统提示进行回复就有可能找到演唱会结束回家的"同道中人"。同时车主和乘客还可以登陆顺风车官方网站下载顺风车搭乘协议书，避免因交通意外所产生的纠纷。

时尚是方式，公益才是目的

时尚不可怕，怕的是时尚引起一个潮流。1919 年，可口可乐公司成立，从此之后，可口可乐从美国走向世界，从欧洲到亚洲，每个都市年轻人都将褐色的可乐作为日常休闲的最优软饮选择。可口可乐的精髓——"时尚、经典、动感、新潮"已经远远超越本是一瓶碳酸饮料的价值，而换位思考公益，也是这个道理。

公益组织不管使用什么样的方式，募捐也好，慈善拍卖也罢，只要能多一些募捐到善款（物品）帮助到需要帮助的人们，那就是成功。而随着经济的下行，企业可能减少或者不再考虑公益的捐助越来越多，而时尚公益永远不会有"下行趋势"。

公益需要创新，公益更需要时尚，让时尚驱动潮流，让潮流影响更多的人加入公益，因为全社会参与的公益才更有价值！

顺风车——我的梦想第一站

作者：王晨飞（顺风车项目负责人）

当时间回到 2013 年 7 月的那天上午，就在我挥去堆积在额头上的炎热阳光时，我一定不会想到现在的我是如此艳羡那时的我。

咫尺的距离

就在 2013 年 4 月，我还是腾讯微博的一名实习生，朋友偶然间发现的信息瞬间勾起了我的兴趣——顺风车公益基金在"NGO 中国发展简报"的网站上发布了招聘信息，招聘一名专职的"顺风车公益基金地方站主管"，而这份工作与我在此前两年间所做的腾讯微博高校校园渠道推广工作有着异曲同工之妙，再加上本身在大学期间从一名学校志愿者协会的小部员到学生会主席，我都在做着与公益相关的一些小事儿，我在心中早已种下了一个 NGO 工作者的梦，而这则招聘信息为我打开了实现梦想的大门。在我看来这个工作简直是上天为我量身打造的，投出简历那一刻我默默告诉自己：击败所有竞争者，谁也不能阻挡我。

顺利通过了筛选和面试后，我开始忐忑地等待是否被录用的通知，而随后在我拿到 Offer 的那一刻，我内心的激动是无以言表的。

梦想的重量

在顺风车公益基金刚刚开启工作的我，还没来得及体会梦想落在肩上的变化，就投入了紧张而有序的工作。怀着极大激情的我扛起梦想大旗前进时，却发现比起遇到的困难和挫折，更可怕的是有更多未解决的问题在前方等待着我，就如同反复推着石头的西西弗斯，不知道梦想会在未来的哪一个路牌旁实现。

在这就不得不提起王总、坤明以及那些曾出现在我旅途中的同行者们，在我与顺风车公益基金相伴的 854 天中，他们从各个方面帮助和促使我成长，让我完成了从象牙塔到社会舞台的圆满转身。如果没有这些同行者帮助我的话，我也许并不能搭上这趟成长的"顺风车"，我也时常感慨：若非足够幸运，不然身为凡人的我是无法像西西弗斯一样为了目标倾尽全力、永不放弃。

补课的时长

正如大部分初入职场的菜鸟一样，经历了最初的"新奇"以后便是犹如种子发芽时不断挣扎向上破土的阶段，对于自身而言最开始的时间刻骨难忘。

度过相对温和的职场初期后，时间转瞬便来到了 2013 年的 6 月中旬，我们顺风车公益基金在京发起了"三人一辆车，代付高速费"的公益活动，活动在京藏高速进京方向回龙观至清河段通过为满载在三人以上的私家车主代付 5 元的高速通行费，旨在来鼓励私家车主们能顺路多带乘客，避免空车出行，以此降低车辆空载率和车辆使用率，进而实现降低拥堵和环境污染等问题。

活动从 6 月中旬一直持续到 9 月中旬，整整 3 个月时间内，我们顺风车公益基金的 2.5 名专职工作人员（包含王总在内）以及其他志愿者每天早上 5：30 前在北郊农场桥集合，6：00 开始帮助车主就近在公交车站寻找顺路的乘客以及为车主们发放高速通行费的代金券，而这一工作持续到每天早上 9：00 为止。对于我们全体工作人员和志愿者来说，最难忘的莫过于北京夏季初升的太阳，炽热而又充满能量。

希望的模样

在与"顺风车"同行的 854 天里，于我们而言并没有能够实现那个"让越来越多的人接受顺风车这么一种出行方式和公益生活"的理想，当然原因也有很多，比如公益组织的力量毕竟是极其有限的，始终是在蹒跚前行、逐渐成长。反倒是像滴滴出行一样的商业公司通过商业手段让越来越多的人接受了相对一样的"拼车出行"。

但好在值得我们骄傲的是，顺风车公益活动虽然并没有像"滴滴出行顺风车"取得巨大的社会影响，但我们顺风车公益基金通过不断的努力在越来越多人的心中种下了一颗名为"公益与分享"的种子，而这些努力也在不断的影响着越来越多的人，让他们感受"分享——带来温暖"的魅力。

正如张嘉佳在《从你的全世界路过》一书中写到的"当我们自己感到孤独时，很难温暖别人"，愿顺风车让你感受到温暖的力量，让我们不再孤独。

我与顺风车的故事

作者：李燕妮（顺风车媒体负责人）

犹记得 2014 的夏天，那时的我刚刚从澳门读完硕士回到我的故乡北京，怀着一颗懵懂的心，像诸位学子一样开始了我的求职生涯。

我研究生所学的专业是整合营销传播，所以投递的简历都是与媒体行业相关的工作。有一天，当我浏览新的职位的时候，一个名叫"顺风车"的公益组织映入了眼帘，招聘内容风趣幽默又非常有意义，一下子吸引了我。于是我抱着试一试的态度投了简历，没想到没过几天就收到了我的主管刘坤明给我发的邮件。还依稀记得信中的内容既亲切又附上了许多顺风车的相关视频和报道，让我对顺风车有了初步的认识。

从报道中我了解到，"顺风车"的发起人王永，从 1998 年开始，顺路搭载乘客高达万人，他从最开始遭遇白眼和不解，后来渐渐赢得了越来越多的信任和理解。他联合央视著名主持人赵普、郎永淳、陈伟鸿和"免费午餐"发起人邓飞开启了"春节回家顺风车"公益活动，帮助那些因过年买不到车票的人找到顺路车，圆了他们回乡过年的梦……

初见王总我十分激动，第一次近距离接触，没想到他是一个那么和蔼可亲的人。他给我的初试布置了一个策划任务，主题是"2015 年春节回家顺风车"的活动策划。于是初出茅庐的我开始了每天与主管坤明邮件以及电话沟通，为了一份策划付出了许多努力，最终顺利通过了复试。也从那时我与"顺风车"结下了不解之缘。

在顺风车工作的时光有着太多感人至深的故事。还记得大年二十九，当许多游子踏上了回乡的归程，顺风车联合央广高速公路广播在返乡途经的几条高速公路服务区为车主送温暖活动，我们为返乡的车主及乘客送上食物、药品及热水和礼物，并及时连线高速公路广播的主持人为车主报送实时路况及天气情况，让返乡之路不再漫长。

最令我记忆犹新的是 2015 年 2 月，顺风车联合海航共同发起的"让爱团聚·关爱留守儿童"公益项目，搭乘免费航班顺利抵达北京与家人团聚。12 日抵京的 5 名留守儿童，父母大多在京打工，平时工作繁忙，且受到经济条件限制，很难回家相聚。其中一位孩子的父亲因工伤在京治疗，一家人已经近 9 年未能团聚了。能拥有一个与父母共同的假期，是每一个留守儿童的共同愿望。从机场接机时看到许久未曾见面爸爸妈妈，孩子们不禁激动地奔向父母的怀抱。第一次凌晨 3 点起床带着孩子们和他们的爸爸妈妈一起去天安门看升旗仪式，去国家博物馆看展览，去故宫看北京的名胜古迹，带他们去吃地道的老北京早餐，这一幕幕画面在脑海里浮现的时候，我的心里感到无比的满足。

2013 年春节期间，顺风车活动吸引来自全国各地超过 40 万热心车主和乘客参与，并成功帮助了 9678 人免费回家或返程工作。"惊鸿回家·2014 春节回家顺风车"共吸引68135 名用户报名参加，最终帮助了 25775 人免费回家或返程工作。2012 年到 2016 年春节回家顺风车大型公益活动累计帮助 16 万人免费回家或返程工作。

"让您身边的空座，成为他人回家的希望"，这是顺风车的广告语，也是我非常喜欢的一句话。春节回家顺风车通过招募车主为同路人提供帮助，向社会倡导"节能环保、缓解交通压力、促进公众互信"的顺风车理念，更是构建社会信任、消除冷漠、关注社会弱势群体的暖心工程。在数十亿返乡大军面前，顺风车的力量虽然是微不足道，但正是因为越来越多"星星之火"的涌现，我们的社会才会变得更加温暖。

离开顺风车已经快两年了，但顺风车给予我的能量将一直伴随着我，永不放弃！最后祝愿顺风车越办越好！

我为顺风狂

作者：王振辉（徐州市顺风车公益协会会长　邳州市顺风车公益协会会长）

首先，为王永先生二十年如一日不离不弃坚持顺风车点赞！说他坚持了 20 年顺风车，他不服，他说是享受了 20 年顺风车，其实，大家都明白：是因为享受，才选择坚持。坚持，带来享受，正如顺风车那句：分享·带来温暖。

我与顺风车结缘，缘于两点：一是我的漂泊经历，二是王总那张憨厚、喜庆的光头照片。

2012 年至 2014 年，我在新疆山沟里施工修路，崎岖山路，荒芜人烟，从工地去最近镇上开车需要 3 个多小时，在那里开车，总会有人路边招手，而且招手基本都会停下，但凡能挤下，都会把人捎走，因为谁也不知道下一辆车啥时候经过，在这里，戈壁滩，山窝里，大家都习惯了这样的"招手停车，不用给钱"的搭车方式。令我难忘的是，有个放羊的中年蒙古族汉子，经常能搭上我的车，脏兮兮的，说实话，我不喜欢他们身上的气味，有一天，中途车坏了，还下起了小雨，搁浅在戈壁滩，那就意味着车得扔下，走出去第二天来修，那位兄弟下车熟练的拆开机体检查后，说某零件坏了，然后让我等着，他路边拦下一辆摩托车，跟着去了镇上，没有雨衣，淋着雨，3 个多小时带着零件回来了，把脏兮兮的皮袄铺地上，钻进车底把零件换了……至今那一幕经常会出来感动我，也许，这才是最纯朴的人性！

从此，我也不再讨厌他们身上的味了，我逢人便停，放下玻璃问"去哪里？坐车吧？"慢慢的，他们都和我熟悉了，对我这个异域人友好起来了，经常竖起大拇指！

在那里 3 年，我养成了顺路捎人的习惯，也享受着少数民族朋友搭车后憨厚的"谢谢""再见"！

回到老家，开车在路上，尤其是不好打车的乡间公路，看到路边等车的，还是忍不住打开车窗，友好的问一句"喂，是去某某地吗？上车吧，免费的。"在这里，这种习惯让我没少遭遇人家诧异的目光，华丽的转身，抛来白眼，有时候还会被人送一句：有病！

正当我为此事纠结的时候，无意义看到王永先生倡导的"顺风车一起回家过年"活动，照片上的王总，长相敦厚，略带喜庆，尤其是那发亮的光头，让我眼前一亮，那一刻我似乎找到了方向，也坚定了信心。看了顺风车的详细介绍，才知道，这个人多年前已经把顺路免费拉人做的如此规范化了，而且在王总的带领下，全国很多地方都在做，既然已经有了前车之鉴，说干就干，学习王永先生：一个人的公益，带动一群人的公益，一个社会的公益！

当天晚上，和几个管理员商量一下，就把我"苦心经营"两年多的"购房者联盟"群，改成了"邳州顺风车公益"群，给群员讲解顺风车公益的做法，意义，很多群友积极响应（因为在购房者群里，长期义务讲解买房知识，提供帮助，积累了一定的群众基础，树立了绝对的威信），三天后，也就是2015年12月5日正式举行"邳州顺风车公益协会"成立大会，参会22人，一年时间，如今会员3000多人，爱心车主登记300多人，每天车讯五六十条。同时，顺风车徐州站、新沂市站、睢宁县站都开始了筹建。顺风车除了免费搭乘，开展了关爱留守、大病救助等多项公益项目，被邳州新闻、徐州头条、彭城晚报、兰州晨报等媒体报道，我们被邳州市评为"2016年度优秀公益团队"光荣称号。

顺风车一年的时间，发展之迅速，让人不可思议，任何成功背后，都肯定是无数的汗水和辛酸，辛苦肯定辛苦，但不觉得苦，这就像当初去领大学录取通知书路上摔了一跤，也不觉疼，因为目标在前方。

老婆孩子都说我的主业变成了顺风车，说我为顺风车太疯狂一点都不为过，我认为我今生只做好三件事：家庭、事业、顺风车。但现在真实情况是：顺风车排在首位。疯狂就疯狂在这，矛盾也就在这！曾经的一幕幕尽在眼前：

成立之初，白天组建团队，寻找办公场所，购买办公桌椅、马甲、会旗等，出钱出力，忙的晕头转向自然在所难免，晚上讲解顺风车，培训管理员，鼓励车主发布搭乘信息……抱着手机，经常到半夜。开始的时候车主少，搭乘信息少，搭乘几率小，为了改变这一现状，鼓励车主（与其说是鼓励，不如说是给自己兄弟朋友下达任务）每天都发搭乘信息，有搭车者绕远也去接送，每晚安排大家发搭乘信息成了我的必修课。下雨时间，立马组织兄弟们出去转悠，因为雨天路边等车人平时的"顾虑"就败给了"现实"，还没等说免费，就钻进车里了，这时候再给他们仔细讲解顺风车，他们感动之余，会成为顺风车义务宣传员的。

为了顺风车年会，我从兰州飞回徐州，回到家就去布置会场，第二天年会举行，第三天飞回兰州。只在临走前见了老婆孩子一面。

四省兄弟单位来邳州交流学习，我从青海专程飞回，在家两天时间忙于交流会，第三天孩子周末回家，我去了淮北参加那里的顺风车交流学习。

有一次，顺风车要去接20名留守儿童进城里陪伴一天，我闺女和儿子在家等我，结果陪伴一忙，忘了家里俩孩子了，等活动结束，回到家中，桌上俩孩子一人一碗泡面。

还有一次，因为孩子是寄宿学校，两周回去一次，孩子想让我去接他们，结果去学校之前发了个搭乘信息，有人联系我去学校前边一个镇上，到了学校门口，我说给送到地方吧，结果去了，修路被堵在镇上，当我回到学校，整个学校就剩我家俩娃了。

上初一的女儿作文《我的爸爸》中写道：我的爸爸是我心中最崇拜的人，在工地辛苦赚钱，偶尔回家根本见不到面，忙他的顺风车去了，我理解妈妈的埋怨，也理解爸爸是个好人。

我的老婆是位人民教师，平时唠叨我说顺风车才是我的全部，她们娘仨比不过顺风车，我以为只是说说，当有一次面对记者采访镜头，控制不住自己情绪，几度哽咽，控诉："做好事，我支持，但，要有度，他回家所有时间都用在顺风车上了……"的时候，我才明白，这已经影响到了家庭。

舍小家，为大家，是我经常的借口，没办法，箭在弦上，不能回头，任何社会团体到了一定规模，已经不是自己的了，必须承担起社会责任，我感觉有一种无形的力量在推着我，不能停止。

顺风车，不是我的职业，是我为之奋斗的事业。

顺风车搭乘顺口溜：

> 一人开车也是跑，孤单沉闷还无聊。
>
> 发个信息寻同路，无车也能求顺捎。
>
> 捎人尽量走辅道，打开车窗说您好。
>
> 先说去哪少客套，突出免费很必要。
>
> 即使不能全程跑，捎上一段也很好。
>
> 路边等车是信号，群内预约更可靠。
>
> 顺路捎带不接送，一站两站不算绕。
>
> 奉献爱心传温暖，礼貌用语别忘了。
>
> 征得同意拍拍照，分享快乐分享笑！

顺风飞扬

作者：王燕鹏（晋城市顺风车发起人）

我喜欢文字，上卫生间习惯带上报纸，偶遇"顺风车"就是源于这个习惯。

那天是 2013 年 7 月 23 日，我从《太行日报》关注到山西省阳泉市顺风车无偿搭载的新闻，感觉一股清风吹入心脾。我心想，我们阳城县为何不能组建一个顺风车队？于是我立马回到办公室在贴吧发出倡议书，3 天内 QQ 群加入 100 人。7 月 29 日顺风车管理召开会议，8 月 11 日，在县政府广场 43 辆顺风车全城巡游启动。顺风车信息每天发布，那些搭乘感言，温暖肺腑。到 2013 年年底，我们顺风车主达 200 多人，志愿者达 1000 多人。为白血病小梦玲捐资；给山村小学董封村贫困生送学习用品；为群友组织公益免费婚车两次；组织健身长跑徒步每年两次；每年举行免费公益送考；年终看望本群困难家庭形成惯例；联手文化局、旅游局、团县委妇联会、总工会举办各类公益活动常态化。每年我们都会参加 6 月 6 日"顺风车日"座谈会，与兄弟城市与山西省的顺风车组织学习交流，帮助晋城市其他地区、高平市、沁水县组建成顺风团队……

3 年来，我作为阳城县顺风车的发起人，感动满满，酸楚累累。骂我的人不少，怨我的人更多，离开我的人上百，而加我的人逾千，总之一句话，顺风车改变了我，也改变我的生活方式。现在，每天早上跑步后就是关注顺风车群，发布顺风信息，转发顺风理念，交流顺风知识，引导大家加入顺风车已成为我的主要业务。真的，3 年来，我一直以自己是顺风人而自豪！

记得那是顺风车组建 1 个月后，车主 113 号和我说他为了加入顺风车找得我们好苦。他在国税系统维护税务软件工作，从报纸上看到阳城也有了志愿顺风车，把他那颗年轻而富有激情的心弦拨动了。但因报纸没有留联系方式，他苦于无法加入。一天快下班时，抬头猛见一辆面包车后镜上有一个顺风车标志，他立马狂追了 800 米才要到联系方式。他和我说："哥啊，加你个顺风车，还得用马拉松的力量才行。"当然，说好就有说坏的，有的人在贴吧上说："一群神经病！"还有人说："作秀了吧！"当时，我也满腔怒火，也想回一句："你也来秀一下吧？"而现在，我淡然如水，因为，经历了那么多，能坚持到现在，我感觉这些都不重要，重要的是现在通过顺风车平台做事的人，传递正能量的人越来越多。我知道，顺风车发展空间会越来越窄，滴滴网车、私人拼车市场空间巨大，而且随着国家搭车政策的开放加之各类商业推手的注入，我们这种免费的顺风车肯定会走向末路，但我相信，顺风车平台会衍生出诸多公益模式。不说外省的，就说我所处的山西省，临汾市顺风车融入义工组织文明出行等，交城县顺风车引入政府采购社会服务，运城市顺风车联合商家、环卫处共创爱心屋，晋城市顺风车引入文艺下乡，阳城县顺风车成立长跑协会举办公益健身活动，大家说，顺风车现在不是顺风顺水吗？顺风车，不一定是车，顺风车是一种理念！

我们应该感谢王永，是他，让我们有了自己的信仰，有了自己的人生目标，有了同心同爱的全国顺风车公益大家庭……

缘起顺风车

作者：陆　洪（南通市顺风车负责人）

　　说起顺风车，我不由得想起很多我们都经常会遇到的事情，比如从农村进城到医院看病或探望病人的老人问路，他们已经到离不远，却找不到医院在哪里；路上私家车越来越多，学校周边严重拥堵；赶上春节等特殊时间段或雨雪天气，打车出行比较难……假如，那么多的私家车每天往返于城乡，能给别人搭个顺风车的话，大家就方便多了。有车的我开始思考能不能通过"免费顺风车"这样的方式，来实现"环保出行、缓解拥堵和增进友爱互助"的愿景。

　　当年，我在本地发起顺风车公益活动后，市民对此还很陌生，开展的并不顺利。尤其是安全风险等问题是公益顺风车发展绕不开的"关卡"。于是，自己上网去"百度"，通过反复搜索，偶遇了由王永等人联合发起的"顺风车"官网。打开网站，王永的"顺风车"故事、顺风车车主和乘友的全国对接平台和顺风车免费保险的实际存在，让我颇感惊喜。于是，我主动联系了顺风车总部，经过近两个月的努力，收到了王永等5位发起人联合署名的聘书，这为顺风车公益活动在南通发展局面的打开提供了契机……

　　如今，南通已有准驾车型满3年的公益顺风车主近800人，固定乘友近2000人，他们都有自己的顺风车组织编号，在南通全市设置"顺风车分站点"26个，4年多来，成功搭载数万人次。大家每月还定期走进全市各敬老院服务千余名孤寡老人，常态帮扶50名孤困学生……

　　顺风车南通站志愿者们深入各镇巡游，向百姓宣传公益顺风车，让顺风车公益在当地得到快速发展，期间收获的惊喜与感动更是不胜枚举，比比皆是。2013年夏天，034号车主张兵、057号车主成白军和001号乘友邱世伟等顺风车志愿者，每天晚上下班后，到市民广场上去"摆摊"，向晚上到广场上来纳凉的市民宣传"免费顺风车"。邱世伟在顺风车宣传活动时，偶遇"红娘"，并成功与现在的老公幸福牵手，2014年正月初五，顺风车志愿者自发组成接亲车队，接邱世伟回门。050号顺风车主史长征专程往返600多公里，驱车送素不相识的紧急求助者回老家涟水探望弥留之际的爷爷。071号车主陈长建、205号车主王爱权等志愿者专门驱车去苏州为素不相识的白血病患者捐献血小板。020号车主董建友、022 号车主刘冬建、084 号车主庄元春、097 号车主张小红、278 号车主冒必红等数百位顺风车主经常像"猎人"似的在路上，寻找需要搭乘的陌生路人……

经过大家的共同努力，南通顺风车公益行动得了如皋市电台、南通市电台等众多爱心媒体和政府部门及企事业单位"争抢"合作，主动成为顺风车的公益合作伙伴……

顺风车作为一个公益项目，想在当今各路同类型商业竞争者的"围堵中"继续发展下去，不是一件易事。因为很多事情，不是志愿者的一腔热血就可以去解决的，特别需要我们的政府、管理部门、媒体和广大社会公众的共同支持和推动。对于这点，我是深有体会。我认为，顺风车发展中遇到最大的障碍和问题不外乎围绕的都是"人"：市场前景广阔，百姓的需求还远远没有得到满足；公益组织快速发展，但无法有专业的人来专门管理庞大的团队，这点让我深感力不从心；车主和乘友的搭载、搭乘信息的不对称与对接的平台的开发与实际利用等问题，也是限制公益顺风车发展的瓶颈……

公益顺风车从王永开始，我们每一名来自全国各地的顺风车志愿者相识共事，不图钱也不图名，相反自己还搭上了许多精力、金钱和时间，其实就是想把顺风车在当地搞好，能帮助更多的人，为道路多一些畅通，空气少一些污染。所以真心希望大家能多多支持和参与公益顺风车，记住我们的"顺风车"车标和绿丝带，希望我们有缘相遇在路上……

特别纪念：顺风车战友高锁来
和他的公益人生

作者：刘坤明（顺风车总干事）

他，开顺风车 10 年，免费搭乘 1000 人；无偿献血 20 年，共计 3 万毫升；5 年敬老服务志愿者，5 年光盘行动倡导者。他，先后荣获"全国无偿献血奉献奖金奖"、"顺风车最美车主"、"运城市首届德孝文化先进个人"、"运城好人"、"红十字志愿者之星"、"造血干细胞五星级志愿者"等荣誉称号，获得的县、市、省及国家级的证书数近百个。

他，就是公益顺风车运城站发起人、运城好人高锁来。

高锁来参与公益获得的证书（部分）

然而，天妒好心人！2017 年 11 月 19 日，高锁来突发疾病与世长辞。噩耗传来，顺风车家人们无比悲痛。18 日还在群里发早安祝福的他，毫无征兆地离开了大家…大家都接受不了这个事实。

噩耗传来的第一时间，顺风车发起人王永召集顺风车总干事张晓男、副总干事刘坤明沟通后，在群里发起向高锁来家属捐赠慰问金的号召，很快得到了数百名顺风车城市代表的响应。

11 月 23 日是高锁来出殡的日子，来自北京、江西、太原、晋城、吕梁、临汾等地的顺风车站长，强忍内心悲恸与不舍，前往运城闻喜，送别曾在公益战线默默奉献长达 20 年之久的"好战友"。

公益顺风车总干事张晓男说，受顺风车发起人王永先生之托，这次特意从北京赶来送高锁来最后一程，同时还带着 100 多位顺风车地方会长共同为高锁来家属捐赠的慰问金 2.85 万元以及 14 个花圈。高锁来是运城市公益顺风车协会负责人之一，他是我们顺风车家人的好兄弟好战友，他虽然走了，但我们顺风车家人们会照顾好他的家人，请老高放心。

高锁来的一生是光辉的，是值得我们学习的，他把公益当做一种事业在做，朴实无华却熠熠生辉。往事依稀，泪眼朦胧，老高就这么走了，千言万语道不尽我们对他的思念。而他乐于奉献、热衷公益的精神将永远被人们传颂。

高师傅一路走好！我们不会忘记您！

擦掉眼泪，让我们重新认识一下高锁来。

高锁来，男，1973 年 8 月 11 日出生，山西省闻喜县裴社乡十八坪村人，2017 年 1 月获运城市第四届道德模范提名奖。

早在 2007 年，在闻喜县工作的高锁来因给客户办业务，经常往运城跑。一个偶然的机会，他顺便捎了个人。那人下车后，一句"谢谢"让他的内心深有感触。从那以后，他就在自己的能力范围内开起了"顺风车"。到运城，回闻喜，他给自己的车贴上了顺风车的标志，上下班的路上，顺路捎上几个同行人，就成为他经常做的事情。每天早上他上班时，小区门口总有一两个人在等他的顺风车。他的手机号也被很多经常往返于运城和闻喜的人熟记。问高锁来这样做图啥？他的回答质朴又单纯："我啥都不图。只是想做一些有意义的事，让自己的人生更有价值。"闻喜人亲切地称他的车是"爱心车"。高锁来用他的顺风车传递着正能量，几年来，搭乘过他顺风车的不下千人。闻喜县有20余辆私家车主在高锁来的影响和带动下也先后加入到顺风车爱心车队中来。

高锁来公益活动合影

他还是一名交通志愿者。每逢周末，上下班高峰期，高锁来都会在县城繁华地段的十字路口，疏导交通，对不遵守交通规则的行为进行劝阻。他总说，他只是尽己所能，让更多的人能够自觉遵守交通法规，尽可能减少交通事故发生，让我们整个社会更加和谐。

2013年，高锁来在闻喜县成立了一支"敬老志愿服务小分队"。他的心愿是：让人人都敬老爱幼，人人都遵守交通规则，人人伸出爱的双手，让雷锋精神成为我们这个时代的主旋律！

1998年，国家实行无偿献血政策后，他在运城南风广场献血屋第一次献了血，2007年当他了解到捐献成分血小板对他人的好处后，他又每年捐献血小板。到现在共献血32次，约3万毫升，并成为一名无偿献血志愿者。高锁来在节假日期间，不是选择与家人团聚、逛街购物、短途旅游等方式来度过，而是大老远一个人赶到运城，晚上寄居在运城市中心血站的办公室里，白天则在南风广场的献血屋履行他的志愿服务"职责"。在不大的献血屋里，除了4名工作人员，高锁来是最忙碌的一名"编外"工作人员。只见他身穿一件写有"中国红十字会无偿献血志愿队"的橘红色马夹来回走动着，不是为前来献血的人倒水，就是指导人们如何填写登记表。每一个市民献完血后，他总会走过去将其搀扶起来，关切地询问："有没有不适的感觉？""需要休息会儿吗？"……同时，他还多次组织运城献血车来闻喜采血。

热衷于公益事业的高锁来不断感染和带动身边的朋友加入到志愿者队伍当中来。爱人张萍以前是三五三一的一名职工，由于常年患高血压，2010年下岗后一直在家，家里所有的经济收入只有高锁来一个人每月2000元的工资。经济拮据高锁来在工作之余却把大半的精力用在了做公益事业上。2012年10月份的一天他发现自己身体有些浮肿，后来确诊是慢性肾炎。由于身体原因，他的家人不愿意再支持他做志愿者，但他还是一直坚持做下去。他妻子在他的感化之下，也跟着做一些事情，献一点爱心，传递着正能量，带动更多的人加入进来。

高锁来公益活动

在敬老院和儿童福利院，他给老人和孤儿送温暖；在车流人流中，他是文明交通的协管员；在义务献血车里，他无偿献血，奉献爱心；在上下班的路上，他的顺风车为同路人提供了方便。高锁来尽己所能，热心公益，用自己的实际行动感染和带动着身边的每个人。他说，一个人的力量是有限的，但是爱心人士汇集在一起，就可以为构建和谐社会做出更多的贡献。

老高走好，顺风车战友们会继续在你热爱的公益一线战斗！

第七章
"分享·带来温暖"
顺风车微博日记

2012 关键词：新思路

第一条微博：2012 年 1 月 12 日

@ 王永

谢谢大家支持我和 @赵普 @邓飞 @郎永淳 @陈伟鸿 发起的 #春节回家顺风车# 行动，帮助回家困难的朋友！敬请更多开车回家的朋友参与，登录活动页面 #网页链接 发布你的春节往返路线、时间、车型车况、空余座数，下载搭乘协议，帮助有需要的人。法律顾问：@岳成律师 事务所 免费保险：阳光保险集团

1 月 31 日，返程路，暖心路！#春节回家书风车# 返程活动期待您的加入！

@ 王永

#春节回家顺风车# 返程活动火热进行中！如果你返城的车上有空位，或者想搭顺风车回城，请加入 @春节回家顺风车 ，发布路线、车型、时间、空座数或搭乘要求，@承德宋娜 将协助配对！信息汇总 #网页链接 2 月 14 日下午将召开总结会并发布常态活动计划，媒体接待 @真正的马晓晨

"春节回家顺风车"总结会暨顺风车常态活动研讨会将于2月14日在湖北大厦举办，邓飞、郎永淳、赵普、陈伟鸿、王永5位发起人均亲临现场。研讨会将发表"春节回家顺风车"总结报告，并发布最终数据，同时公布顺风车活动常态工作计划。

2月15日新华网图片频道报道——《"春节回家顺风车"总结会在京举行》图为@王永@陈伟鸿@王珞丹 参加"浪漫情人节，微笑顺风车"对话环节。

3月4日下午"雷锋日——顺风车在行动"发布会圆满举行！@王永 介绍了顺风车常态化的阶段性进展，并为首批爱心车主发放了顺风车二维码车贴和绿丝带。

4月7日下午2:30，"欧宝地板千店齐发，支持顺风车公益活动"启动仪式在恋日大厦会议室举行。会上，全国政协委员、人口资源环境委员会副主任王玉庆，顺风车发起人之一、品牌中国产业联盟秘书长@王永，欧宝集团总经理赵全起等嘉宾共同为活动启动LED球。

5月22日，顺风车公益广告登上北京首都机场喽！大家可以在首都机场 T3 航站楼看到我们的广告哦！感谢 @ 路华 BCAA 对顺风车的大力支持 @ 王永 @ 陈伟鸿 @ 郎永淳 @ 赵普 @ 邓飞 @ 免费午餐 顺风车，一起来，有你更精彩！

5月30日 # 首届顺风车日 # 亲们，再给大家分享一些今天在八一中学"顺风车"大型 LOGO 拍摄现场的图片！感受下现场的氛围！@ 王永 @ 邓飞 @ 赵普 @ 郎永淳 @ 陈伟鸿 @ 新浪湖南 。

6月1日，# 世界环境日环保走单骑 # 成都电子科技大学站很成功！也谢谢 @10000 个环保态度官网 对 @ 顺风车 活动的支持！希望通过大家的互相支持和努力，让环保节能的理念影响更多的人，让我们的家园多一点绿。

　　6月6日首届"顺风车日"在中华世纪坛举行，现场齐聚政府领导、各界媒体和广大社会爱心人士。顺风车从一个人的公益到一群人的公益再到一个社会的公益，"顺风车日"活动取得圆满成功。非常感谢大家对顺风车的支持与帮助！@王永 @郎永淳 @邓飞 @陈伟鸿 @赵普

6月15日，今天上午送走了#开顺风车赢三亚游#活动的两位北京幸运车主@张小兔的兔 –GuoAn@大铭律师赖景亮 另外一位长沙的车主@52–杜昨天已经到了三亚！期待你们多多分享三亚的美景～感谢@海航旅业 对此次活动的赞助支持！

7月8日#顺风车巡游#北京、上海、杭州、成都、东莞五城巡游活动顺利结束，感谢@ACEREPUBLIC官方微博 的支持！活动也在当地引起巨大的反响【下一站，你准备好了吗】不限车型、不限品牌，只要你有一颗爱心，我们就会与你和当地的车主一起发起顺风车巡游活动，报名加入：网页链接 咨询@顺风车刘坤明

7月20日，顺风车已经开赴上海，参加为期三天的上海星尚热波音乐节，将向前来参加音乐节的车主和乘客匹配互搭顺风车回家，欢迎大家围观顺风车展位，也期待志愿者的加入！

#传递正能量，搭车回北京# 7月23日，顺风车来到上海外滩，宣传顺风车，传递正能量！一会儿就被游客围了起来并争相拍照，结果很快被保安强制疏散开来。没办法，顺风车太火了！

8月2日，请大家关注今晚和明晚22：10在BTV青年频道播出的《北京客》之"爱心顺风车"上下集节目。上集将讲述北京7·21大暴雨当晚顺风车车主@世博广告罗斌和@赵磊V5搭人的感人故事，以及中外文化对顺风车的不同理解；下集治安专家@王大伟就顺风车的常态化进行了安全层次的解读@王永@陈伟鸿@顺风车天津

8月11日，BTV《北京客》之《爱心顺风车你敢搭吗（下）》顺风车发展最大的障碍问题是信任，车主想帮忙搭着急打车的乘客，乘客想搭车可是最后往往出于安全的考虑谢绝。一张二维码车贴化解双方不信任感！此时你应该在嘀咕：小小的二维码为何有如此的功效呢？

9月16日下午电影《顺风车》新闻发布会在 @梅赛德斯－奔驰北京中心 顺利召开并开机拍摄。出席的嘉宾有《华夏时报》总编辑 @水皮 ，依文集团董事长 @夏华 他们将作为此影片的客串演员，同时 @王永 将作为男主角出演，影视新秀邬瑷忆、李璐茜、王晓龙担当重要角色，还有更多神秘嘉宾将作为客串演员参演。

#电影顺风车# 10月13日晚 103个爱心车主参与电影《顺风车》的拍摄，百辆车打开双闪汇成一条星光大道，用爱去铸造"双闪顺风车婚礼"！回想起大家牵手狂欢，焰火绽放的时刻还是令人激动万分。下次让我们一起相约 @电影顺风车 首映现场，共同见证这一感人时刻 @王永 @李云威 @望京网 @申晨 @红哥不是传说 @辛巴 aiq

【终于遇到雷锋了】11月3日 @都市报道 报道了河南漯河爱心车主 @刘贺威 开顺风车遇到大家的不解，但他始终未曾放弃，同时也慢慢得到了路人的肯定和赞赏。每一个顺风车车主都曾遭遇到别人的怀疑与不解，相信我们的坚持以及制度的完善，顺风车会受到越来越多人支持和欢迎 @王永 @陈伟鸿 @郎永淳 @邓飞 @河南卫视

12月27日，#冬日暖阳#顺风车首部微电影"冬日暖阳"今日开拍了。这位戴墨镜的帅哥是？他将与顺风车会有什么关系呢？让我们大家拭目以待吧 @王永 @陈伟鸿 @郎永淳 @邓飞 @赵普 @吉利控股集团 @吉利帝豪汽车官方微博 @顺风车系列微电影 @ACEREPUBLIC官方微博 @顺风车北京

12月30日"冬日暖阳"湖南青联委员体验顺风车公益活动昨天下午在 @北京金霖酒店 启动举行，由青联委员组成的七辆"顺风车"上路为路人提供免费顺风车，活动以比赛的形式鼓励大家勇敢与陌生路人交流，传递顺风车公益理念，最终成功搭上了二十余名路人。

2013 关键词：新挑战

　　1月30日上午，"温暖2013——春节回家顺风车大型公益行动"在北京正式启动。今年的"春节回家顺风车"，将利用手机短信、APP客户端、网站、微博等四大互动平台，搭建了一个民间春运信息互动交流平台，并首次实现系统间信息共享，有望帮助更多买不到票的人回家团圆。

　　2月1日，【也许最需要帮助的人，就在你我身边】《冬日暖阳》用一个过年回家搭乘顺风车的故事，呼吁所有的人放下外表与地位的世俗观念，将帮助给予真正有需要的人们。但是小车的座位数毕竟有限，是搭乘美女还是帅哥？且看80后小夫妻如何踏上过年回家的顺风车旅程。

　　"2013 春节回家顺风车总结大会暨顺风车常态化推进会" 3 月 4 日下午在京温情召开。会上 @ 王永汇报活动取得的成绩，并介绍了顺风车常态化运行计划，共青团北京市委副书记、市青联主席刘震，首席合作品牌吉利汽车。@ 杨学良 及顺风车车主乘客、爱心媒体出席了该活动 @ 邓飞 @ 赵普 @ 郎永淳 @ 陈伟鸿

　　由 @ 顺风车公益基金管委会 @ 顺风车北京组织顺风车志愿者交流工作会议 3 月 16 日下午在顺风车公益基金管委会举行，来自北京、天津和河北的 22 名志愿者参加会议，大家对顺风车常态化志愿者配合协作方式提出了很多宝贵性的建议，活动时间也被大家的热情拖了一个半小时，感谢大家，你们最棒！ @ 王永 @ 邓飞 @ 赵普

3月19日下午顺风车常态化新闻发布在中华世纪坛举行，发布会上 @王永 @赵普 @郎永淳 @邓飞向社会各界发出顺风车三项倡议：希望社会理解、尊重顺风车；希望公众支持、参与顺风车；希望政府鼓励、倡导顺风车。（允许满载的顺风车免限号、免费高速、优先使用公交车道）你认同吗？

3月22日，本期《锐观察》——"顺风车，走你" 伸出手臂、竖起大拇指，示意要搭顺风车。今后，这种以往只在美国电影中出现的镜头，将会不时出现在北京街头。面对这样的求助，你是否愿意停车搭乘他？绿丝带，飘起，顺风车 ，走你！ @BTV 锐观察 @王永 @BTV 赵蕾

（3月22日）今天早上顺风车公益基金管理委员会迎来了一位特殊的志愿者——北京市志愿者联合会资深志愿者@常志复，71岁的常奶奶向我们讲述了她的志愿服务历程，当问及她打算再做做多久志愿服务时，她的回复深深的打动着我们："希望志愿服务与我的生命同在"，常奶奶乐观奉献的精神是我们每个年轻人学习的榜样。

#祈福雅安# （4月20日）今天小顺子接到了很多爱心车主私信请求编队去雅安参与地震救援。目前顺风车已经联系到了一批四川顺风车爱心车主，他们将根据政府需要提供车辆运输服务。目前成雅高速已交通管制，建议外地的车主请勿自行前往灾区，让道路保持顺畅，把生命通道留给最需要的人！@王永 @赵普 @邓飞 @陈伟鸿 @郎永淳

#上海车展#4月29日是上海车展的最后一天，希望我们能够牢记本次车展"创新·美好生活"的主题。也希望车主朋友们平日能够减少不必要的开车出行，如果真的需要开车出行请载满同路的朋友吧！感谢@汽车点评网 提供的免费展位场地@北京掌上通 提供短信技术支持O网页链接@王永@邓飞@肖庆平的观察

#顺风车分站#【顺风车首个地方分站明日成立】顺风车天津站于5月17日上午10点在天津水郡花园保陆和汽车美容会所举行成立仪式，感谢天津众多爱心人士长期以来对顺风车的帮助和支持，感谢保陆和对@天津顺风车 提供活动场地的支持，让津城漂满绿丝带。

　　#6月6日顺风车日#第二届顺风车日今天在中华世纪坛举行，@王永现场宣传6月17日将在八达岭高速回龙观至清河对满载的顺风车免收高速费的试点方案。同时顺风车也将要开进@联想 和东方时尚驾校啦！今天是顺风车的节日，也是大家的节日！

　　6月22日上午9时许志愿者在龙泽地铁前集合，接受@王永 现场培训随后分组前往@回龙观 各个小区，向居民介绍顺风车高速试点活动。位于回龙观的天铎奥途洗车行也加入了顺风车并表示：对于贴有顺风车车贴的车辆凭洗车券将享受免费洗车一次，而洗车券将会在试点现场向加入试点的车主发放。

7月5日#三人一辆车,代付高速费#上周五在距顺风车高速费试点不远的京昌回龙观北站做了一个新的尝试:在途经该站的20辆公交车投放了顺风车广告,站牌有志愿者引导顺风车车辆停车并招呼乘客免费搭乘进城,从刚开始乘客的质疑不信任到今天的主动询问并抢座,不仅仅是环保,更是信任! @青年说 @郎永淳 @王永 @赵普

7月27日下午,著名主持人石军、北京交通广播主持人盛博、顺风车公益合作伙伴负责人及顺风车发起人王永和志愿者一起走进北京华联回龙观购物中心广场向回龙观的居民宣传顺风车"三人一辆车,代付高速费"高速试点活动,更有阿芙精油赠送,受到回龙观居民的热烈欢迎和积极参加,场面火爆! @王永

　　8月26日 #三人一辆车,代付高速费# 转眼顺风车高速试点活动已走过了两个月时间,在此期间 @回龙观 47 个社区居委会所覆盖的 89 个社区及 11 个社区青年汇都参与了进来,想参加顺风车活动的朋友们赶快到自己的小区居委会报名吧! @青年说 @回龙观社区网 @王永 @赵普 @邓飞

　　9月18日,#三人一辆车,代付高速费# 历时三个月的顺风车高速试点伴随着秋雨落下了帷幕,每位车主都收到了试点纪念版胸章,不仅仅是对他们的肯定,更是希望他们能把顺风车开下去! 最为感动的是有位车主也向志愿者送来了一份礼物,而试点现场公交协管员也表示将接过志愿者引导顺风车搭人的任务。@王永 @赵普

今天在 9·22 "世界无车日"这个特殊的日子里，上午 10:00 召开了顺风车高速试点总结会。三个月的辛劳似乎在今天彻底画上了句号！面对现场 30 几家到访媒体，顺风车发起人王永先生侃侃而谈，顺风车走过的历程，顺风车前行的未来，顺风车真挚不竭的呼吁。顺风车——分享带来温暖！

#第二届慈展会#（9 月 22 日）今天的深圳"天兔"咆哮而来，也没有阻止大家参加慈展会的热情。"顺风车体验区"也成为了孩子们的小乐园，同行的爸爸妈妈也向自己的小孩讲解顺风车的含义，并教导他长大要开顺风车。@邓飞老师来到顺风车展台看望顺风车志愿者并合影 @中国公益慈善项目交流展示会 @王永

9月27日#三人一辆车，代付高速费#BTV-新闻频道《锐观察》正在播放顺风车"三人一辆车，代付高速费"首期公益试点活动：三个月试点的情况如何？有哪些问题？接下来有何计划？顺风车如何成为缓解拥堵的有益补充？又该如何规范？赶快来看直播#网页链接@王永@赵普

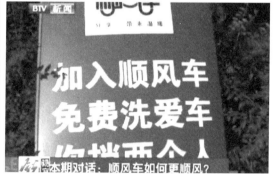

9月28日，海航推出"圆梦中国"系列活动，顺风车两名志愿者同其他16名社会基层先进个人特邀乘坐787梦想飞机前往海南，在温暖的椰城体验了一次美好的圆梦之旅。此次活动不仅是一次企业与公益组织合作的良好尝试，更是一次"分享温暖，传递正能量"的美好之旅。@王永@赵普@海南航空

@贵阳日报官方微博："青青绿丝带顺风车"贵阳开行 10月6日贵阳开启"青青绿丝带顺风车"系列公益活动。启动仪式上，"顺风车"发起人王永呼吁全社会都积极参与到活动中，据王永估算，"顺风车"活动每天可减少10%~25%的车辆上路，将有效缓解城市交通压力，节能环保。

10 月 23 日下午在顺风车公益基金召开了"北京顺风车公益基金会申请设立筹备会"，会上大家对基金会章程、理事监事等人选做了认真的讨论，同时对顺风车今后的发展做了详细的规划。不管是"基金"还是"基金会"，我们都将以饱满的热情投入到顺风车的事业之中！加油顺风车！@ 赵普 @ 邓飞 @ 郎永淳 @ 吴昌华 TCG@ 岳岫山

10 月 27 日【顺风车走进世纪城正式启动】今天下午，"公益顺风车，走进世纪城"公益活动启动仪式在北京金源时代购物中心广场正式拉开序幕，此次活动由顺风车与世纪金源集团联合主办，市文明办、团市委、社工委支持，这也标志着顺风车将首次走进社区居民中，并带给小区居民绿色环保的全新出行方式。@ 王永 @ 郎永淳

　　11月2日，经过顺风车两天的辛苦奋战，北京世纪城社区12个园区的顺风车站牌已全部安装到位。12个园区分别是：观山园、晴雪园、春荫园、翠叠园、清波园、时雨园、垂虹园、一区、三区、四区、五区、六区。12个顺风车站牌都设立在各个园区门口的显要位置，即日起世纪城社区居民就可在此等候和搭乘。

　　#世纪城顺风车# 11月9日下午顺风车志愿者来到了世纪城一区宣传顺风车走进世纪城活动，小区业主了解活动后表示这样互助有爱、绿色环保的公益活动应该大力倡导，大叔大妈还把单页带到家，让开车上班的子女也加入其中。下午刮起了风，小区物业也给志愿者送来了热水，明天顺风车将走进世纪城三区。@郎永淳 @王永

　　11月16日，#世纪城顺风车# 今天上午顺风车来到世纪城文化广场京西市集，下午走进世纪城四区，志愿者顶着五级北风向小区居民宣传"世纪城顺风车"活动。加入顺风车，限行日搭上同路小区业主的顺风车……经过搭车的相识，最终希望同路的业主每周共搭一辆车出行。你是否心动想加入绿色环保的顺风车呢？ @王永 @吴昌华TCG

2013年联合国华沙气候变化大会"中国角"系列活动当地时间11月14日拉开帷幕。作为本次"中国角"重点活动之一 "应对气候变化-非政府组织在行动"主题展览受到广泛关注,顺风车发起人@王永受邀参加并演讲。

11月28日晚,顺风车组织发起《中国可持续发展NGO沙龙》秉承"务实、坦诚、高效、互动"精神,15家分别来自政府、企业、NGO不同组织代表结合参加华沙气候大会的亲身体验,集思广益,为中国本土NGO如何"发音"来吸引世界的注意力,"中国角"如何发挥自己更大的作用等话题进行了探讨。@王永 @毕欣欣CCAN

12 月 18 日，2013 品牌中国年度人物电视颁奖盛典上，鸿基金理事长 @陈伟鸿拿出自传《惊鸿一瞥》两本进行慈善竞拍，并将最终所得善款 78 万元全部捐给由 @鸿基金和顺风车共同发起的"惊鸿回家"公益项目。在春运大军面前，我们的力量微不足道，但只要有爱和希望，就没有回不了家的路！

12 月 24 日晚，羽泉"人生就是一场运动会"在北京工人体育馆开唱，顺风车作为此次演唱会的合作公益组织，号召演唱会结束后同路的歌迷同乘一辆顺风车回家，为大家解决深夜演唱会结束后打车难的让人头痛的问题。

2014 年关键词：新力量

1 月 16 日，#2014 春节回家顺风车 # 今天是 2014 年春运拉开序幕的第一天，由顺风车和 @鸿基金 联合发起的"惊鸿回家·2014 春节回家顺风车"大型公益活动在京启动。今天起 2014 春节回家顺风车开始接受报名！大家可通过短信微信微博网站 APP 五种方式参与报名，这个春节我们一起回家！@赵普 @陈伟鸿 @王永 @郎永淳 @邓飞

1 月 23 日上午，由宝安团区委、湖南省驻深团工委联合主办的"2014 春节回家顺风车·深圳站暨我在·爱在宝安义工伴您回家公益活动"在宝安区新安街道兴东社区启动，以此来帮助更多的义工、青工平安返乡。

顺风车爱心车主系绿丝带义工

杨超军手拿春运乘车证

#惊鸿回家·2014 春节回家顺风车 # 1 月 28 日上午，顺风车发起人 @郎永淳 @王永 @岳岫山 @李冰 开上顺风车搭乘上来自贵州的留守儿童和在京春节不能回家的父母游览

了天安门和国家大剧院,孩子们都是头一次来北京,看到天安门都甭提有多高兴了,个个小脸蛋都笑开了花,下午鸟巢走起!

3月4日,在"邻里守望——2014年北京学雷锋志愿服务推动日"展会上,很多小伙伴都对顺风车非常了解,"三人一辆车,代付高速费""顺风车走进世纪城""春节回家顺风车"……看到大家为顺风车、为北京写下一句句的期许,顺风车家人们瞬间干劲十足!

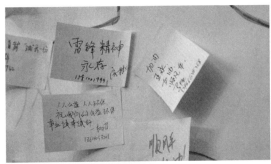

3月16日,中国地质大学材料化学专业的同学们来到了顺风车:车贴、绿丝带、感谢信……还有送给获得"惊鸿回家·2014春节回家顺风车"高速费补贴车主的特别礼物:顺风车发起人@陈伟鸿亲笔签名的《惊鸿一瞥》一本,4个小时的努力成果不久之后将一一送到全国各地的车主手中。

　　3月21日上午10时，顺风车发起人@郎永淳代表顺风车公益基金参加2014百强巡展系列活动启动仪式，并与@中国汽车报 签署了百强巡展活动组委会和顺风车公益活动的合作协议，顺风车公益基金将通过百强巡展活动平台开展顺风车在全国92个城市的线下公益宣传活动。

　　4月11日，@北京联合大学 和@北京师范大学的童鞋们来到顺风车参加志愿活动，准备即将寄给顺风车车主的宣传单页、车贴和绿丝带。三个小时的志愿活动在一片"欢声笑语、文明和谐"的氛围中"飞快"度过。顺风车代表即将收到资料的车主们再次对你们致以诚挚的感谢！

4月24日，#2014北京国际车展#正在如火如荼地开展。@CCTV-发现之旅和顺风车也来凑热闹。在E3-W04展位小伙伴们现场拍美照，发微博，就有机会获得@中国南方航空提供的航模和顺风车提供的车载应急包，还可现场配对，一块顺风回家哦！

4月28日，（本周末）顺子来到玉渊潭公园参加"绿色出行·畅行北京·3510在行动"。虽然樱花已落，但"春江好景依然在"，呼吸着新鲜空气，欣赏着碧水蓝天，顺子觉得今天来参加这个志愿活动的真正意义就在于：感受着大自然的美好并思考着如何为保持这份美好而付出行动和努力！

五一期间，@顺风车淮北地方站的40位志愿者 组织了一场主题为"公益顺风车走进相城"的公益宣传活动。"零距离"面对面向大家介绍宣传顺风车，并且当天还有20位爱心车主组成了顺风车车队上街巡游，号召公众积极加入顺风车，为淮北的交通减压，节能环保贡献自己的一份力量。

5月2日，如皋的爱心车主、乘友以及家属好友共130多人参加了@顺风车如皋举行的周年庆活动，并且当天还组成了巡游车队前往当地车展进行了顺风车公益宣传。从一开始只有十几位司机到现在发展成为一个拥有200多人的爱心大队伍，顺风车如皋一路走过，风雨兼程，温暖相随。

西宁三面环山，城市发展空间有限，随着西宁经济的发展，人口和机动车数量迅猛增加，而顺风车是一剂缓解道路拥堵的好药方。5月11日，西宁团市委书记、市交通局副局长一行来到顺风车公益基金管委会，就顺风车在西宁如何开展和推动与@王永 进行了深入的交流和探讨！西宁的车主朋友们，你准备好了吗？

　　5月17日,澳中友协昆士兰分会会长罗斯威瑟一行来到顺风车公益基金考察了解顺风车绿色交通方面所开展的活动,当罗斯威瑟听到顺风车开展的#春节回家顺风车# #三人一辆车,代付高速费#的活动时不由得伸出了大拇指,并说明年待澳大利亚环保考察团来北京时再与顺风车进行更深入的交流。

　　#6月6日第三届顺风车日# 今天第三届顺风车日在京启动,顺风车发起人@王永和来自全国28个城市的42位顺风车地方站负责人齐聚首都,驾驶着15辆@北汽新能源 电动汽车组成"绿色车队"在京展开巡游,向公众宣传顺风车绿色、低碳、环保的公益理念。各种高大上,各种星星眼有木有?

#6月6日第三届顺风车日# 今天上午来自全国 28 个城市的 45 位顺风车地方站的负责人齐聚 @鸿基金 进行参观学习和交流！大家在了解鸿基金在全国所做的公益活动后，纷纷竖起了大拇指！并承诺自己也加入鸿基金成为志愿者，帮助鸿基金在自己的城市进行公益活动的宣传。

7月9日，#2014 泥浆足球世界杯中国赛 #C 组比赛 顺风车队 VS 橙色军团（千禧园足球餐厅队）大战正式打响。满身的泥浆，满脸的笑容，虽然最后顺风车队以 0 比 5 告负，但那些年一起在泥浆里踢过球的感觉还是很爽的。

8月21日#姑娘一路走好，愿天堂没有黑车# 8月9日下午，20岁女大学生中高渝错搭一辆私家车后与家人失去联系。19日铜梁区公安局证实失踪女孩已确认遇害，犯罪嫌疑人是车主蒲某……在愤怒的同时，更为惋惜这位花季少女，她的青春还未绽放就此结束。姑娘一路走好，愿天堂没有黑车……

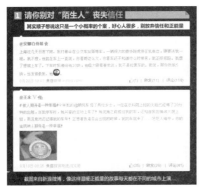

8月25日#嫂子，我们接你回家#贵阳的一位车主上下班免费搭载行人，由于事先没和老婆商量这事儿把媳妇气回了娘家……周围的顺风车车主知晓后组织车队去帮他接媳妇回家。在了解顺风车公益活动后，她被大家伙的热心肠而感动，最终加入并成为了一名顺风车志愿者。

12月4日,顺风车走进八一中学,一千多名志愿者组成了顺风车 logo 录制的视频终于新鲜出炉了!几张照片先睹为快吧!视频搜索:顺风车 八一中学视频。

2015 年关键词：新面孔

　　1月29日，#大拇指带我回家#我们永远不会忘记"让身边的座位，成为他人的希望"的初衷。过年回家是每一个人的心愿，而顺风车希望为每个人都实现心愿。2015年春节回家顺风车已经开启，我们一起用最标准的搭车手势，让更多没买到票的知道，今年，还有顺风车带你回家！@王永 @赵普 @郎永淳 @邓飞 @赵普 @陈伟鸿

　　30年来，春运大军增至37亿人次，相当于四大洲人口搬一次家。今年春运从2月4日开始，人数及运力为历年之最，但"一票难求"并未根本缓解。"2015春节回家顺风车"于2月1日正式启动，五大平台帮助买不到票的朋友寻找回家顺风车，届时将在微博发起话题讨论，请大家畅所欲言，说出您心中的看法。@新浪公益

　　2月7日，顺风车发起人王永、顺风车法律顾问岳律师以及中央人民广播高速公路交通广播当红男主播韩磊做客优酷《正益论》，顺子给大家现场直播喔 @广播员韩磊 @岳 屾山 @王永 @优酷 @正益论 @央广高速广播 @北京交通广播 @百度 @春节回家顺风车 @大拇指带我回家 @共益巷2中关村

2月18日，今年春晚顺风车顺利植入央视春晚，就是大家正观看的春晚节目之《车站奇遇》还提到了我们所做的留守儿童活动。顺子代表顺风车以及诸位乘客及车主们感谢央视得大力支持！让公益顺风车成为一种习惯！让每个人不再为买不到票回家而发愁！顺风车一起来，有你更精彩！

3月2日，"2015春节回家顺风车"系列公益活动之"让爱团聚—关爱留守儿童"活动已经圆满收官了。感谢相关政府机构的大力支持，感谢海南航空，感恩儿童座椅，腾讯等爱心企业的赞助，感谢央视，北京电视台，新华网，优酷网等媒体对活动报道。

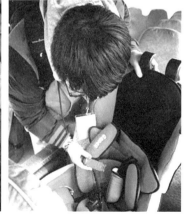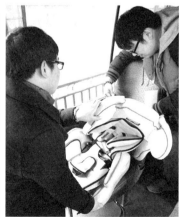

"2015春节回家顺风车总结暨两会《全国小客车合乘（拼车）指导意见》研讨会"正在进行中，顺子给大家现场直播喔。@王永 @广播员韩磊 @大拇指带我回家 @岳岫山 @共益巷 @央广高速广播 @GANEN感恩安全座椅2学院南路

电影《顺风车》公映新闻发布会于3月22日下午在国家图书馆艺术中心举行，电影将于6月5日在全国各大院线公映。期待吧！感谢制片方，感谢发行方DMG，感谢我们的团队！

4月9日，中国百强品牌驾校评选活动新闻发布会在北京国际酒店举办。中国品牌节主席郑砚农，东方时尚驾校总经理闫文辉，微微拼车董事长王永，微微拼车CEO蒲繁强，中央人民广播电台高速公路交通广播FM99.6主持人韩磊等及百余人媒体出席了本次活动。

4月29日上午,北京市举行"2015五一国际劳动节暨表彰劳动模范和先进工作者大会"，"顺风哥"王永荣获"2015北京市劳动模范"称号。

5月21日，电影《顺风车》居然攻陷了北京各条地铁荧屏，6月1日还将点燃全国高铁荧幕，6月3日全面大举进攻全国各大影院，拼车拼爱情，为了心仪的Ta，赶快拼车去看吧！祝大家5·21快乐！@电影顺风车 @王永 @央广高速广播 @北京地铁 @赵普

　　6月1日起至6月7日电影《顺风车》60S预告片登陆全国高铁站候车厅，将覆盖全国263个城市345个车站5505块电视屏幕，每天播出总频次达82575次。@王永 @微卡微微拼车 @世纪恒星影视传媒 @李璐茜 @周晓鸥 @马艳丽

　　2015年高考余温未散，中考又正式拉开大幕，广大莘莘学子怀揣梦想走向考场。在这每年的关键时刻，"顺风车"车队的爱心车主们又一次自觉组织起来，爱心助考，为家长和学生排忧解难。（"顺风车"爱心助考 公益行动进行时）@王永 @微卡微微拼车

9月3日#请重新赞我#继APEC蓝之后的阅兵蓝在心潮澎湃中结束了，威严壮观的景象中有多少人会称赞今天的蓝天白云是最美的衬托，有多少人和小编有一样的期望天儿一直蓝，顺风车提倡绿色出行的同时还附加一个色彩叫中国蓝，支持的赞我嘛。

#最性感#9月12日，"顺风车"被评为中国十大性感社群。

9月25日【不忘初心，一路有你】顺风车APP今日首发，搭乘双方无需分摊任何费用，真正做到公益和无偿！不忘初心，一路有你！顺风车，让我们再次出发！你还可以登陆顺风车官网下载：www.shunfengche.org PS：今天和顺风车的同事来浙江金华参与无车日活动，上午到双龙景区参观：）@顺风车

10月21日，#顺风车 iOS 版正式上线#继顺风车 APP 安卓版在各大平台上线之后，由北京微卡科技有限公司研发的技术产品、众多顺风车车主与乘客朋友们期待已久的顺风车 iOS 版于今日正式上线啦！！！请 iPhone 用户进入 App Store，搜索"顺风车"即可下载，下载时请认准绿色顺风车 logo 哦！

10月26日 @王永想知道我有头发是什么样子吗？那就看看凤凰公益一年多以前给我和顺风车做的这期节目吧：）真的做得很好！感谢所有关注和支持顺风车的朋友们！

11月12日，热烈祝贺温州瑞安市爱心顺风车志愿者协会汀田志愿队党支部成立！顺风车，一起来，有你更精彩！

11月26日重要会晤！一路有你，感恩！@王永：中午与坚持了16年顺风车（只比我晚一年）的《中国国土资源报》副社长 @公民徐侠客 畅谈了三个小时，从推动顺风车过程中的酸甜苦辣到各种传奇温暖的瞬间……今天算是顺风车人的胜利会师！餐叙时得知他也是"光盘行动"的第一发起人，经过网络传播，后来得到习总书记批示后风靡全国……敬佩！

#健康出行##有沃接您# 11·26 这个感恩节，顺风车携手 @沃尔沃汽车中国 正式启动健康顺风车行动！请大家关注车内空气质量，开靠谱的车免费搭乘有需求的易感人群。准妈妈、哮喘病患者也请大胆放心乘坐！即日起至 12 月 4 日，欢迎踊跃报名加入健康顺风车队伍！关注、转发本微博并 @3 位小伙伴也可以参与抽奖！

#2016 年春节回家顺风车活动策划会# 12 月 29 日下午圆满举行，@公民徐侠客 @王永作为顺风车公益活动发起人到场，感谢央视主编关玉霞、导演周国俊、北大汇丰商学院 EDP 同学会助学慈善委员会秘书长李华梅、品牌中国产业联盟副秘书长及各企业人士边鑫、董家菡、李世新、朱琳、成志、李科、杜兔平等倾情出谋划策！

2016 关键词：新未来

1月17日，希望学子可以把乐于助人的热心带到生活的方方面面，愿世界更美好！
@保定永恒："河北保定·情暖回家路·顺风车进校园"活动圆满结束，自活动开始到结束共有61名顺风车车主参与，15名现场志愿者，9301果树志愿者参与人数过百人，共计免费护送1006名学子顺利到达车站，感谢每一位爱心人士参与，感谢每一个爱心商家倾情赞助！@顺风车 @FM997保定私家车广播 @顺风车保定

1月21日，#2016春节回家顺风车#《公益拼车温暖回家路倡议书》：

各位车友：明后天浙江将迎来30年一遇的极端低温天气，在这个寒冷的冬天，让我们用行动温暖回家的路。公益顺风车金华站向全市车友发出《公益拼车温暖回家路》倡议。让你身边的空座成为他人回家的希望

1月27日，2016春节回家顺风车公益活动启动仪式正在进行中！春节没有买到票回家的朋友赶快报名加入吧！发送短信"66"到"1066958800"。

3月14日【明确支持不以盈利为目的的"顺风车"】杨传堂：对于在节假日或通勤时段不以盈利为目的、分摊部分出行成本或者免费友好互助的"顺风车""拼车"等，是体现分享经济的出行方式，有利于提高交通资源利用，对缓解城市交通拥堵，减少环境污染，具有积极意义。在这次改革政策中，我们也明确给予支持。

6月23日【2016"爱心送考顺风车"公益活动启动】2016年高考在即，由 @ 宁夏新闻网 @ 新消息报 @ 银川晚报 @ 宁夏广播电视报、宁夏青年社会组织协力发展中心、@ 顺风车宁夏 共同主办的第四届宁夏 # 爱心送考顺风车 # 公益活动 5 月 31 日正式启动。

【七一，公益顺风车倡导者在行动】7月4日是永康市全民治堵暨交通违法行为百日大整治第一天，早上 8：45，金政等市领导化身志愿者上街劝导广大市民和驾驶员等交通参与者崇尚文明交通，守法出行。并且在劝导现场，为8890公益（免费）顺风车出行方式向驾驶员发放倡议书，倡导全市党、团员干部等要带头，同路出行少开一辆车，互助互搭，或者选择公交车、自行车、步行等绿色交通方式出行。助力百日大整治。

7月22日，北京车友协会第二届会员大会在北京团市委成功举办……会议选举产生了新一届理事会、监事会、会长、副会长及执行机构。中国 @顺风车 大型公益活动发起人、北京青年五四奖章得主 @王永 博士当选北京车友协会会长。

12月5日【第31个国际志愿者日】1993年12月19日，2万余名铁路青年打出了"青年志愿者"的旗帜，开创了我国青年志愿者事业的先河。20多年来，越来越多地方飘扬起这面青春的旗帜。今天是第31个国际志愿者日，转发微博，对志愿者们说声：谢谢！与此同时，"顺风车"是由王永、邓飞、郎永淳、陈伟鸿、赵普和崔永元共同发起的公益行动，活动旨在宣传顺风车环保节能、减缓交通压力、促进人与人之间信任的理念，至今已坚持10多年，在此呼吁更多的志愿者加入到"顺风车"的队伍，帮助更多的人！

2017 关键词：新希望

　　2017 年 6 月 24 日，第六届"全国顺风车峰会"在京举行，公益顺风车、微微拼车发起人、品牌联盟（北京）咨询股份公司董事长、品牌联盟商学院院长、香港理工大学博士王永，公益顺风车总干事张晓男以及来自天津、洛阳、临沂、岳阳、新余、太原、临汾、晋城等 20 个全国地方站的公益顺风车负责人，媒体嘉宾近百余人参加了此次活动。会上主要探讨了顺风车各地方站过去一年取得的成绩以及存在的问题。@顺风车成都 @顺风车上海 @顺风车许昌 @顺风车湖北 @顺风车贵州 @顺风车贵州 @顺风车湖南 @顺风车洛阳 @顺风车宁夏 @顺风车河北

7月11日 @王永 #顺风车# 今天早上，我搭了一位中国特种设备安全与节能促进会的朋友，他以前就知道顺风车，但还是第一次坐。一路上，我们聊得很开心，我向他简要介绍了顺风车，以及春节回家顺风车活动。他则帮我讲解了中国能源的基本知识，让我受益匪浅！@交通北京 @顺风车 @六小龄童 @品牌联盟

7月12日，邳州顺风车公益协会志愿者们，一行十多人，一大早7点钟准时出发，驱车前往几十公里外的徐州二院，前去探望车祸受伤的志愿者薛素梅，送去大家捐助的现金50000元，及大家的期盼与祝福！一方有难，八方支援，邳州顺风车公益协会在薛素梅车祸后，第一时间发出募捐倡议，邳州顺风车家人纷纷支援，点滴之爱，汇聚在顺风车！@顺风车徐州 @顺风车南阳

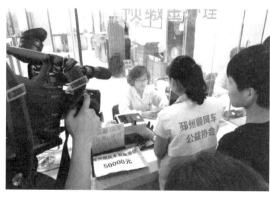

7月13日，2017暑期大学生顺风车公益实践活动启动大会于7月10日下午在南通市少儿图书馆圆满举行！市少儿图书馆的爱心叔叔阿姨们向顺风车南通站常态帮扶的20名孤困学生赠送精选的少儿图书和精美的学习用品。不仅如此，南京医科大学、南通大学医学院、南通大学杏林学院和南通高等师范如皋校区等四所高校的四支优秀大学生社会实践

队分别认领了顺风车南通站的四个优秀公益项目，作为各队伍的暑期社会实践内容。@顺风车湖北 @顺风车湖南 @顺风车许昌 @顺风车洛阳

7月17日，#顺风车公益# @顺风车成都 @顺风车上海 @顺风车许昌 @顺风车湖北 @顺风车宁夏 @顺风车贵州 @顺风车南阳 @顺风车河北 @顺风车湖南 @顺风车洛阳 @顺风车邳州 致全国顺风车地方发起人的一封信！

各位同仁：

大家好！

首先，我谨代表顺风车创始人王永先生，向奋战在救灾一线的顺风车各位带头人和各位兄弟姐妹表示深深的敬意！感谢大家无私付出和执着奉献！同时感谢为顺风车暨邳州市优秀志愿者薛素梅女士热心捐款的家人们！你们一次次刷新并升华着顺风车的理念和精神！

其次，第六届全国顺风车峰会圆满谢幕，得益于全国各地方顺风车发起人，对我们所共同追求的事业的情怀和坚守，得益于继往开来的新一代顺风车人的前赴后继，这更是值得我们所有顺风车人骄傲和自豪的！

再次，峰会阐明了共同愿景，整合了社会资源，设计了公益平台，铺就了转型之路，

我们将义无反顾、勇往直前！公益大平台，顺风你我他，同步推广，指日可待；为递降门槛增进互信、为提升体验促成转化、为整合资源保持竞争、为满足地方运营需要，从而最终实现快乐公益、全民公益，期望各地方发起人，在顺风车公益大平台全国同步推广进入 60 天倒计时之际，及时甄选骨干和资源、策划宣传和活动，为此，适时分享几点发展预期：

1、顺风车基金、顺风车联盟，渐行渐近，下个月的今天，如期相见！

2、顺风车基金：

（1）不仅实现筹资合法、稳健经营，而且实现与地方紧密协作、共担共赢，明确双方责任和权利，基金承诺提供搭乘期间车主与乘客保险保障等。

（2）委托地方顺风车组织独家负责推广顺风车项目、向社会进行宣传推广和资金募集事宜。

（3）确定基金管委会成员等。

3、顺风车联盟：

（1）不仅有助于全国范围宣传推广顺风车项目，更有助于在全国范围内搭建管理架构和服务平台。

（2）除拟设秘书长张晓男外，另设若干副秘书长，分别负责技术平台、产品运营、宣传推广、团队建设等，并诚邀自荐或推荐！另干事若干，由各地方推介。

4、顺风车平台：

经与大家反复商讨、深思熟虑，为用户一见钟情，为地方游刃有余，在升级改造公众号平台的基础上，同时开发 APP 平台；并免费为地方重新开发原（新）公众号，以期统一形象，规范运营。并提出几点工作要求：

（1）在收到下一个相关通知之前，暂停注册。

（2）用户运营方面

①现有用户：持续关心、及时宣导、分享愿景和思路，彼此尊重、集思广益，这是口碑宣传的关键。

②潜在用户：发现并发展周边空白地区、有意愿供应商、社会组织、大学生群体等，蓄势待发。

（3）内容运营方面

①联系各类媒体、创建地方官网、官方微博、微信公众号。

②收集过往顺风车事迹、活动的文字、图片、音频、视频四类常用传播形式的资料。

③从下周一起，请各地方随时上传顺风车事迹、感人场景，北京充分发挥资源优势，

择优与地方同时全国推送。

（4）活动运营方面

① 可按地方特色，策划、开发与顺风车核心功能相关的活动场景，这是实现市场突破的利器。

② 北京设计全国性系列活动，待平台上线后，集中投放。

最后，让我们在思想上同心同德、目标上同心同向、行动上同心同行；急于求成，往往事与愿违，厚积薄发，自然水到渠成！北京随后推出全国和地方运营方案，供各地方借鉴。

再次提请大家持续关注湖南重建和邳州同仁，我不日谨代表全国赴两地，与兄弟姐妹共患难共荣辱！

北京 张晓男

2017 年 7 月 16 日

7 月 20 日 #顺风车湖南浏阳站# 洪水无情，人间有爱，公益文艺会演，我们在行动。@顺风车湖南

7 月 31 日，用我们的"爱"点燃孩子们的梦，"崇尚科学，珍爱自然"扶困助梦津城行第二季如期举行。感恩津宁顺风车，美丽中华爱心联盟，梦成真爱心公益联盟的志愿者们。

8月25日，#公益顺风车#2016大家为了公益，走在一起，无私的奉献着，我们的精神感动天，感动地，感动平江人民。2017我们共同携手，让爱的力量继续传递下去，让更多的人知道，了解顺风车，也让所有人了解我们的奉献精神，让我们做平江骄子，时代强者，感化身边所有人、事、物。祝大家公益快乐，快乐公益。

9月6日，希望全国的爱心车主能顺路搭载一下这些开学的学生@中国公益顺风车－杜仁富@顺风车湖南@顺风车上海@顺风车洛阳@顺风车成都@顺风车贵州@顺风车河北@中国青少年发展基金会

【#开学啦#还记得那年送你的那个身影吗？】近日，全国各高校相继开学。父母送子女读书，重的行李总在他们手上，一到宿舍就忙着收拾打扫的也是他们……你可曾记得他们身上的汗水、忙前忙后的身影？可怜天下父母心！为爱转发！

9月7日，顺风车发布了头条文章：《全国公安交管部门集中清除一批涉及学生交通安全的隐患》，全文如下：

学生出行安全事关亿万家庭幸福，校车安全更是牵动社会神经。

　　为确保秋季开学校车和接送学生车辆运行安全、学生平安上下学，日前，公安部部署全国公安交管部门开展新学期校车和接送学生车辆交通安全隐患清零行动，集中清除涉及学生的交通安全隐患。

　　按照统一部署，全国各地公安交管部门集中开展了"四个一"工作，即：一次安全检查、一次隐患排查、一次校车秩序整治行动和一次宣传提示活动，督促学校、校车企业严格执行校车安全管理规定，强化校车运行动态监管，对不符合条件的人、车，依法注销校车驾驶资格，收回校车标牌；组织开展"开学第一课"交通安全宣讲，传递"知危险会避险"知识，坚决防范涉及校车、涉及学生道路交通事故，共同为学生（幼儿）上下学营造安全的道路交通环境。

　　截至目前，全国共注销1400余人驾驶校车资格，排查3800余辆隐患车辆，排查3400余处校车行驶隐患路线，累计进1700余所小学、幼儿园进行授课，开展交通安全宣讲，及时消除了一大批涉及校车的交通安全隐患。

　　公安部交管局在此提醒广大驾驶人，校车严重超员、严重超速涉及危险驾驶犯罪，公安交管部门将依法严查。同时，鼓励群众向公安机关举报"黑校车"和校车严重违法，学生（幼儿）家长也要切实履行监护人职责，不把孩子送上"黑校车"；对于接送学生、幼儿的校车，其他机动车驾驶人要依法主动避让，并保持安全车距。呼吁全社会关注学生交通安全，共同守护学生平安上学路。

附录一：

2013-2018
春节回家顺风车
系列活动集锦

2013 春节回家顺风车
公益活动集锦

2013 年 1 月 30 日上午，"温暖·2013 春节回家顺风车启动仪式暨顺风车微电影《冬日暖阳》首映式"在北京梅地亚中心热烈举行。首都文明办、北京市交通委、北京市环保局等单位的领导，活动合作伙伴代表，顺风车各地方站发起人，地方合作媒体代表，爱心车主以及上百家媒体近 300 人出席本次活动。

中央人民广播电台主持人成亚主持
"温暖·2013 春节回家顺风车大型公益行动"

活动现场气氛热烈

2013 年春运大幕已经拉开。40 天时间里，全国预计有约 8 亿人将完成"春节大迁徙"。这场全球最大规模的人口流动不仅承载着中国人春节团聚的期盼，也是对交通保障能力的一次严峻的考验。春节，对于在异地打拼的人们来说既喜又忧：喜的是忙碌了一年即将和家人团聚，忧的是买票难。

为此，赵普、郎永淳、陈伟鸿、崔永元、邓飞、王永等六位公益人士在北京再次发起"春节回家顺风车"大型公益行动，旨在帮助更多买不到票的朋友尤其是农民工朋友实现回家过年的梦想。

王永表示，一方面很多人买不到票，一方面很多人开车回家还有空位，如果他们能结伴而行，将大大缓解"春节回家难"的问题。今年的"春节回家顺风车"在吉利汽车的大力支持下，利用手机短信、APP客户端、网站、微博等四大互动平台，搭建了一个民间春运信息互动交流平台，并首次实现系统间信息共享，充分挖掘剩余运力，发挥"人人为我，我为人人"的雷锋精神，让"顺风车"成为继"铁路、民航、公路"之外的第四种回家过年的方式，有望帮助更多买不到票的人回家团圆。

"温暖·2013春节回家顺风车"活动，吉利汽车作为首席合作品牌给予了大力支持，太平洋保险免费提供66666份保额为3万元的保单，为搭乘双方生命财产安全提供有力保障。北京掌上通网络技术有限公司为本次活动提供免费短信服务平台。东方爱智（北京）信息技术有限公司、北京维基飞翔科技有限公司分别为APP客户端开发和顺风车官网提供技术支持。

新浪网、新浪微博、新浪地方站为本次活动提供媒体支持。申通快递成为顺风车公益活动独家快递物流赞助商，为活动提供两年的免费快递支持。此外，蜂子二维码、阳光保险集团、首都机场广告有限公司、海航旅业、聚美优品、小米手机、北京市环境保护宣传中心等单位也对"顺风车"给予了帮助。

顺风车发起人正式启动"温暖·2013春节回家顺风车大型公益行动"

嘉宾致辞中，首都精神文明办巡视员尹学龙表示，"春节回家顺风车"将成为春运新力量。

首都精神文明办巡视员尹学龙致辞

尹学龙：

首先请允许我代表首都精神文明办陈东同志，向"温暖·2013春节回家顺风车"发起者以及参与者表示真诚的感谢。

赵普、邓飞、王永等5位先生发起春节回家"顺风车"的公益活动，在去年成功举办"顺风车"的活动基础上，使这项活动更加适合国情民情，相信"顺风车"可以推进城市资源、科学管理，提升交通进步。另一方面可以推动人员的出行、推进人员人之间的信任和沟通。

在铁道运营能力有限的情况下，春节回家顺风车也要成为春运中的一股力量。期待在广大车主的推动下，在有关各部门的帮助下，"顺风车"将成为首都一道亮丽的风景。

北京市交通委委员逯福全表示，期待更多人参与"春节回家顺风车"活动。

北京市交通委委员逯福全致辞

逯福全：

城市交通关系到每一个人，尤其是当前的春运，城市面临严重的压力和考验。保证人民平安出行不仅是一个部门的责任，需要整个社会的积极参与。我们支持"顺风车"活动，这个活动不仅仅是为整个社会缓解交通压力提供了一个模式，同时也是践行北京精神的一种方式。

近年来，北京交通建设取得了成绩，但是现有的道路状况，不能满足人们的交通需要。往往在节假日来临之前成为堵车的时段，也对城市的环境造成了影响。今年冬天北京遭遇了严重的雾霾的天气，严重影响了北京城市形象，这种天气的形成与机动车数量的激增有密切的关系，于是尽可能的减少开车，也是更利于每一个人的建设生产。

2010年北京推出28条缓解交通拥堵的相关条例，在2013年我们希望乘坐公共交通的出行比例达到46%，我们将积极鼓励市民乘坐地铁、公交都交通工具，也全力支持在北京工作生活和学习的人们践行"顺风车"活动。

当前正是春运时节，希望更多回家的人积极参与到春节回家"顺风车"活动中，我们将提供力所能及的帮助和支持，能够让"顺风车"更持续地开展下去。

启动仪式上，顺风车发起人邓飞、陈伟鸿、郎永淳、王永一同发起"春节回家顺风车大型公益行动倡议书"。

王永、郎永淳、陈伟鸿、邓飞四位顺风车发起人宣读《倡议书》

全文如下：

票难买，家难回，成为每年春运最让人揪心的问题。为了让严寒的冬日多一丝温暖，让焦急回家的人多一个途径，让爱的传递多一种方式，让合家团圆不再是一种奢望。在2013年春运期间，我们再次发出"春节回家顺风车"倡议：

一、资源共享。让你身边的空座，成为他人的希望！我们倡议所有的爱心车主朋友，发掘剩余运力，急人之所急。

二、分享温暖。分享，带来温暖！我们倡议所有的爱心车主，"我为人人，人人为我"，和有需要的人分享温暖。

三、互信感恩。我们倡议所有成功匹配的乘客和车主们都怀着一颗感恩的心，互相信任，和谐共处，传递真情。

四、平安出行。我们倡议所有的车主朋友文明驾驶，安全出行，遵守交通规则，平平安安回家，快快乐乐过年。

五、快乐返程。我们倡导爱心车主在节后返程时，继续参与春节回家顺风车，携手有需要的老乡一起快乐返程。

二〇一三年一月三十日

顺风车发起人展示《倡议书》

2012年春节期间，首届"春节回家顺风车"公益活动，成功帮助了1000多名买不到票的朋友免费回家。在"春节回家顺风车·我们将重新上路"对话现场，王永、郎永淳、邓飞、陈伟鸿4位发起人对今年的"春节回家顺风车"公益行动进行展望。王永希望，今年"春节回家顺风车公益行动"目标是帮助10000人免费回家。

"春节回家顺风车·我们将重新上路"对话现场

王永、郎永淳、邓飞、陈伟鸿"春节回家顺风车·我们将重新上路"对话现场

在顺风车短信服务平台交付仪式上，北京掌上通网络技术有限公司董事长肖庆平表示，顺风车短信平台已于1月30日上线，主要是为了帮助那些买不到票的农民工兄弟，他们可能不会使用电脑，更不会使用微博等先进技术平台，对于他们来说只需通过发送短信"66"到"1066958800"，并按照提示操作，便有望找到免费的顺风车。

北京掌上通网络技术有限公司董事长肖庆平演讲

肖庆平：

北京掌上通网络技术有限公司作为顺风车的短信平台提供方和运营商，非常高兴为这个社会增添一份温暖。希望我们更多的车主有一个新的朋友陪伴之下，顺利走上回家之路。

现在不仅是火车票难求，机票也一样。但是我们国家现在已经有一亿辆汽车了，北京应该有500万辆了，如果他们都动起来的，可以把全北京的人都盖住。所以顺风车的创意也是理性的。北京有一半以上都是新人，有人来了11年了，我来到北京也是25年了，1988年来到北京的时候，没有这么多车。

设想有一半人是外来的，春节是我们传统回到故土上相聚的节日，现在有很多人有车了，大家都选择开车，北京城今年春节至少会有100万辆回家，这是非常保守的估算。在北京工作的人大部分都是年轻人，有很多都是三口之家，所以所有的车都会有两个以上的空座位，这就是我们在如此繁忙的春节期间，投入力量为"顺风车"提供力量和手段的共鸣，我们认为"顺风车"是可以真正解决问题的方法。

我们把网站做成一个智能匹配的工具，目前所有人都用短信，所有手机都支持，任何人都可以发送。短信可以进行海量的匹配，将为热心车主找到匹配的对象。希望车主释放爱心，温暖这个冬天。

不管是车主还是乘客，都可以发送统一的指令到"1066958800"，这是一个标准服务号码，湖南卫视的很多节目都使用这个号码，但是我们这次为"顺风车"是完全免费提供的。所以大家可以放心使用，不会有任何的陷阱。这个号码记忆是很简单的，发送"66"，作为大家开车回家的好彩头。当你发送"66"到"1066958800"这个平台时，我们就知道你是参与"顺风车"活动的，下一步系统会有非常详尽的提示。你只需要按照系统需要的格式，把信息发送过来，你运气好的话，两分钟就可以完成配对的过程，然后就会得到双方顺利的匹配成功。

之所以要求车主和乘客都提供一下身份证号码，因为太平洋保险给双方都提供了一个保险，这也是为大家参与活动提供一份安全的保证。

有了身份认证、协议和保险，相信我们回家路上是安全的。因为时间的关系，大家可以和相邻的人匹配一下，最后匹配成功后会给你发送短信告知。

倡议这个春节车主多发短信，在海量的情况下，短信是很简便的方式，希望媒体多多号召车主加入"顺风车"中来。

顺风车短信平台交付仪式

同时，今年APP客户端的推出不仅为"春节回家顺风车"提供便利，更为"顺风车常态化"保驾护航。其界面操作起来简单可行，互动性强，且能够准确显示车主与乘客的真实信息，也为彼此之间建立互信创造条件，使顺风车的安全系数大大增强。与此同时，搭乘顺风车的乘客还可以把对车主的谢意以他们共同的名义进行公益捐赠。

除手机短信平台和APP客户端，人们还可以通过顺风车官方网站"顺风车网"http://

www.shunfengche.org/ 寻找顺风车，或登陆新浪微博发布＃春节回家顺风车＃我是车主（乘客）＃起止点＃出发时间＃座位数（搭车人数）信息，网站会自动抓取信息，APP 平台也会自动抓取信息，而手机短信平台的信息也会自动生成至网站上，真正实现各平台之间的信息互动，以便供需信息实现最大程度的自动匹配。

对于大家普遍担心的安全问题，王永表示，他们将通过三种渠道消除搭乘双方的顾虑：第一，他们要求所有的参与者都需要经过身份确认，新浪微博认证用户可以直接参与，而手机用户则需要通过短信进行实名认证。第二，邀请岳成律师事务所制作了规范的协议，所有长途拼车的人都可以上网下载并签订协议书。第三，太平洋（股票代码：601099）保险公司免费为参与此次活动的搭乘双方提供一份保额为 3 万元的意外伤害保险。

在顺风车网站及 APP 客户端交付仪式上，北京维基飞翔科技有限公司 CEO 彭盾表示，顺风车系统智能又安全，可以充分保障大家的归乡出行。

北京维基飞翔科技有限公司 CEO 彭盾演讲

彭盾：

回家过年是每个人心目中的企盼，飞机价格太高，火车票 12306 这个网站经常崩溃。但是，有很多的私家车车主朋友的空座严重地被浪费掉了，而农民工只能犯愁。对于"顺风车"车主来说经常有很多的座位，但是人不好找。

我们这个系统会为车主、乘客在网站上发布一系列的信息，给大家提供安全性的保障。

大家通过身份证、车牌号来识别，乘客和车主互相挑选。签署协议以后，大家可以自助地选择对方。等双方确认之后，系统才会把你的相关信息告诉给对方。确认后，系统会给双方送一份太平洋保险，也会自动生成一份电子协议，这个时候双方都会感觉到加入"顺风车"很安全。

未来平台，在"顺风车"这个系统是最智能的，车主可以通过这种途径和方式手动描绘自己的路线，只要乘客的部分路段和车主相同就可以匹配到。我们使用的是路线自动匹配，为我们的数据工程师感到骄傲，如果没有这样一个完美匹配的"顺风车"，还可以挑选自己覆盖范围内的"顺风车"进行挑选，自动匹配上，如果你对这个系统推荐的路线不满意的话，也可以进行人工挑选。可以在系统上了解到车主目前所处的位置，车主每3分钟更新一下。对于长途"顺风车"来讲，系统会1个小时更新一次，为保障"顺风车"安全。

系统会告知你们，登陆"顺风车"的网站，而不是通过微博、系统上去找，也可以发短信1066958800获取信息。您只要按照标准的格式填写这些"顺风车"的信息，当然"顺风车"就不是一种梦想了。

公益的出行，如何表现车主的爱心行为呢？双方可以通过捐赠的方式进行，这个捐赠的方式也会在"顺风车"系统中进行体现，您也可以选择不捐。当你启动时，"顺风车"可以进行客串，即使您在乘坐出租车的时候，你们也可以同时搭乘一辆出租车。

我们还设置了一个投诉的案例，有黑车车主冒充"顺风车"车主收钱的时候，您按投诉我们会把这个信息传送给我们的"顺风车"主管部门。

顺风车网站及 APP 客户端交付仪式

　　申通快递作为顺风车公益活动独家快递物流赞助商，签约仪式上，浙江申通快递有限公司副总裁金仁春表示，与顺风车签约彰显企业社会责任。

顺风车与申通快递签约仪式

浙江申通快递有限公司副总裁金仁春演讲

金仁春：

　　一年多以来，顺风车活动引起了中国人民广的关注，顺风车大力宣传绿色出行、减缓交通压力，促进了人与人之间的信任。

　　浙江申通快递目前已有全国网点5000多个、15万人员工，社会责任、功德心诚为我们企业界高度重视。浙江申通快递有限公司和爱心车主一样，继续秉持以信任赢得品牌，以服务赢得民心。今天的签约是我们的承诺，也让申通快递更好地传递社会的正能量，诠释一个企业对社会公益的关注和支持。全程相伴、一路呵护。我相信2013年因为"顺风车"会更加的温暖。

　　本届活动，得到了政府部门、企业单位、媒体机构和地方站同仁的广泛支持。在"春节回家顺风车"代表发言中，有 10 位来自不同领域、为顺风车做出贡献的嘉宾分享了他们的顺风车公益心得。

　　太平洋财产保险股份有限公司北京分公司副总经理苏少军表示："我们作为国内三大保险公司之一，非常高兴也很荣幸成为春节回家顺风车的合作伙伴。长期以来，太平洋保险公司一直关注社会民生，积极参与公益事业。这次参与到春节回家顺风车的活动，作为合作伙伴，也是我们关注社会民生的成功实践。这次活动中我们不仅积极倡导员工参与这个活动，也提供了保险保障，这份保险也是给大家提供平安的保障，打消车主与乘客心目中的顾虑。未来我们会积极优化流程，让春节回家顺风车活动更加顺畅。"

　　浙江申通快递有限公司副总裁金仁春说："申通快递愿与公益顺风车一道，服务好我们的社会公众。"

太平洋财产保险股份有限公司北京分公司副总经理
苏少军发言

浙江申通快递有限公司副总裁
金仁春发言

　　新浪市场销售部营销中心副总经理李峥嵘说："今年的春运将持续 40 天，又会出现汽车票、飞机票、火车票一票难求的现象。新浪有 18 个工作站加入这个活动，提供信息的车主有 600 多人，成功匹配已经超过了 1000 人次，微博平台上包含搭'顺风车'、发布'顺风车'的微博数量超过百万条，让这次活动获得了空前的成功。由新浪地方站、民间公益人士唤醒了人与人之间的情感的回归。"

　　新浪湖南总经理涂坚毅表示："从去年开始我们就跟王永先生进行顺风车的合作，我们也是老乡。从那个时候起王永先生一直是我学习的榜样，这次来之前，我也像王永一样剃了一个光头，也有很多人把我当成王永。新浪地方站跟顺风车的合作是全方位的，不仅仅是网络、微博，在长沙最大的一片火车站的屏幕上，24 小时滚动"春节回家顺风车"

的广告，当时我在微博上看到 300 万的长沙人民感到很震惊。这是新浪和顺风车的第二次合作，也是新浪地方站重要战略的一个项目，是新浪地方站在公益上一个很大的举措。"

新浪市场销售部营销中心副总经理
李峥嵘发言

新浪湖南总经理涂坚毅发言

首都机场广告公司总经理路华表示："首都机场曾经赠送王永先生部分资源用来宣传其公司品牌，他却全部用作顺风车的公益活动宣传。要知道我们服务的是高端客户，广告资源很贵，所以王永的行为很打动我们。后来我们就拿出来固定的资源给顺风车活动做宣传。在这个活动过程中，我发现任何一个公益活动，因为爱心都会得到全社会的支持。从去年'春节回家顺风车'到今年不到一年的时间，从信息平台到机制解决了很多疑难问题，这是爱心的力量，是很强大的。我在支持顺风车活动的过程中，深刻体会到送人玫瑰手留余香。现在我们公司又拿出一部分的资源支持其他的公益活动，用媒体资源做社会公益，就是想为我们服务不了的旅客做了一点事情。"

顺风车法律顾问、北京市岳成律师事务所高级合伙人岳屾山说："我和王永认识有十几年了，特别敬佩王永先生十几年如一日搭人。顺风车这个活动是公益的行为，但是有一些风险，尤其王永先生作为发起人，他的风险也是很大的。他去年把协议交给我们所时，第一就是要保证这个组织方不要承担一些不该承担的责任。顺风车是一件好事，要是出现了交通事故，车主要承担一些责任。我们不能通过协议来规避，国家有相关的规定。但在道德方面，如果出现了问题是可以规避的。我们强调法律制度规范，同样不忽略有一些事情是要用道德规范的。"

北京市环境保护宣传中心副主任王虹表示："我应王永的邀请参与其中，顺风车活动让我感受了温暖、关爱和美丽，也感受到大家对环保事业的支持。通过顺风车这个平台，更多的人参与到环保的事业当中，支持环保工作，大家用自己的行动来为改善空气质量做贡献。"

首都机场广告公司总经理路 华发言 | 顺风车法律顾问、北京市岳成律师事 务所高级合伙人岳屾山发言 | 北京市环境保护宣传中心 副主任王虹发言

福州发起人吴成法说："我参与到顺风车中，是因为王永先生坚持做 14 年的顺风车的这种坚持不懈的精神让我很感动。同时我也看到了顺风车活动对节能减排做出的贡献。"

郑州发起人曾帆称："2009 年因为一个巧合，也因为本身搭车困难，我认识了一个朋友叫刘坤明。后来当我知道他在搞顺风车的时候，我对这个活动非常地感兴趣，就踏上了'不归路'"。

浙江宁波发起人赵文锋表示："我是在宁波创业的四川人，在春运期间买车票越来越难，回家的路越来越坎坷。12306 网站的票出来以后上网的朋友会抢票，但是没有买到票的都是农民工，他们怎么回家呢？我们也是响应春节回家顺风车活动，组织我们的团队在宁波工地、车站现场帮助农民工，还有微博上面帮助他们匹配，有没有与他们合适的车主，有很多的好消息我们会告诉大家，通过我们这个平台找到他们回家的同乡。"

福州发起人吴成法发言 | 河南郑州发起人曾帆发言 | 浙江宁波发起人赵文锋发言

顺风车发起人为地方媒体及发起人颁发荣誉证书

　　为了宣传顺风车的理念，由顺风车公益基金管委会、嘉诺（北京）文化传播有限公司出品的顺风车首部微电影《冬日暖阳》也于去年年底拍摄结束，在启动仪式现场进行了首映，几位发起人与李开复、王珞丹、吴莫愁、谭维维、周笔畅、吴克群、胡歌、刘诗诗、孙茜、李晓峰、印小天、戴娇倩等人也在该片中向我们传递出正能量的关爱，号召更多的人参与到顺风车的行列之中。

左起：女主角张昐、男主角韩伯维、导演及编剧周国俊、制片经理李翔、微电影CEO尹兴良

微电影《冬日暖阳》后期制作团队合影

在答记者问环节，5位在场记者向王永发问。

中国广播网记者

顺风车发起人王永答记者问现场

中国广播网记者提问：实现四大平台乘客、车主信息的上传，信息的匹配是人工还是系统进行的？想了解一下目前为止，车主和乘客信息上传比例是多少？如果乘客的需求远远大于车主提供服务的比例，我们怎么样达到利益最大化？

王　永：是智能系统进行匹配，去年是人工，我们从18000微博里面进行1100个匹配，这是去年比较大的短板，今年我们感谢北京掌上通网络技术有限公司、东方爱智（北京）信息技术有限公司、北京维基飞翔科技有限公司，他们的参与，让我们进行智能匹配。还有新浪网，几个系统之间的智能匹配进行利益最大化。

第二个问题，车主多了乘客少怎么办，反之也是一样，今天是新闻发布会，希望媒体朋友向社会广泛的推广我们的活动，让车主和乘客朋友都上这个平台上发布需求。目前刚刚开始，我们的数据还没有统计，以后在我们"顺风车"的微博上发布信息，今天从发布到现在已经有500人参与了，在微博上发布的信息已经超过了100万条。

我们今年小小的目标是帮助1万个人免费回家，明年目标希望达到10万人，如果我们人不够的话，可以通过很多的方式，通过中国银联向它的优质客户，给车主发送邀请短信，邀请他们参与春节回家顺风车，通过央视、100家媒体联盟的成员来推广我们的活动，把我们的参与方式告诉需要的朋友。我们系统建立了，下面最大的问题是供需要多，所以希望媒体不遗余力地宣传。

劳动午报记者提问：我也在"春节回家顺风车"的网站上进行注册了，在发布会上我也用手机上发送了短信，但是没有找到相匹配的车主提供服务的信息，我想问一下，作为乘客把信息发上去，暂时没有得到回复的情况下，是处于等待有匹配的信息，还是继续发布？

王　永：短信发布一次就可以了，但系统以最后发布的信息为准。有一些人发北京到长沙但是没有日期的话，我们会认为是任何时间都可以。今天是我们第一天启动，媒体不断的宣传，我们参与人士会越多，也希望微博大V转发一下我们的信息。一旦有消息我们第一时间公布。

"顺风车"的网站3.0的版本，希望从现在开始起，我们的朋友积极登陆网站发布信息。

《劳动午报》记者

《青岛晚报》记者

《青岛晚报》记者提问：农民工想搭"顺风车"，有很多高收入的白领也想搭，都想搭"顺风车"的话,您对农民工这个群体会不会有一些过多的倾向?

王 永:我开顺风车14年,搭了非常多的农民工朋友,给我留下深刻印象。有人拿鞋套出来,然后给我一包鞋套,所以要感谢农民工朋友,这些人为了城市美好付出自己的心血,也牺牲了和家人团聚的机会,我们理应帮助这些弱势的朋友。有人会担心一个白领和农民工在一起,很多的车主朋友其实内心深处都有一颗愿意帮助人的心,非常愿意帮助别人,他没有渠道,有了渠道以后他们相处气氛是非常融洽的。农民工会换一套新的衣服,专门的梳洗打扮一下,这种回家的路上一定会多一份温暖,多一份感动。

北青网记者提问:吉利、浙江申通快递有限公司的合作,"顺风车"会给怎么样的反馈?

王 永:巴菲特这个基金为什么成功,并不是因为他们的关系好,因为他们有强大的管理能力。现在中国的公益人从事企业经验的人不是很多。邓飞记者出身,我做过企业,管理是非常重要的。

管理是很大的一块是整合资源。所有参与企业、媒体也好,单位也好,他们更多的是义务劳动,浙江申通快递有限公司给我们提供这么大的支持,我们给浙江申通快递有限公司带来品牌的影响,我也没有多大的承诺。东方爱智(北京)信息技术有限公司、北京维基飞翔科技有限公司,他们都是零成本为我们系统开发,还有肖总,今年面临发上百万条的短信,都是他们的公司承担,我没有给他任何的好处和回报。包括首都机场广告公司,太平洋保险,我们"顺风车"希望通过各种方式回报,但是我们的感谢是发自内心、自然真诚流露的,我们希望企业家参与到顺风车活动中,我们5个发起人的能力是有限的,我们最大的力量是来自于车主朋友、企业,浙江申通快递有限公司有15万员工,如果他们都参与到"顺风车"中来那我们的团队会很庞大。再次,我代表我们5位发起人对大家表示感谢。

北青网记者

《香港文汇报》记者

香港文汇报记者提问： 在活动中，农民工弱势群体怎么了解"顺风车"？

王　永： 我们通过媒体的推广和宣传，央视新闻频道会有节目报道我们农民工朋友，您如果还没有买到车票，会公布短信的参与方式，这样号召让大家参与进来。希望香港文汇报多多参与，我们农民工朋友也用QQ、微信，他们对新媒体的运用也是很到位的，中国移动的手机报也会参与。这些方法远远不够，所以希望各位朋友能够一起发动身边有需要的朋友加入我们的平台，谢谢你们。

顺风车公益基金管委会已于日前正式成立，并将致力于顺风车常态化发展，秉承"责任、互信、分享"的价值观，积极整合社会各方资源，通过动员社会公众参与顺风车公益活动，倡导绿色出行，促进公众互信，实现顺风车"节能、环保、减缓交通压力、促进人与人之间的互相信任"的目标。

【活动花絮】

王永接受央视采访

王永接受BTV采访

繁忙的签到处

签到处合影

活动背景板

顺风车发起人台下交流

现场体验手机短信服务

地方媒体代表现场发言

【媒体】

2014 春节回家顺风车
活动集锦

春节临近，"你抢到回家票了吗"已经成为朋友之间打招呼的新方式。2014 年全国春运客流量预计将达 36.2 亿，比去年增加 2 亿。春运这场全球规模最大的人口流动不仅承载着中国人春节团聚的期盼，更是对交通保障能力的一次严峻考验。

2014 年 1 月 16 日，在春运拉开序幕的第一天，由顺风车公益基金和鸿基金联合发起的"惊鸿回家·2014 春节回家顺风车"大型公益活动在北京市环境保护局宣传教育中心启动。首都文明办、北京市交通委、北京市环保局等领导、十余家合作伙伴代表及百余家媒体近 200 人出席了此次活动。"惊鸿回家·2014 春节回家顺风车"从 16 日起开始接受报名，发送短信 66 到 1066958800，就有望找到免费的顺风车回家过年。1 月 20 日 18 时将首次公布匹配结果，以后每天 18 时集中公布一次。此外，大家还可通过微信、微博、网站、APP 等方式报名，活动将持续至元宵节结束。

"惊鸿回家·2014 春节回家顺风车"启动仪式

"春节回家顺风车"已于 2012 年和 2013 年春节成功举办两次，其中 2012 年帮助了超过 1100 人免费回家，2013 年更是帮助了 9678 人回家或返程。王永表示，顺风车携手鸿基金共同发起的此次"惊鸿回家·2014 春节回家顺风车"活动，目标是帮助 10 万人春节回家与亲人团圆，并将重点关注在外务工的留守儿童父母春节顺利返乡。

湖南卫视、旅游卫视、江西卫视
特约主持人侯梓沐

主持"惊鸿回家·2014 春节回家顺风车"
启动仪式

启动仪式上，顺风车发起人——品牌联盟董事长王永，央视著名主持人郎永淳，凤凰周刊记者部主任、"免费午餐"发起人邓飞和鸿基金秘书长徐天启为现场嘉宾介绍了"2014 春节回家顺风车"项目情况。

央视著名主持人、顺风车发起人郎永淳

品牌联盟董事长王永

凤凰周刊记者部主任、"免费午餐"发起人邓飞

鸿基金秘书长徐天启

嘉宾介绍"惊鸿回家·2014春节回家顺风车"项目

　　顺风车发起人王永表示：顺风车为"开车回家有空座"和"春运买票有困难"的车主、乘客穿针引线，通过短信、网站、微博、微信、手机APP五种参与方式构建资源共享平台，让顺风车成为继铁路、民航、公路之外的第四种回家方式。

　　为方便农民工朋友参与活动，顺风车特意开发短信互动平台，操作简单易懂，并且无须支付任何信息费。无论是乘客还是车主，都只需编辑短信"66"发送至1066958800，并按照短信提示操作，即可参与活动。短信平台收到信息后会自动回复"欢迎关注顺风车！'惊鸿回家·2014春节回家顺风车'公益行动正在进行中，请问您春节回家是几号从哪儿到哪儿？如1月27日北京到上海""您是开车回家还是需要搭乘顺风车，车主请回复数字1，乘客请回复数字2，留守儿童家长请回复3"，当系统完成供需匹配后会自动以短信形式通知搭乘双方并进行实名认证。

　　另外，大家还可以登录顺风车网站(www.shunfengche.org)，点击春节回家专题页面发布顺风车信息，也可以下载"公益顺风车"APP，或关注@顺风车 新浪微博发送私信，搜索关注"顺风车"微信公众账号，按照提示进行操作即可。

　　除了这五大参与方式，顺风车还携手鹰眼益云首次启动了"404页面寻人寻车"模式，20万网站齐发力，用404页面引导有车网友搭载老乡回家。

　　"惊鸿回家·2014春节回家顺风车"得到了媒体的广泛关注和宣传，"发条短信，捎你回家过年"引起广泛热议。

央视《晚间新闻》宣传"春节回家顺风车"

　　活动现场，顺风车媒体支持代表进行了发言。

腾讯MIG市场部总经理乐露萍　　善达网总经理杜鹃　　"益云公益互联网"创始人万涛

视讯中国副总编辑闫小英　　中国移动手机报主编李冰　　CNTV移动开发商务总监刘征

东方爱智 (北京) 信息技术有限公司、北京掌上通网络技术股份有限公司、清华大学电子工程系等单位对此次活动技术平台的开发提供了技术支持。鹰眼益云联手专业基础云服务商 UCloud 对此次活动提供专业的云主机服务。

北京掌上通网络技术肖庆平介绍报名系统技术

为了保证活动的安全，鼓励更多的爱心车主加入到活动中来，2014 至 2016 年，阳光财产保险将累计向顺风车车主及乘客提供 30 万份保额为 3.3 万元的"阳光顺风车险"，总保额达 99 亿元。车主或乘客在顺风车网站实名注册为会员时，只需点击"参与阳光顺风车安全出行保障计划"，提交保单申请，审核通过确认承保后，保单于次日生效，保单信息可通过阳光保险官网（www.sinosig.com）进行查询。

顺风车与阳光保险"2014-2016 顺风车安全出行计划"签约仪式现场

阳光财产保险股份有限公司副总裁李伟介绍：如在搭乘车主顺风车的路段及搭乘时间范围内发生交通事故，阳光产险将根据相应的保险责任在保险金额内进行理赔。搭载和搭乘顺风车期间意外伤害保险金额每人 30000 元，附加意外伤害医疗保险金额每人 3000 元。保险责任包括：驾驶员驾驶"顺风车"期间，在机动车车厢内遭受意外伤害；被保险人乘坐顺风车期间，在机动车车厢内遭受意外伤害。

阳光财产保险股份有限公司副总裁李伟介绍阳光保　　　　　顺风车法律顾问岳岫山现场介绍
险参与顺风车安全出行计划　　　　　　　　　　　顺风车安全方面的问题

　　在免费提供"阳光顺风车险"的同时，阳光产险还为顺风车车主及乘客量身打造了"阳光拼车险"。驾驶和搭载顺风车的车主，每年只需投保 66 元，就可以享受整车 10.5 万元的意外和伤害医疗保险保障。被搭载的乘客每月只需 6 元钱，就可以再额外享受保障额为 10.2 万元的意外和伤害医疗保险保障。

　　每销售一笔"阳光拼车险"，阳光保险即捐赠保费的 5% 作为顺风车活动公益基金，用于专项推动顺风车公益活动开展。

活动上，顺风车发起人为支持合作伙伴颁发了证书。

顺风车发起人为支持合作伙伴颁发证书现场

获证嘉宾与顺风车发起合影留念

　　本次启动仪式还发布了顺风车微电影、主题曲《一起回家》。由"水木年华"缪杰作词作曲，陈伟鸿、郎永淳、赵普、邓飞、王永、岳屾山、吴昌华、肖庆平、丁耿著、徐天启、张吕清和"老歌老友"组合倾情献唱，旋律轻缓，歌词感人，在春运背景下显得越发打动人心。"爱是票根，路是缘分，我们是最信任的陌生人……"将顺风车的特点和公益理念充分表达了出来。

<table>
<tr><td>顺风车微电影《一起回家》导演周国俊</td><td>主题曲《一起回家》发布现场</td></tr>
</table>

《一起回家》

词曲："水木年华"缪杰

演唱：陈伟鸿、郎永淳、赵普、邓飞、王永、岳屾山

吴昌华、肖庆平、丁耿著、徐天启、张吕清

鸣谢：老歌老友乐队

那年冬天记得有点冷

每次回家都是一个人

跋山涉水只为一扇门

一年等 一句问 一个眼神

这个冬天不再那么冷

有你我不再是一个人

只为爱打开的一扇门

不必等 不必问 只要眼神

冬日暖风
伴我一起回家的路程
爱是票根
你是最信任的陌生人

一路顺风
分享一起回家的温存
路是缘分
你是最短暂的一家人

2012 年，春节回家顺风车的第一次启动仪式，就以水木年华的一首歌作为当年活动的主题曲。2014 年，春节回家顺风车再度启动，为了配合 2014 顺风车微电影《一起回家》，缪杰在王永的邀约下创作了同名主题曲《一起回家》，还与"老歌老友"组合，以及顺风车的几位发起人一起献声录制了《一起回家》的 MV。

对于顺风车的理解和感悟，缪杰在现场也讲述了自己的亲身经历。他说，有一年冬天北京下大雪，很多人在路上都打不着车，其实很多私家车上都是只有司机一个人，他和很多人一样只能在雪地里蹒跚地走，看到有空座的车也很想招手，希望能被搭载一程，但是很遗憾，没有一辆车停下来。最后他在冰天雪地里走了 6 个小时才到家，这件事给了他很大的感触，"如果当时大家有顺风车的意识，打开自己的车门，载着同路人一起回家该有多好。"所以，当顺风车公益活动发起的时候，缪杰觉得这是特别有意义的事情，应该向大家传递这种相互帮助、相互信任的意识。

缪杰在现场谈歌曲创作

【活动花絮】

顺风车发起人王永接受记者采访

阳光财产副总裁李伟接受记者采访

顺风车发起人王永与参会嘉宾亲切交流

现场媒体争相报道 2014 春节回家顺风车

台下观众聚精会神聆听演讲

会场气氛热烈

嘉宾现场体验顺风车 APP

第一位收到顺风车系统短信回复的嘉宾

京华时报记者现场提问郎永淳

郎永淳答记者问

林颖伟获支持合作伙伴荣誉证书   朱海娴获支持合作伙伴荣誉证书

【大数据分析】

1 报名参与顺风车最热的城市

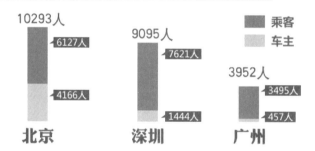

- ■ 乘客
- □ 车主

北京 10293人　6127人　4166人
深圳 9095人　7621人　1444人
广州 3952人　3495人　457人

北上广深是参与活动的主力城市。车主报名数量的提高将有效促成匹配成功率的提升，也从侧面反应这个城市对顺风车（拼车）的接受程度。

2 最热的顺风车路线

北京、深圳为外出打工聚集地。最热的顺风车路线主要从北京、深圳去往周围省份的主要城市。

3 最长的顺风车路线

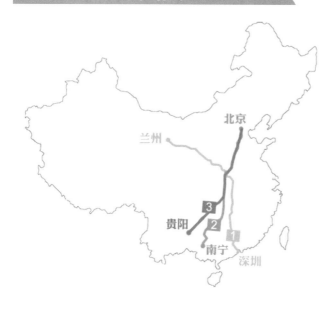

三条最长的顺风车路线都在 2000 公里以上，如果路上有个老乡作伴聊天，替换开车还是蛮幸福的！

4 三成用户爱爽约

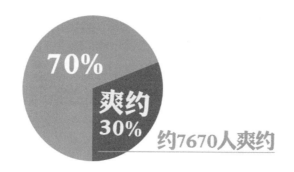

三成的用户爽约，其中多为乘客爽约，究其原因大部分是因为单方私自变动了回家日期或购买到了回家车票从而放弃了顺风车。

5 最为奢华的"顺风车"

11 贵州籍留守儿童在春节前搭乘南方传媒的免费航班，与北京工作不能回家的父母团聚。

2015 春节回家顺风车
公益活动集锦

2015 春节回家顺风车启动仪式

2月1日，由顺风车联合腾讯路宝发起的"2015春节回家顺风车"公益活动在京启动。央视著名主持人、顺风车发起人赵普先生，腾讯移动互联网事业群市场部总经理乐露萍女士，中国人寿北京分公司副总经理刘晓伟先生，著名歌手、"水木年华"主唱缪杰先生，海南航空股份有限公司产品总监袁慧芳女士，感恩儿童座椅副总经理王磊先生，深圳途沃得科技有限公司董事长肖启宣先生以及电影《顺风车》主创人员、媒体朋友、公益组织代表、顺风车车主代表等400余人出席了此次活动。

2015年的春运大潮，火车票虽然提前60天预售，但在面对36亿人次的人口大迁徙，公共交通资源仍旧显得捉襟见肘。在"顺风车"团队看来，如何让返乡过年的私家车，能够成为搭载老乡回家的顺风车，在春节期间尤为重要。

发布会上，顺风车发起人王永上台发表讲话并介绍"2015春节回家顺风车"活动的五种方式，今年顺风车可通过顺风车短信、WEB 网站、手机网页版本、手机 APP 以及腾讯路宝五种参与方式进行报名参与，满足不同人群春节回家的需求。预计本次活动将让数万用户安全回家。

2015 春节回家顺风车启动仪式嘉宾合影

腾讯路宝携手顺风车带你回家

腾讯公司移动互联网市场部总经理乐露萍发言

腾讯路宝作为新加入的参与方式，将成为今年大众报名的主要入口之一。安卓手机用户可打开路宝 APP，点击"服务"界面，点击顺风车 Banner 即可参与报名。顺风车联手腾讯路宝，将在北京出京方向的两条主要高速路建立车主补给站，为顺风车车主免费发放食品、饮料及车上用品。路宝 APP 内也将对补给站的具体位置进行语音播报，提醒用户前方有顺风车补给站，指引途经车主方便到达，让顺风车的回家之路更加畅通无忧。

腾讯公司移动互联网市场部总经理乐露萍在发布会上表示：腾讯路宝拥有庞大、优质的车主用户，这一优势可以最大化传递"2015春节回家顺风车"活动信息，鼓励车主积极参与，为这项活动提供更多车辆资源。在乐露萍看来，这些踊跃报名的车主，除了帮助乘客返乡，也将成为未来顺风车项目发展的中坚力量。

王永对此深表赞同。王永认为，2015年腾讯路宝的加入，除了借助其本身渠道吸引部分"回家难"人群之外，也将极大地推动更多车主加入"春节回家顺风车"行列，在很大程度上缓解活动过程中车主稀缺的问题。

"其实，作为车主，开车回家最怕的是返乡途中，路况、车况出现问题。"乐露萍说，"腾讯路宝加入顺风车，不仅是腾讯公司对社会公益事业的支持，更希望凭借腾讯路宝先进的技术为顺风车的参与者们提供更多安全保障，让科技成为推动社会公益行为的动力。"

对于大家普遍关心的安全问题，顺风车将继续推行"实名认证、签订协议、赠送保险"三种方式。匹配顺风车成功的车主和乘客可以到顺风车官方网站（www.shunfengche.org）填写实名信息免费领取由中国人寿提供的价值10万元的意外伤害保险。同时双方可以下载并签署由顺风车法律顾问岳屾山律师制定的《搭乘协议书》，以规避出现事故所产生的纠纷问题。

另外，今年顺风车活动增添了人性化关怀，为返乡的顺风车友赠送了感恩儿童安全座椅和途沃得行车记录仪，为他们回家之路保驾护航。

电影《顺风车》乌鲁木齐站观影会

电影《顺风车》广州站观影会

三十个城市同步上映电影《顺风车》

根据顺风车发起人王永先生十多年免费搭载乘客上下班的故事改编而成的电影《顺风车》于2月1日在全国30个城市同步上映。

电影讲述欧阳风（王永饰）十几年坚持开顺风车免费搭载路人的真实故事，影片以幽默手法真实再现了顺风车路上发生的点滴故事，展现人与人之间的信任与关爱，弘扬互帮互助的雷锋精神。《顺风车》的诞生，将会是精神文明建设的生动体现，传达了一个乐活的生活理念和新时尚的人生态度。活动当天影片中的主演及影片主创人员将亮相电影《顺风车》北京首映式。

关爱留守儿童 让爱拥抱你我

2014年，由顺风车联合贵阳市团委发起"让爱团聚——关爱留守儿童"公益活动，将贵州地区的11名留守儿童接到北京与父母团聚，引起了社会的广泛关注。

今年，顺风车又招募30名贵州、湖南、云南籍的留守儿童，他们将搭乘由海航提供的免费航班来到北京与家人团聚。

高速爱心服务站，这个冬天不再寒冷

每到春节我们与家人团聚的时候，身边的媒体朋友们依旧忙碌在一线新闻现场，每到春节我们与朋友团聚的时候，公益圈的朋友们依旧忙碌在需要帮助的弱势群体身边，为他们送去家人般的温暖和关怀。

今年，顺风车联合央广高速公路交通广播在全国两大高速公路服务区设立"高速爱心服务站"。为了感谢他们的默默付出，顺风车将免费为春节买不到票的前100名在京工作的媒体、公益圈的朋友们寻找春节回家顺风车，让他们的回家之路更加畅通无忧。

另外，特别值得一提的是，今年开车免费搭乘老乡回家的爱心车主还会意外收到一份由深圳途沃得提供的行车记录仪，能让他们在归乡的途中与我们分享每一个温馨的瞬间。

全国各地相继开展"春节回家顺风车"

2015年，这个已在北京开展4年的公益活动在公益基金开发的APP微微拼车软件的支持下，迄今已有近150万名用户登记注册。就新疆来说，乌鲁木齐市、克拉玛依市、石河子市等近20个城市已经开放，目前乌鲁木齐已有300多位爱心私家车主参与到活动中。搭乘顺风车的乘客，只需为司机分担少量的油费。

2月10日，父母家在奎屯，在乌鲁木齐工作的女孩李扬通过微微拼车平台，找到了2月16日可顺路回家的司机。"搭顺风车回家过年，省钱方便。"李扬说。

2014年"春节回家顺风车"活动通过新浪湖南的介入，在微博上形成了热门话题，话题讨论量达433471人次，数十家媒体跟踪报道，成功帮助众多网友顺利配对拼车回家。"春节回家顺风车"活动到目前已成功举办了三季。今年春节，新浪湖南将继续联合公益

人士及媒体发起"2015回湘过年"春节回家顺风车第四季公益活动。活动于1月30日正式启动，贯穿整个春运期间。

值得一提的是，今年的顺风车活动还增加了新的内容，为在广东务工的湘籍老乡送福利。新浪湖南和"口味王槟榔"达成战略合作，"口味王槟榔"将提供8辆大巴，在广东开展包车送湘籍农民工回家过年的爱心活动。

新浪湖南发起的"2015回湘过年"
春节回家顺风车第四季

乌鲁木齐的爱心车主，
准备参与到"2015春节回家顺风车公益活动"中

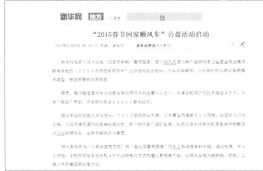

2015春节回家顺风车公益活动媒体报道

2016 春节回家顺风车
公益活动集锦

　　1月23日下午，"2016春节回家顺风车公益活动"在北京市环保宣传中心正式启动，这标志着在这个北京有气象记录以来最冷的冬天里，在过去四年里温暖了10万游子的公益活动第5次启航。

2016 年春节回家顺风车公益活动启动仪式

　　顺风车是品牌联盟（北京）咨询股份公司董事长王永于1998年开始的公益事业，迄今已有18年的历史，旨在倡导节能减排、减缓交通压力、促进公众互信，项目通过技术手段将具备条件的车主匹配需要春节回家的乘客。2012年春节，王永联合央视著名主持人赵普、陈伟鸿、郎永淳，公益人士邓飞等共同发起"春节回家顺风车"大型公益行动，4年来成功帮助了超过10万人找到了免费回家的顺风车。应王永邀请，著名表演艺术家六小龄童、央视著名主持人鲁健、"凯叔讲故事"创始人王凯、著名公益人徐侠客、气候组织大中华区总裁吴昌华等名人成为春节回家顺风车公益活动联合发起人，共同推动公益事业的发展。

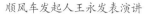
顺风车发起人王永发表演讲

2016 年春节回家顺风车公益活动现场

王永、徐侠客、吴昌华和技术支持单位北京掌上通网络技术股份有限公司董事长肖庆平，北京市环保宣传中心主任凌越等上百位嘉宾出席了启动仪式。启动仪式由中央人民广播电台中国高速公路广播主持人韩磊主持。澳大利亚第 26 任总理陆克文和春节回家顺风车公益活动新任发起人央视著名主持人鲁健、"凯叔讲故事"创始人王凯也通过视频为活动发来祝贺。王永、徐侠客、吴昌华、肖庆平、凌越、劳动午报社长张文涛、汽车大师运营总监边鑫、新华网移动互联网事业群总经理助理赵海军、北京摩威尔科技发展有限公司总经理周国俊、中华环保联合会宣传部长李瑞东、北京掌上通网络技术股份有限公司 COO 李科等共同为启动仪式剪彩。

2016 春节回家顺风车新增发起人　　　　澳大利亚第 26 任总理陆克文发来视频问候

"2016 春节回家顺风车"公益活动的参与方式非常便捷，无论是您开车回家还有空座，还是您希望搭载顺风车回家过年，您都可以发送短信"66"至"1066958800"，或者关注"顺风车"微信公众账号，我们将为你提供最佳匹配！分享，带来温暖！让你身边的空座，成为他人回家的希望！所有参与春节回家顺风车公益活动的车主和乘客，均将获得由中国人寿北京市分公司赠送的保额为 10 万元的意外伤害保险以及保额为 1000 元的意外医疗保险。

今年的春节顺风车活动的一大亮点就是和"双创"紧密结合，一批创业公司也参与活动支持。创业公司"汽车大师"为参与活动的汽车提供免费检查，创业公司微微拼车为活动提供了技术平台，创业公司"映像"视频制作APP也专门推出了"顺风车"模版，让参与活动的朋友能够随时随地制作属于自己的顺风车视频。

澳大利亚第26任总理陆克文也非常关注顺风车的发展，并为"顺风车"送来祝福，陆克文专门录制视频，给所有关心和参与顺风车的朋友拜年。这是顺风车发展过程中首次得到西方大国政要的支持和鼓励。

中国流动人口之多，相当于整个欧洲的人口总量，因此每年春运买票回家都是全国性问题，而2016年春运，全国旅客发送量将达到29.1亿人次。每一个在外漂泊的游子，心头都会有剪不断的牵挂。然而，人多票少，一票难求。我们固然要呼吁政府增加运力，协调多方，但同时也要开展互助。我国机动车保有量有2.76亿，其中汽车1.69亿量，并且正在高速增长，我们有能力也有热情帮助漂泊在外的人顺路回家，只是缺少一个安全的保障和需求的平台让我们的爱心帮助他人，公益顺风车无疑是最好的选择之一。

姚晨、李宇春、周笔畅、李开复、崔永元、汪小菲、水木年华缪杰等各界名人都是顺风车项目的支持者，无数热心善良愿意帮助他人的公益之士不断地加入到这个行动中来，正是他们的加入使得顺风车活动由少数人的星星之火扩展成大众公益的燎原之势。

启动仪式上，王永代表所有发起人特别感谢了所有的支持单位和合作伙伴。5年来，活动得到了CCTV、中央人民广播电台、北京市交通委、首都文明办、共青团北京市委、北京市青联、中华环保联合会、中国移动手机报、北京人民广播电台、天津人民广播电台、山东人民广播电台、浙江人民广播电台、新疆FM105.3音乐广播、深圳人民广播电台、大连人民广播电台、烟台交通广播、BTV、劳动午报、航美传媒、首都机场广告公司、中国人寿、太平洋保险、阳光保险、南方航空、海南航空、清华大学、吉利汽车、沃尔沃汽车、北京汽车集团、掌上通网络科技、北京移动、北京市环保宣传中心、新浪微博、百度地图、腾讯路宝、阿里云、小米手机、聚美优品、映像、汽车大师等单位的大力支持，没有他们的鼎力相助，活动不可能持续到今天。

在记者问答环节，王永也谈到了对商业公司滴滴顺风车的看法。王永说，顺风车欢迎包括滴滴、Uber、嘀嗒拼车、天天用车、五一用车、微微拼车、AA拼车在内的所有同行，以及腾讯顺风车、百度顺风车、五八赶集、阿里顺风车、新浪公益、金六福顺风车等各大平台共同参与"春节回家顺风车"公益活动，只有大家一起努力，蛋糕才能做大，受益的人才会越来越多。"作为顺风车的发起人，我们非常兴奋的看到越来越多的公司参与我们的倡议。对于顺风车而言，并不是通过我们的平台参与活动的人越多，我们就越成功，而是说我们号召了多少单位和社会资源参与其中。如果有一天，顺风车已经蔚然成风，成为一种生活方式，越来越多的其他机构和公司的技术、平台、影响力都远远超越我们，我们已经完成了自己的历史使命，失去了存在的必要，我想那才是我们最大的成功！"

顺风车发起人王永听吴昌华提问

2016年春节回家顺风车公益活动

2016春节回家顺风车公益活动媒体报道

2017 春节回家顺风车
公益活动集锦

2017 春节回家顺风车启动仪式现场

2017 年 1 月 19 日，"2017 春节回家顺风车"公益活动启动仪式在北京市环境保护宣传中心举行。北京交通广播台副台长罗霄兵，北京市环保宣传中心主任凌越，共青团北京市委社会部副部长王更，公益顺风车发起人、北京车友协会会长王永，智慧停车企业ETCP 创始人、董事长兼 CEO 谭龙，北京掌上通网络技术股份有限公司董事长肖庆平，搜狐汽车市场总监张洁，中国人寿北京公司政保合作部经理张晓男出席该启动仪式，并为启动仪式剪彩。澳大利亚第 26 任总理陆克文发来了祝贺视频，预祝"2017 春节回家顺风车"公益活动圆满成功。

搜狐汽车市场总监张洁发言　　　　　　　北京交通广播台副台长罗霄兵发言

剪彩仪式

智慧停车企业 ETCP 创始人、董事长兼 CEO　　　北京掌上通网络技术股份有限公司董事长
谭龙讲话　　　　　　　　　　　　　　　　　肖庆平讲话

启动仪式上王永为谭龙和肖庆平两位新增发起人举行聘任仪式并颁发聘任证书。

两位新增发起人接收聘书

2012 年至今，春节回家顺风车公益活动帮助了数十万人成功回家，已经成为国内知名的公益活动品牌，距离王永 1998 年开始的"一个人的公益"已过去 19 年。

公益顺风车发起人、北京车友协会会长
王永讲话

品牌联盟（北京）咨询股份公司董事
张吕清讲话

王永在启动仪式上表示：历年春运都是中国的一大"劫"，"一票难求"更是愈演愈烈。目前，国家发改委《关于全力做好 2017 年春运工作的意见》中指出，初步预测，2017 年全国春运旅客发送量将达到 29.78 亿人次，比上年增长 2.2%。加之铁道部自 12 月 30 日之后车票预售期缩短为 30 天，铁路出行抢票难度进一步加大。2017 年成为史上最难抢票年的称呼已然坐实。回家心切的游子如何在关闭"抢票"这扇窗的时候，找到另外一条既省钱又舒适的回家之路呢？公益顺风车无疑是比较好的选择。

2017 年春节回家顺风车持续时间为 1 月 19 日 –2 月 21 日，今年"顺风车"从传播平台上将得到北京交通广播 FM103.9、FM105.3 的全程助力。此外，"2017 春节回家顺风车"公益活动的参与方式非常便捷。无论是车主还是乘客，都可以通过掌上通"9588"短信平台发送"66"至"1066958800"，或者关注"顺风车"微信公众号进行报名。"顺风车"都会第一时间对报名者进行最佳匹配。

此外，顺风车通过"实名认证、签订协议、赠送保险、求救信息、信息甄别、咨询热线"6 种渠道消除搭乘双方的顾虑。匹配成功后，乘客还可获得中国人寿免费提供的 10 万拼车险。为参与春节回家顺风车的车主和乘客提供全方位的安全保障。

嘉宾合影

最后，王永对合作单位的鼎力支持表示感谢。王永表示，作为顺风车的发起人，他非常兴奋地看到越来越多人参与活动倡议。对于"春节回家顺风车"而言，成功的标准并不仅仅在于通过平台参与公益活动的人越多，而在于通过平台，号召更多具有社会责任感的企业和社会资源参与其中。通过活动近些年的持续努力，顺风车活动自身的影响力已经扩大到了全社会。除加入顺风车活动本身外，有很多平台和公益人士也响应号召自发举办了各种形式的顺风车，如滴滴的跨城顺风车等。如果有一天，顺风车已经蔚然成风，成为一种生活方式与社会现象，那顺风车才算达成了自己的真正使命，获得了最大的成功！

2017春节回家顺风车公益活动发布会现场

2017春节回家顺风车公益活动媒体报道

2018 春节回家顺风车
公益活动集锦

　　1 月 31 日下午，由公益顺风车、北京交通广播、北京车友协会联合主办，北京微卡科技有限公司（微微拼车）承办，全国各地公益顺风车协会协办的"2018 春节回家顺风车公益活动启动仪式"在北京市环境保护宣传中心举行。

2018 春节回家顺风车公益活动启动仪式

　　会上，公益顺风车发起人、微微拼车创始人、董事长兼 CEO 王永率先为活动致辞。他表示，微微拼车将积极贯彻和践行十九大精神，秉持着以创新思维发展"共享经济"和"绿色经济"的现代化发展理念，通过积极整合社会各方资源，动员社会公众参与拼车绿色出行，在有效提高乘客出行效率、满足人们出行需求的基础上，实现"节能环保、减缓交通压力、促进人与人之间的互相信任"的目标，以实际行动助力"中国梦"。

公益顺风车发起人、北京车友协会会长王永发表活动致辞

　　活动由品牌联盟（北京）咨询股份公司董事张吕清主持，现场还进行了中国首辆顺风车入藏北京汽车博物馆颁证仪式。汽车博物馆副馆长吴婧为微微拼车创始人王永颁发证书。随后，顺风车发起人、合作伙伴及主要嘉宾共同参与2018春节回家顺风车公益活动的启动仪式并就活动相关话题答记者问。

品牌联盟（北京）咨询股份公司董事张吕清主持活动

车博物馆副馆长吴婧为顺风车发起人王永颁发证书

中国民用航空应急救援联盟秘书长孙守军讲话

中国灾害防御协会副秘书长刘兴业讲话

顺风车联合发起人徐志军（徐侠客）致辞

北京车友协会副秘书长张晓男对平台进行介绍

新浪财经记者

FM 经典调频 969 记者

环球网记者

　　交通运输部副部长刘小明在 2018 年春运形势和工作安排举行新闻发布会上表示，鼓励并规范顺风车、营运车辆城际拼车等新业态新模式参与春运，充分利用社会运力资源，提高运输能力。因此从 1 月 31 日起，移动、联通（暂不支持电信用户）用户可发送短信 66 到 1066958800，免费参与 2018 春节回家顺风车公益活动，车主有望找到顺路的乘客，乘客可以找到顺路的车主。

习近平总书记在十九大中提出，"必须坚定不移贯彻创新、协调、绿色、开放、共享的发展理念"，以及"在中高端消费、创新引领、绿色低碳、共享经济、现代供应链、人力资本服务等领域培育新增长点、形成新动能"。在网约车在全国各地合法化、规范化的情况下，拼车、顺风车概念已经逐渐在全国老百姓的心目中形成了良好的印象。拼车、顺风车也已经成为了绿色出行的重要方式。而区别于拼车的有偿性，顺风车更加注重公益性，更加注重司机与乘客间的心灵距离的拉近。

公益顺风车开展的公益项目包括春节回家公益顺风车、学生送考、日常搭乘出行、政府活动用车、公益组织活动用车、文明行车和应急救援宣传培训、会员互帮互助等方面，将切实为广大人民群众的出行提供"绿色"便利。

品牌联盟（北京）咨询股份公司、北京交通广播 FM1039、经典调频北京 FM969、东方时尚驾校、搜狐汽车、ETCP、掌上通为本次活动提供了大力支持。另外，中国民用航空应急救援联盟、中国航空器及驾驶员协会、中国道路交通安全协会、中国公路学会、中国灾害防御协会、中国气象服务协会、中国卫星导航定位协会、中华环保联合会、中国社会福利基金会以及中国志愿服务基金会为活动提供指导。北京电视台、中国网、中国日报网、和讯网、新浪网、腾讯视频、优酷视频、环球网、和讯网等主流媒体对活动进行了大量报道。

活动现场

中央电视台采访王永

2018春节回家顺风车公益活动签到处

2018春节回家顺风车公益活动媒体报道

2018春节回家顺风车公益活动媒体报道

附录二：

2013-2017
顺风车日
系列活动集锦

2013 顺风车日活动集锦

由顺风车公益基金管委会举办的第二届顺风车日公益活动于 2013 年 6 月 6 日在北京中华世纪坛举行，除北京外，全国还有银川等六个城市同步举行顺风车日相关活动。

顺风车发起人、品牌联盟董事长王永，联想集团副总裁杜建华，东方时尚驾驶学校股份有限公司总经理闫文辉，联合国环境规划署驻华代表处国家项目官员蒋南青等嘉宾及爱心车主、乘客代表、新闻媒体代表共 200 余人出席了活动。

蒋南青在活动上发言说道："环境署旨在从人类生活习惯和方式入手，改变我们的行为，更低碳、更可持续。顺风车活动在不断地努力和政府主管部门对话，加强相关规则的调整，为这种节能的方式的推广提供激励条件，这也是联合国最希望做到的，即从最佳实践推动政策。"

第二届顺风车日启动仪式

联合国环境规划署驻华代表处国家项目官员蒋南青致辞

　　王永与联想集团副总裁杜建华进行了"顺风车"进联想的授牌交接仪式，标志着"顺风车"将走进联想集团，也预示着联想上万名员工将加入"顺风车"，加入到绿色环保出行的行列之中。

"顺风车"进联想交接仪式

联想集团副总裁杜建华发言

　　东方时尚驾驶学校股份有限公司作为驾培行业的领军者，每年有十几万学员毕业。"顺风车"进东方时尚驾校无疑是对众多"准驾驶员"公益助人、绿色出行理念的深耕。东方时尚驾驶学校股份有限公司总经理闫文辉表示："每年学员毕业的时候有一个宣示领证环节"，我们会向学员广泛宣传顺风车的有益之处：一是节能环保，二是缓解交通拥堵。并且为即将离校、已经成为驾驶员的学员发顺风车贴，让更多的人加入顺风车公益活动。"

顺风车进东方时尚驾校交接仪式   东方时尚驾驶学校总经理闫文辉发言

为鼓励广大车主积极并长期参与顺风车（拼车），缓解交通拥堵，减少尾气排放，建立信任，王永曾多次呼吁政府出台有关优惠政策，如对满载的顺风车免收高速通行费、优先使用公交车道、不受尾号限行的限制、减免收车船税等优惠政策。王永表示，在北京市委常委陈刚和团市委、市科委等有关部门的大力支持下，顺风车公益基金将开展对满载的顺风车代付高速费的试点。将从6月17日至7月16日（每天7:00–9:00早高峰期间内）开展为期一个月的试点，针对从八达岭高速进京方向的回龙观、西三旗入口驶入的载有3人及以上且贴有顺风车车贴，并从上清、清河主站出口的私家车将由顺风车公益基金代为支付高速通行费。此次试点旨在观察优惠政策对顺风车的推动作用，有望成为民间组织通过试点来探索和推动政府出台公共政策的先例。

顺风车发起人、品牌联盟董事长王永介绍顺风车"短途长期"项目推进工作

　　2013年春节，由顺风车发起的春节回家顺风车活动利用短信、APP、网站和微博四大平台，成功的帮助了9678人回家或返程，由于有实名注册、签订协议和赠送保险等安全措施，活动全程并没有发生一起纠纷和安全事故。王永在顺风车"短途长期"项目推进工作介绍中说："如顺风车'短途长期'活动顺利开展，有望减少10%的车辆出行率，这对缓解大城市的交通拥堵和减少尾气排放有着重要的意义。"

　　本届"顺风车日"活动还邀请了顺风车地方站代表来分享他们的顺风车故事。江苏如皋站站长陆洪、湖北武汉站站长赵志钢、江苏扬州站负责人胡彦君、天津站发起人刘丽、天津站站长韩赢共同参与了"顺风车——星星之火可以燎原高峰对话"。

"顺风车——星星之火可以燎原高峰对话"现场

　　媒体提问环节，中国交通报、公益时报、法制晚报、国际广播电台、央视英语新闻频道对主要嘉宾进行了提问。

中国交通报记者提问王永　　公益时报记者现场提问杜建华　　法治晚报记者提问
闫文辉、王永

中国国际广播电台记者提问蒋南青

央视英语新闻频道记者提问王永

第二届"顺风车日"公益活动现场

第二届"顺风车日"活动嘉宾合影

【活动花絮】

现场为爱心车主发放顺风车车贴

王永接受媒体采访

现场气氛热烈

嘉宾互相交换名片

第二届"顺风车日"礼品——可爱羊

户外广告牌展示

2014 顺风车日活动集锦

在第三个"顺风车日"到来之际，来自全国 28 个城市的 42 位顺风车地方站负责人齐聚北京，与发起人一起共同商讨顺风车未来的发展规划，以及如何更好地将顺风车"绿色环保、低碳节能"的理念传递给公众，为环境保护担负责任。

6 月 5 日是"世界环境日"，"顺风车"专门在这天召开了地方站工作交流会。铸诚大厦 B 座 1609 会议室，"顺风车"28 个城市的地方站负责人代表依次上台对自身地方站目前已有成绩、举办的历次活动以及在发展中遇到的各种难题和建议解决方案进行展示和分享。如何吸引车主和乘客参与其中？如何解决信任和安全问题，保障搭乘双方的合法权益？如何整合资源解决经费短缺问题？如何与当地政府、企业、媒体展开合作？如何对顺风车地方站的未来发展进行更好规划……28 位负责人代表结合自身在实践中积累的经验和教训娓娓而谈。

2014 第三届"顺风车日"顺风车地方站工作交流会现场

顺风车地方站工作交流会共谋未来新发展

经过将近 5 个小时的激烈讨论，最终大家达成了诸条共识。首先，顺风车从发起人王永一个人的公益发展到目前已在全国范围内颇具影响力的社会公益组织，必须进行更加严格化，科学化的组织管理和制度化规范，对此前提出的《顺风车公益基金地方组织发展规划建议书》进行了重新修订；其次，为车主和乘客提供体验度更佳的技术参与平台。目前顺风车主要的路线发布和匹配平台是以网站为主，今后应转向微信和手机 APP，网站功能偏向宣传。北京微卡科技有限公司作为顺风车合作伙伴将为此提供产品和技术支持，新版微信和手机 APP 预计将于近日正式上线。

【工作交流会花絮】

顺风车发起人王永发表演讲

顺风车如皋站赠送给顺风车公益基金管委会的书法作品

顺风车地方站工作交流会主持人闫柏茹

2014 第三届"顺风车日"顺风车地方站工作交流会合影

　　6月6日，第三届"顺风车日"在京启动，顺风车发起人王永和来全国各地方站负责人组成"绿色车队"在京展开巡游，为响应此次活动"绿色、低碳、环保"的公益理念，北汽新能源汽车股份有限公司特别为此次巡游提供了15辆新能源纯电动汽车，协办单位善达网对此次活动进行全程记录报道。

第三届"顺风车日"志愿者游览鸟巢水立方出发前合影

2014 第三届"顺风车日"巡游车队

2014 第三届"顺风车日"车贴

游览鸟巢水立方巡游车队司机志愿者方阵

顺风车招牌手势

　　6 日早晨 8:30，由 15 辆北汽新能源纯电动汽车组成的顺风车巡游车队浩浩荡荡地从中关村出发前往鸟巢，开启绿色巡游第一站。带着象征绿色、环保、爱心的绿丝带和顺风车车贴，统一"着装"的巡游车队一路上吸引了诸多视线，到达鸟巢后，时不时有好奇的游客上前询问，"你们是哪家公司的啊？""你们组织的是什么活动啊？"……"我们是公益顺风车！"巡游成员趁机向周围游客发起了宣传攻势，如数家珍地介绍顺风车的发起由来、历届活动。当听到有游客附和说曾在报纸和电视上看到过有关顺风车的活动报道，成员们难掩自豪，"看来咱们顺风车的粉丝还真不少"，来自江苏如皋的顺风车地方站负责人陆洪一边忙着介绍一边不时发出感叹。

2014 第三届"顺风车日"游览鸟巢水立方巡游车队合影留念

上午 10 点左右，巡游车队告别鸟巢再次整队出发，第二站是位于大望路的"伟鸿高端教育基金办公室"（以下简称"鸿基金"）。值得一提的是鸿基金的发起人、央视著名主持人陈伟鸿同时也是顺风车的发起人之一，将巡游第二站定在鸿基金，目的也是为了能让来自全国各地的顺风车地方站负责人能在鸿基金取经学习，地方站负责人在了解完鸿基金的管理和运转模式后都表示收获颇多，并承诺之后也会帮助鸿基金在自己的城市进行公益宣传。

2014 第三届"顺风车日"志愿者参观鸿基金　　　　　　　　志愿者拍照留念

本届顺风车日由来自全国四面八方的 28 城市的顺风车地方站在京城展开巡游，就是旨在唤起公众对 21 世纪绿色出行新方式——顺风车的关注，让公众了解目前在全国已有大批人认可并加入了环保节能的顺风车，他们从自身做起，从身边的点滴做起，让自己成为"有爱顺风车人"，为缓解城市交通拥堵和环境污染，向社会传递信任与温暖贡献自己的一份力量。

2014 第三届"顺风车日"志愿者合影留念

历经 16 年，顺风车从王永一个人 1998 年开始"单打独斗闯天下"到如今发展成为在北京、广州、深圳、天津、郑州等全国 40 个城市设立地方站，爱心车主总数达 10 万人，已颇具规模和社会影响力的公益组织。目前，顺风车也正在积极探索，作为一个民间公益组织如何在非盈利模式下解决发展过程中的资源短缺问题以及在不断的组织扩大中如何形成合力，更好地对各地分站进行勾连和增加粘性，维护组织的可持续性和良性发展。

2015 顺风车日活动集锦

2015 年 6 月 3 日下午，根据公益顺风车发起人王永真实事迹改编的电影《顺风车》全国首映发布会在北京举行。影片导演李广德、导演和编剧岳晓琳、主演"大奔哥"王永、邬嫒忆、斌子、王晓龙、孟阿赛、张野、崔尔康等电影主创人员出席了发布会。全国各地三十余爱心车主也来到北京为影片助阵。《顺风车》电影为第四个"顺风车"日献上佳礼。

王永与"顺风车"志愿者合影

17 年前，"大奔哥"王永是一个人在坚持顺风车的梦想，忍受着嘲笑和怀疑。十余年后，如今全国 30 多个城市都出现了"顺风车"车队，王永先生早已不再是孤军奋战。电影《顺风车》上映在即，全国的顺风车主们不仅在当地积极推进影片的宣传和上映，6 月 3 日，30 多位顺风车负责人和"爱心车主"代表更是千里迢迢来到北京首映式发布会现场，天津和西安的顺风车车队代表上台与媒体和嘉宾们分享他们在各地开展的扶学助残活动，倡导更多的人能将随手公益做下去。

《顺风车》电影观影会现场

　　公益电影《顺风车》是一部关于搭车的故事。影片中，一个叫欧阳风的光头，率直，一根筋，甚至可以说有点"二"，每天开着大奔去上班的老板。因偶然的一次搭载顺路客，一发不可收拾地走上了一条专门免费搭载顺路客的不归路，也因此和搭客、出租司机、城管等各路人马演绎出一幕幕令人啼笑皆非的公路版《智斗》。

《顺风车》电影剧照

　　这位被乘客亲切称为"大奔哥"的男主角,正是由"顺风车"公益活动的发起人王永饰演。在发布会现场,王永讲述了自己与顺风车的不解情缘。影片中泼豆浆、遭白眼、被刀砍等情节正是王永多年真实生活的写照。从1998年到现在,王永开顺风车的脚步始终没有停下,大概有100万人拒绝过他,至少有10万人给过他白眼,至少有2万人说过他是神经病,但至少也有1万人坐过他的顺风车。

《顺风车》电影首映式现场

电影主创人员与在场观众交流

　　王永、周晓鸥、王凯等一众光头帅哥型男齐聚电影《顺风车》，成为本片的一大亮点。作为非专业演员，"光头哥"王永在现场爆料自己刚到剧组时，导演李广德和岳晓琳赞他"比徐峥帅"。虽然没有学过表演，但王永在拍戏时却是最放松的一个。在发布现场，王永自我调侃"这是无知者无畏，用生命在演戏"。

　　电影《顺风车》意在提倡现代社会绿色出行的生活方式，重建人与人之间的信任与关爱。为了鼓励那些缺乏自信的"光头哥"们，电影《顺风车》还发起了一项"凭光头领首映礼观影票"的活动，只要你有一个 blingbling 的光头 (或者有个可爱的光头宝宝)，就可以凭光头领取两张首映礼观影票。由此，该片成为史上最有亮度的聚会！

《顺风车》电影广告

2016 顺风车日活动集锦

第五届"顺风车日"于 2016 年 6 月 5 日在京举行，公益顺风车、微微拼车发起人、品牌联盟 (北京) 咨询股份公司董事长、品牌联盟商学院院长、香港理工大学博士王永，公益顺风车联合发起人、气候组织大中华区总裁、中国企业低碳解决方案倡导者徐侠客以及来自天津、保定、秦皇岛、南昌、新余、太原、临汾、晋城等 20 个全国地方站的公益顺风车负责人，近百余人的媒体嘉宾参加了此次活动。会上主要探讨了顺风车各地方站过去一年取得的成绩以及存在的问题，并由公益顺风车发起人为顺风车地方站授予顺风车统一旗帜。

会上，徐侠客在回顾十多年来拉顺风车的经历时说，从 1998 年至今，顺风车已经坚持了十多年。期间从来没有拉顺风车而出现过一起事故或者纠纷，怎样才能做到这一点？徐侠客在现场分享了自己的顺风车口诀："老、弱、病、残、孕、幼、妇 + 邻居 + 同事 + 朋友"亲人不算，接送亲人是责任和义务。十不捎："车况不好不捎，车技不好不捎，车险不齐不捎，路线不熟不捎，长途高速不捎，公交站点不捎，出租站点不捎，火车站前不捎，喝醉酒的不捎，两个以上陌生男士不捎。"这不仅提高了搭载顺风车的效率，也保证了安全。徐侠客的搭载率很高，他把自己总结的顺风车经验编成了顺口溜："上路尽量走辅道，打开车窗说您好，先说去哪很重要，突出免费很必要，捎上一段也很好，医院袋子是信号，跟上空的很重要，一站两站不算绕，征得同意再拍照，分享快乐分享笑。"这每一句的背后也许都有许多故事，而徐侠客说，真正想要告诉青年志愿者的是：做任何事情都不容易，包括公益，唯有坚持。

顺风车发起人、品牌联盟（北京）咨询股份公司董事长、品牌联盟商学院院长王永

公益顺风车联合发起人、"光盘行动"发起人、
中国国土资源报社副社长徐志军（徐侠客）

第五届"顺风车日"活动现场

　　"顺风车的前世今生"，王永用这句话来回顾顺风车十多年来的风风雨雨以及对未来的展望。说起为何发起公益顺风车，王永觉得很简单，力所能及，但始终如一。1998年，24岁的他在北京经营自己的一家设计公司。"住在回龙观，当时很荒凉，进城的公交也就那么几趟，很赶'潮流'地买了辆国产红旗车。"因为曾经挤公交的经历让他对当时不够便利的交通深有体会，如果可以用自己的车拉几个人进城也是好事。开始时，王永在小区门口问人家去哪儿，换来的却是白眼和不信任，都以为他是黑车，不知道会被拉去何方。后来，他积攒了一些经验，见着路边需要帮助的人，就说："我要去马甸、双安一带，谁需要免费搭一段？"之后，无论王永搬到哪儿，每天上下班时间，都会开车到临近的公交站，免费搭载顺路乘客。

第五届"顺风车日"活动现场

十几年下来，他接到过很多"回头客"，并且坚持做公益的行为得到了大家的认可，但在收获诸多赞誉的同时也遭遇了社会上的质疑。"世上哪有这么好的事？""免费的还不是黑车？""有钱人怎么可能做活雷锋？"……这些声音无疑对王永做的事情当头一棒。

王永说，顺风车经历了六个阶段：

第一阶段是自发助人阶段。没有任何组织，没有媒体管关注，就凭着自己的热心和坚持来自发帮别人，这个过程大概是1998年到2003年，坚持了四五年的时间。

第二阶段是媒体关注阶段。1998年北京青年报发表了一篇文章叫做《王永先生的顺风车的寂寞》，后来中央电视台《走进都市》栏目拍了一个50多分钟的专题报道，再后来就有更多的广播、电视、报纸主动联系主动宣传。因为这件事情传递正能量、契合社会需求，从最早的互助，后来变成节能减排、减缓交通压力的重要措施，是在践行社会主义核心价值观。

第三阶段是组织阶段。以2011年春节回家顺风车为关键点，王永、邓飞、赵普、郎永淳、陈伟鸿、崔永元6人联合发起该项公益活动。中央电视台《真诚沟通》栏目的大力宣传，对顺风车的发展起到了极大的促进作用。从2012年开始到现在，全国各地顺风车组织如雨后春笋涌现出来，组织不断壮大起来。

第四阶段是制度建设，这对顺风车发展至关重要。2008年前北京市是禁止拼车的，通过跟各个部门不断协调、沟通、做试点调研，直到2014年1月1日北京市交通委正式出台政策《北京市小客车合乘指导意见》，这就意味着拼车即将合法化。在这个过程中，王永和他的团队经过了层层考验，北京市交通委合作、执法办、工信委、国资委、发改委等等一一回答他们的问题、打消疑虑，为拼车合法化做出了巨大贡献。

第五阶段是商业化尝试。2014年王永创办了微微拼车。微微拼车的崛起离不开顺风车的大力支持，尽管微微拼车目前处于保存体力的冬眠状态，但是拼车的商业化尝试总体来讲是成功的，因为滴滴、Uber、滴答都还在做、还在坚持，而这些都脱胎于顺风车，借鉴了顺风车的发展。拼车商业化的成功在于这件事情坚持下来，并得到长足发展而非某一个企业的成败得失。

第六阶段是回归阶段。商业与公益各自回归本质。事情的发展都是有一个规律性的周而复始的循环，这样才会有活力和生命力。应该感谢媒体的鼎力宣传、名人的加入为顺风车的发展插上了一对翅膀。顺风车是一辈子的事业，一辈子做下去，等到全国人民都觉得顺风车是件自然而然的事情。每位车主都成为"顺风侠"，那也就意味着最大的成功。

王永把做公益当成创业，创业途中哪有不受挫折和打击？但只要热情还在，他会坚守。18年下来，他做过粗略的统计，他一人免费搭载过的乘客有上万人。最后王永喊出了顺风车的口号："顺风车一起来，有你更精彩！"

顺风车一起来，有你更精彩

　　2016年，著名表演艺术家六小龄童、央视著名主持人鲁健、"凯叔讲故事"创始人王凯、中国再设计中心主席吴昌华和著名公益人徐侠客共5人新增成为顺风车发起人。

公益顺风车联合发起人吴昌华　　　　　CCTV 老故事频道公益中国栏目的制片人张吕清

第五届"顺风车日"活动现场合影

随后，"顺风车公益基金"总干事刘坤明、"顺风车公益基金"项目经理黄子珍分别分享了公益造血案例，从羽泉演唱会助力 1.8 万歌迷散场回家到与沃尔沃中国合作"健康出行，有沃接您"都见证了顺风车多年来的成长和发展。会上还请到了顺风车志愿者代表徐连喜，老先生是一名公交站协管员，从最初与王永相识，对他免费拉顺风车行为的不理解，到后来"帮助王永一起吆喝"，表达自己了对王永顺风车行动的支持和赞赏。

顺风车项目经理黄子珍　　　　　顺风车总干事刘坤明　　　　　顺风车志愿者代表徐连喜

最后，各地方站代表发表了顺风车心得，顺风车发起人代表王永、徐侠客为顺风车地方站授予顺风车统一旗帜。

大会结束后，顺风车志愿者一同参观了北京新阳光慈善基金会和新华网。

顺风车志愿者参观北京新阳光慈善基金会　　　　　顺风车志愿者参观新华网

【地方站 2016 爱心送考 】

宿州站顺风车志愿者爱心送考

晋城市阳城县顺风车志愿者爱心送考

2017 顺风车日活动集锦

2017年6月6日，迎来第六个"顺风车日"，在这个属于全体顺风车人的节日里，大家没有欢聚一堂，因为适逢一年一度的高考季，全国的顺风车人都在忙碌着高考"志愿服务，爱心送考"活动，到处飘动着绿丝带。

安徽淮北

安徽宿州

湖南浏阳

江西新余

山西运城

河南洛阳

6月7日，全国统一高考大幕拉开。当天考试一结束，江苏邳州的顺风车车主王先生就接到了考生的答谢电话。"听说，上午考试的语文作文题目就是'生活中离不开车'，学生们特地打电话给我，感谢顺风车给了他们灵感。"王先生高兴地说。而这只是今年高考季有关顺风车的诸多故事之一。

江苏邳州

浙江瑞安

山西吕梁

山东临沂

这场声势浩大的"公益顺风车"活动，在全国各地同步开展。山西太原、运城、晋城、吕梁，山东临沂、德州，陕西西安，河南洛阳、漯河、安阳，安徽合肥、淮北、宿州，江苏南通、徐州、邳州，浙江瑞安，江西新余，湖南宁乡、益阳、岳阳、浏阳，宁夏银川等地纷纷扬起"公益顺风车"大旗，安全有序地为超过20000名考生提供了接送考、护考服务。这其中，更是多次上演了顺风车主为考生找回遗失准考证，及时转接车辆延误的考生到达考场的暖心一幕。

在为期两天的高考中，各地"公益顺风车"组织形成全国联动，并得到了各地各级政府的大力支持和学生家长的一致好评，有效缓解了高考期间的交通压力，为莘莘学子开辟了一条快捷高效的绿色通道。顺风人用实际行动诠释了公益的力量，让顺风车为百万考生以及更多的人带来便利。爱心送考，必将进一步增强社会凝聚力，弘扬社会正能量。

车来车往，见证着时代的发展，承载了世间的真情；车来车往，折射出观念的变迁，蕴含着人生的哲理。在通往考场的路上，"顺风车"的大旗迎风飘扬。

湖南益阳

陕西西安

安徽合肥

山西太原

6月23日至24日，"顺风车第六届全国峰会"在京召开，今年的峰会聚集了来自全国25个地市的82位顺风车发起人以及负责人，会上主要探讨了顺风车各地方站过去一年取得的成绩以及存在的问题。

第六届顺风车峰会现场

本届峰会由顺风车总干事张晓男先生主持，王永先生作为全国顺风车的总发起人出席了峰会。王永入场时，全场的顺风车家人们自发起立鼓掌，让王永颇为感动。王永做了题为《公益大平台，顺风你我他》的演讲。演讲通过"欢迎、感谢、回顾、展望"四个部分对顺风车的19年公益历程做了完美的阐述，整个演讲过程不时被伙伴们热烈的掌声打断。

主持人公益顺风车总干事张晓男　　　　　　公益顺风车发起人、
品牌联盟（北京）咨询股份公司董事长王永

各地市站的负责人也在现场对各自的顺风之路进行了分享，引起了参会家人们的共鸣。对于公益顺风车目前面临的问题和将来的发展之路，张晓男做了详细的解读，并在交流会上为顺风车的家人们答疑解惑，给出了顺风车明确的发展方向和目标。

顺风车订单匹配平台说明负责人边鑫

部分地方公益顺风车代表在总结发言

峰会闭幕式上，王永为峰会做了题为《顺风车，重新出发》的主旨演讲。

王永认为，公益顺风车要重新出发，应当要做到四个统一：

一、统一思路（持之以恒，不断创新，正视各地团队和爱心车主的利益诉求，鼓励大家带着私心做公益）；

二、统一形象（统一VI、统一服装、统一车贴）；

三、统一平台（做好全国顺风车网站、统一微信形象、优化顺风车 APP、建立顺风车全国微博矩阵）；

四、统一宣传（整合全国各地的宣传资源，共同为全国顺风车发声）。

同时，还发布了两个计划：

一、筹备"中国思源扶贫基金会顺风车公益基金"，最晚今年年底前完成；

二、由北京车友协会和各地已经注册的顺风车协会联合发起，筹建"中国公益顺风车联盟"。

王永做闭幕演讲

本次活动结束后，各地区参会代表发表活动感言，一致感谢"顺风车公益"这个大平台给大家了一个共同学习、交流的机会。不仅解决了顺风车发展中遇到的一些问题，同时也明确了顺风车的发展方向和发展目标，使顺风车的发展脚步向前迈进了一大步。

会后顺风车代表们愉快合影

25 日上午，几位顺风车的家人们来到顺风车总部品牌联盟（北京）咨询股份公司进行了参观交流。至此，为期两天的顺风车第六届全国峰会圆满结束，期待明年再见！

部分顺风车代表参观品牌联盟

附录三：

王永博士论文
——《不确定情境下的助人行为研究：以顺风车为例》

不确定情境下的助人行为研究：以顺风车为例

Helping behavior under uncertainty:
An empirical study based on the car-pooling scenario

院（系、所）：香港理工大学工商管理研究院 (DMgt)

申请人：王 永

指导教师：顾 芳 刘 军

2016 年 3 月

致 谢

一晃 4 年过去了！随着论文的最终脱稿，我在香港理工大学的博士学习生涯也即将告一段落。回首这段难忘的学习生涯，往日的苦累与汗水，欢乐与温馨，仿佛就发生在昨天。当我带着不舍的心情写下这段文字时，我才发现，在这几年痛并快乐着的学习生涯中，我的收获如此之多……

首先，要诚挚感谢我的论文指导老师顾芳教授。顾老师独特的人格魅力、渊博的专业知识以及严谨的治学态度一直感染和激励着我，不断进取，不断前进。在博士毕业论文的写作过程中，从论文的选题到整个论文结构的搭建，顾老师都及时给予了我无私的帮助与不厌其烦的教诲，使我获益匪浅。

同时，我也很感激人民大学的刘军教授，他的学术研究态度和能力一直是我所钦佩的。刘老师在我写作遇到问题时，给予了我很多的帮助和支持，提出了很多富有建设性的意见，促进了论文的顺利进行。

我也要感谢我的同学们，4 年来，尤其是在 3 年的上课过程中，我从大家的身上学到了不少东西，无论是严谨的治学态度，乐观的生活态度，坚韧的创业态度，都让我获益良多。很多同学在论文写作的过程中也给予了积极的支持和鼓励，很多同学的建议和意见也对我完成选题、调研很有帮助。

还要感谢我工作中的朋友们以及 2000 多位参与调研的顺风车车主，他们在数据收集过程中的积极配合和反馈，是这个研究能够成功完成的重要保障。

最后还要感谢我亲爱的妻子和可爱的孩子们，正是他们无私的爱和包容，使我在繁忙的工作、生活之外能够有时间和精力投入到学习中。

路漫漫其修远兮，我会带着所有人的期望与鼓励，继续无畏前行。

王　永

2016 年 2 月 29 日

摘　要

　　助人行为对整个社会的良好运转有着广泛而深刻的影响，并因此成为社会心理学研究的一个常青话题。已有的助人行为研究文献采用了生物进化论、社会学习理论、动机理论等多个研究视角以及民族志、自然观察、实验室研究等多种研究范式，揭示了共情、个体道德认知，公平感知等变量对助人行为的影响。但是，社会心理学研究范式下的助人行为研究大多数采用了实验研究范式，针对具体情景的研究却较为缺乏。此外，以往的研究较为分散，未能充分探究各个研究变量之间可能存在的内在联系，而且有些在特定情景下能够影响个体助人行为决策的因素也并未能充分考虑。

　　因此，本文希望研究具体的"顺风车"情景下的助人行为，探究它如何受到了个体特质、社会环境、助人情景等诸多因素的整合影响作用。具体的，本文以共情反应为核心，探究了哪些因素会影响个体共情反应以及共情反应转化为助人行为的过程中可能存在的干扰变量。首先，本文根据社会认知和社会学习理论，从认知和情感两个角度切入，探究了可能影响个体共情反应的因素。本文认为，个体的道德认同会通过社会认知路径，而感知社会支持会通过社会学习路径，影响个体在顺风车情景下的共情反应。其次，本文探究了不确定性厌恶（intolerance of uncertainty）及领地意识在共情反应转化为助人行为的过程中可能产生的干扰作用。本文还将助人行为具体化操作为顺风车情景中车主提供顺风车服务的次数，在真实的助人情景中研究个体的助人行为，以提高结论的生态效度。

　　本研究采用了在线网络问卷调查的方式向顺风车车主发放问卷。调查对象是曾经参与了笔者顺风车公益项目的车主。由于顺风车车主的稳定性较差而流动性较大，给分阶段的纵向数据追踪收集带来了困难，因此笔者采用了横截面的数据收集方法。网络问卷调查最终回收了 1125 份有效问卷。本文数据分析结果显示，个体的道德认同能够显著预测个体的助人行为，并且共情反应在其中发挥了中介作用。此外，个体的不确定性厌恶也调节了共情反应与助人行为之间的关系，个体的不确定性厌恶倾向越强，其共情反应与助人行为之间的关系越弱。但是相比而言，社会情感支持除了对助人行为有主效应之外，对共情反应并没有预测作用，共情反应的中介作用也没有得到支持。而且，领地意识在共情反应与助人行为关系间的调节作用也并没有得到支持。

本文的研究具有一定的理论以及实践意义。

在理论方面：

第一，道德认同对个体共情反应的预测作用证实了社会认知过程的影响。

第二，道德认同对助人行为的预测作用也体现了社会认同过程的影响，而感知社会支持的主效应则体现了可能的广义社会交换过程的存在。

第三，本文还发现了共情反应在道德认同与顺风车助人行为之间的中介作用，从而较为完整地揭示了道德认同高的个体产生助人行动的心理过程。

第四，不确定性厌恶对共情反应与顺风车助人行为关系间的负向调节说明了顺风车情景对助人行为的独特影响。

而在实践意义方面：

第一，顺风车情景的选择就具有丰富的实践意义。顺风车活动有助于社会环境保护及弘扬社会公益。

第二，道德认同和社会情感支持对共情反应的预测作用也启示我们注重社会道德氛围建设，为个体成长提供一个温馨环境。

第三，不确定性厌恶的负向调节作用也启示我们为了更好促进顺风车活动的发展，相关部门应当采取措施，完善顺风车管理，最大限度减少顺风车车主面临的各种不确定性。

文章最后也讨论了本文研究的不足及未来发展方向。

关键词： 道德认同 感知 社会支持 共情 不确定性厌恶 领地意识 助人行为

Abstract

Individuals' helping behavior has comprehensive influence on the well-functioning of the whole society and has thus been a perennial topic in social psychology studies. Previous research has employed various paradigms (ethnography, naturalistic observation, laboratory investigation) and theories (biological evolution, social learning, motivation, et al.) in studying helping behavior and has found the predictive effects of many variables such as empathy, ethical reasoning, justice and so on. However, compared with the abundance of experimental studies conducted in the laboratory in extant research, there has been a dearth of field studies conducted under specific context. Thus, some really powerful influencing factors in a certain context have been neglected. Moreover, previous studies have been so disperse that the likely internal connection between different variables has not been fully examined.

To address these gaps, the present study aims to study helping behavior in the car-pooling scenario and to explore how it is shaped by individual characteristics, social circumstances, and specific context. I first identified empathy as the key variable connecting the predicting variables and helping behavior and then explored factors enhancing individuals' empathy and impeding the translation from empathy to actual helping behavior. Specifically, based on social cognitive and social learning theory, I explored the predicting factors of empathy from both the cognitive and emotional perspective. I suggested that moral identity would influence empathy via the social cognitive path and social emotional support via the social learning path. I then proposed that intolerance of uncertainty and territory awareness may hinder the translation of empathy into helping behavior. Moreover, I operationalized helping behavior into the number of times that car owners have actually provided for passengers so as to improve the ecological validity of the present study.

The survey was conducted via the internet and I invited former participants in the car-pooling campaign to answer the questionnaire. Given that car owners in the car-pooling campaign are constantly changing and this may lead to the difficulty of collecting multi-wave data, I used a cross-sectional design and finally got 1125 valid samples. Analysis of the data reveals that moral identity predicted helping behavior via the mediation of empathy and intolerance of uncertainty negatively moderated the relationship between empathy and helping behavior. However, except for the significant relationship between social emotional support (SES) and helping behavior, neither the relationship between SES and empathy nor the mediation of empathy was supported. Moreover, the moderating role of territory awareness in the relationship between empathy and helping behavior was not supported either.

The present study has some theoretical and practical implications.

First, the significant relationship between moral identity and empathy validated the influence of social cognitive processes.

Second, the predictive effect of moral identity on helping behavior showed the influence of social identification process and the significant influence of SES on helping behavior may reveal the potential mechanism of generalized social exchange.

Third, by revealing the mediation role of empathy in the relationship between moral identity and helping behavior, the study presented a complete psychological process through which individuals' moral identity can be translated into actual helping behavior.

Fourth, the negative moderating effect of uncertainty intolerance on the relationship between empathy and helping behavior indicated the unique influence of the car-pooling scenario and highlighted to us the importance of contexts.

As for the practical implications:

first, this study may be helpful in publicizing the car-pooling campaign by focusing on the car-pooling scenario and thus help protect the environment and promote the public welfare.

Second, the predictive effects of social identity and social emotional support on empathy enlighten us the importance of the construction of institutional ethical environment and the provision of emotional support to individuals.

Finally, as intolerance of uncertainty may weaken the relationship between empathy and helping behavior, the administrative departments need to take measures to improve the regulation and reduce the uncertainty facing the car owners in the car-pooling scenario.

Limitations and further research direction were discussed in the end.

Key words: moral identity social emotional support empathy intolerance of uncertainty territory awareness helping behavior

第一章 引 言

1.1 研究背景

在我们的日常生活中，助人行为并不鲜见。不管是为了救助落水儿童而牺牲生命的英雄主义行为，还是到偏远地区支教的志愿服务行为，抑或是扶老人过马路这样的微小举动，它们都反映出了助人者善良的品质和乐于奉献的精神。而本文所感兴趣的，正是这些助人行为背后的机制。是什么因素促使有些人不辞辛苦、不怕麻烦、不惧误解、甘心奉献？又是什么因素使得有些人在犹豫中选择了默默走开？

已有的助人行为研究文献对这个问题给出了丰富的答案。早在 1970 年，Macaulay 和 Berkowitz（1970）两位学者就从社会心理学角度系统地研究了助人行为。他们里程碑式的工作引发了此后关于助人行为的大量研究。学者们从紧急情况下旁观者的责任分担效应、社会规范和公平社会假设等多个方面探究了这个问题。纵观以往的助人行为研究，学者们采用了多个研究视角（生物进化论、社会学习理论、动机理论等），多种研究范式（民族志、自然观察、实地调研、实验室研究等），研究了多种变量（人口统计学因素、共情、个体道德认知，公平感知等）对助人行为的影响。然而，以往的研究发现并没有解决一个问题，就是在具体情景下，各种因素（个体特质、社会环境、助人情景等），如何整合性地发挥作用，从而影响了个体具体的助人决策。

以笔者所从事的"顺风车公益活动"为例，顺风车助人行为与以往所研究的助人行为不一样的一点就是，它具有鲜明的情景特征。虽然其他类型的助人行为都或多或少地存在着一定的不确定性，但顺风车活动的不确定性却很大程度上直接影响到了个体的助人决策。首先，最大的不确定性，也是很多车主的担忧就是，会不会有人敢坐我的车？很多顺风车主经常遭人误解和白眼，被怀疑图谋不轨、动机不纯，因此很多车主担心自己一番热情，却被他人嗤之以鼻，而最终选择不去自讨其辱。其次，车主还要面临乘客的道德品质良莠不齐的不确定性。此外，由于我国关于顺风车法制的不健全，车主可能还要面临被监管部门误认为是黑车而进行处罚的风险。最后，顺风车的不确定性还可能来自乘车途中可能的事故风险以及其后的法律纠纷。这种情景的不确定性，会极大地影响到车主参与顺风车活动的热情。但是，目前的助人行为研究，还未能很好地体现出这种不确定性情景对个体助人行为决策的影响。Dong 和 Hayes（2012）发现，个体在做出助人决策时会更加关注所面临情景的不确定性。Smith（2015）通过对多个不同国家情景下助人行为发生频率和范围的研究，发现不确定性规避较为低的国家，助人行为较多。但是这些研究却并未实际检验不确定性如何影响个体的助人决策，以及更重要的，个体对待不确定性的态度如何影响他／她最终的助人行为。

此外，与以往助人行为不同的是，顺风车助人行为是以私家车作为载体的。车子对很多人而言，不仅仅是一种交通工具，也成为了个体私密空间的延伸。在顺风车活动中，会有车主认为陌生人坐自己的车会破坏个体隐私，从而感到无法接受。因此，对私密空间的维护也可能成为阻碍车主加入顺风车活动的重要因素。然而，由于日前的助人行为文献对特殊助人情景的特征缺乏足够关注，并没有休现这个因素的影响作用。

基于以上几点，根据笔者在顺风车活动方面的经验，笔者希望从中识别出能够用于实证研究的变量和模型。本文希望通过从现象出发进行研究模型设计，从而让本文的研究成果更具有现象解释力和实践指导力。

1.2 研究问题

正如上文所提到的，本文希望研究顺风车情景中影响车主助人行为的因素。具体的，本文希望探究：有哪些内外在因素会促进车主的助人行为？这些因素又是通过什么途径影响车主助人行为的？有哪些因素又会抑制车主的助人行为？以往的研究已经对这个问题给出了一些回答，如个体的道德水平（如道德认同）、所处的社会环境因素（如城市还是乡村）、个体的情感状态（如积极情绪）等。但是，以往的研究存在以下问题：

第一，社会心理学研究范式下的助人行为研究大多数采用了实验研究范式，并且将个体的助人行为操作化为模拟情景中的捐赠数目、针对实验情景中虚拟助人情景的回应等，针对具体情景的研究却较为缺乏。

第二，以往的研究较为分散，未能充分考虑各个研究变量之间可能存在的内在联系。

第三，有些在特定情景下能够影响个体助人行为决策的因素并未能充分考虑。

针对以上三点，本文提出了以下解决方案：

第一，将助人行为具体化操作为顺风车情景中车主提供顺风车服务的次数，在真实的助人情景中研究个体的助人行为，以提高结论的生态效度。

第二，将以往关于道德认知、个体社会生长环境及个体认知情感过程的研究进行整合，提出个体的道德认同及感知社会支持通过提高个体的共情反应影响个体的助人行为的整合模型。

第三，考虑一些影响个体助人决策的边界变量，识别可能阻碍个体最终助人行为的关键要素，如个体的不确定性厌恶和领地意识。

1.3 研究意义

1.3.1 研究的理论意义

第一，从研究模型设计方面看，本文根据社会认同和社会学习理论，从认知和情感两个角度切入，较为完整地研究了个体的助人决策影响过程。本文认为，个体的道德认同会通过社会认同路径，而感知社会支持会通过社会学习路径，影响个体在顺风车情景下的共情反应，使得个体更容易体察到他人的求助需要，因此也会更多帮助他人。其中，道德认同更多地影响了个体共情反应中的认知成分，社会情感支持更多地影响了个体共情反应中的情感成分。这个将个体的认知及情感整合起来的助人研究模型，有助于我们思考认知和情感在个体助人决策中各自扮演的不同角色。

第二，本文揭示了哪些因素可能会影响到个体的共情反应能力。以往的共情研究一般将共情看作一种状态性变量，关注情景线索对共情反应的影响。本文将共情看作是一种稳定的特质型变量，关注哪些因素能够促进个体共情反应的发展。这个研究视角有助于我们更为全面地理解共情，并为促进个体共情反应能力提供路径参考。

第三，本文关注了会抑制助人行为的个体特征因素——不确定性厌恶及领地意识。

本文之所以选择了这两个调节变量，主要是出于以下两个方面的考虑。第一，顺风车助人行为的具体情景。在设计模型前，笔者与多个顺风车主进行了访谈，并与他们一起深入探究了阻碍个体参与顺风车行为的原因。在访谈过程中，有两个因素被反复提到——"开顺风车有风险，不知道上车的是好人还是坏人，还有可能被罚款"，以及"就是不喜欢让外人坐自己的车，与是否助人无关"。本文秉持着用理论来解释实践的态度，从这两个因素中总结出了可能阻碍个体参与顺风车行为的因素——不确定性规避及领地意识。其中，不确定性规避是现有的文献中已经有的变量，而领地意识则是本文根据领地行为延伸出来的新构念。

第二，从理论角度出发，不确定性规避和领地意识也是助人行为的"损失—奖赏"模型框架下值得关注的变量。根据助人行为的"损失—奖赏"激励模型，个体在做出助人决策时，会对助人行为可能的收益及损失进行评估。其中，个体的收益和损失都可能是有形或无形的。在外界充满不确定的情况下，不确定性规避是对可能物质损失的一种避免，而领地意识则是个体为了避免自己的隐私被破坏。在"损失—奖赏"模型框架下的研究，过多关注了个体采取助人行为时在认知和情感方面的收益，却对个体在助人过程中可能面临的心理上的损失关注不够。因此，本文希望通过关注个体在顺风车助人行为过程中可能面临的心理损失，来完善我们对个体助人决策的理解。

基于实践和理论上的两方面原因，本文关注了个体的不确定性厌恶程度对共情及助人行为之间关系的调节作用，个体的不确定性厌恶程度越高，个体的共情反应与助人行为之间的关系越弱。

领地意识的加入，是本文的一个突出的理论贡献。领地意识指个体对目标物的排他性占有意识。领地意识在以往的助人行为研究中从来没有得到过关注，然而，在具体的助人情景中，它却可能扮演着重要角色。以顺风车的情景为例，一个领地意识强的人，会将爱车看做是自己的私密空间，自己身份的延伸，因此，即使车主具有较高的助人意愿，他也可能不会让出自己的爱车，从而导致较少的助人行为。

1.3.2 研究的实践意义

本文的研究结果具有丰富的实践意义。

第一，从研究情景选择上看，有关顺风车的研究会产生深远的社会效益。从经济方面讲，顺风车有助于缓解交通压力，提高人们出行效率，从而减少相应的经济损失。从环境方面讲，顺风车有助于节能环保，减轻大气污染。从社会风气方面讲，顺风车活动有助于减少人与人之间的隔膜与冷漠，促进真诚信任的人际关系的形成。从社会公益角度讲，顺风车有助于弘扬中华民族乐于助人的传统美德，鼓励社会志愿服务精神，促进民间公益事业的发展。

第二，本文研究了能够促进顺风车助人行为的一些因素，如个体的道德认同感、感知社会支持，以及个体的共情反应。这些变量都能够为增加车主的顺风车助人行为提高一些启示，也能够为相关管理部门提供一些培训参考。如加强社会道德建设，提高个体的道德认知水平；营造整个社会团队和谐助人的社会氛围，让个体感到的社会的温暖等。

第三，本文还研究了会抑制顺风车助人行为的一些因素，如不确定性厌恶和个体领地意识。因此，为了让更多的车主加入到顺风车行为中，社会监管部门应该采取措施降低车主对顺风车助人行为的感知不确定性。比如，给予顺风车更多的制度支持，完善与顺风车相关的制度规范，提高对顺风车的科学治理水平，避免让顺风车背上非法营运的黑标签，同时也避免让黑车钻顺风车制度缺失的漏洞。

此外，个体的领地意识也是一个影响其顺风车助人行为的重要因素。领地意识较高的车主会赋予自己的车子更多的情感价值和领主控制意识，因此，他们更不愿意让陌生人贸然进入自己的私人空间。要突破这种领地意识，需要塑造整个社会的合作分享氛围，培养个体的合作分享意识，提高个体对整个社会及人际关系的安全感知。需要注意的是，这需要一个非常长期的过程，因此，需要社会各界的长期共同努力。

1.4 研究创新点

第一，本文从社会认同和社会学习的理论视角出发，整合了以往关于助人的研究，提出了一个较为完整的助人行为影响因素模型，有助于深化学术界对助人行为的理解和认识。具体地，本文分别从认知和情感角度考察了道德认同和社会情感支持对个体共情反应以及助人行为的正向预测作用，为理解助人行为提供了一个更完整的视角。

第二，本文关注了不确定性厌恶和领地意识对于助人行为可能的抑制作用。以往的研究中，较多关注了助人风险或不确定性，但却忽视了个体在面对不确定时态度的差异性。本文认为，个体不确定性厌恶程度的差异会造成个体在不确定性环境中不同的助人决策。此外，以往助人行为的研究对个体领地意识可能产生的作用缺乏关注。有关领地性的研究文献中，也较多关注了个体的领地性行为，而较少关注了个体的领地意识。因此，本文希望通过开发领地意识量表，为整合助人行为与领地性的研究做出一些贡献。

第三，本文选择了顺风车这个典型的助人情景进行研究。顺风车包含了很多助人行为需要考虑的要素，它所具有的典型特征和属性有助于我们形成对助人现象更为全面、深入和详细的认识和理解。

1.5 研究方法

本研究拟采用定性研究和定量研究相结合的方法，对顺风车情境下的助人行为展开较为深入的研究。在定性研究方面，本文采取文献梳理和文献整合的方式；在定量研究方面，本文主要采用问卷调查方法，从参与顺风车活动的车主处收集数据，并采用相应的数据分析软件，验证本文假设。

1.6 论文结构安排

本论文对结构的安排是：

第一章 "引言"，介绍本文的理论和实践背景，提出研究问题并介绍解决思路，介绍研究的实践及理论意义和相关的创新点。

第二章 "文献综述"，对助人行为的相关理论和研究发现进行综合性梳理与分析。从助人者特征、被帮助者特征以及情景因素等方面介绍助人行为可能的影响因素，并对助人行为主要的理论进行简单介绍。

第三章 "研究模型与假设"，在第二章文献研究的基础上，提出本文的研究模型，并对关键假设做分析论证。

　　第四章 "研究方法"，主要介绍本文的数据收集过程、样本基本信息、测量工具来源、数据分析方法等信息。

　　第五章 "数据分析及结果"，呈现数据分析的过程及结果，并检验相关研究假设。

　　第六章 "结论和讨论"，对研究结果进行总结性分析，探讨本研究的相关启示、局限性，以及未来的研究方向。

第二章 文献综述

　　助人行为是亲社会行为的一种。亲社会行为指人们在社会交往过程中表现出来的分享、合作、帮助、谦让等有利于社会和谐的行为（Penner et al., 2005）。在各种亲社会行为中，由于助人行为更具有典型性，也更容易进行观察和测量，因此，大部分的亲社会行为研究针对的都是助人行为。亲社会行为和助人行为虽然存在概念外延上的差异，但概念的本质内涵具有一致性。因此，在文献综述中，本文交替使用了亲社会行为和助人行为，以指代不同概念层次的研究。

　　本文从四个部分探究了影响个体助人行为的因素。第一，为什么有些个体比另外一些个体更愿意帮助他人？个体所具有的思维模式及价值取向如何影响他们的助人决策？第二，为什么有些个体比另外一些人得到更多帮助？受助者的特征如何影响助人行为的发生？第三，为什么有些情境下的助人行为比其他情境明显增多？个体的助人行为会如何受到情境的影响？第四，众多的助人行为研究之间，遵循着什么样的理论逻辑？

2.1 行动者特征
2.1.1 情绪对助人行为的影响

　　人们之所以关注情绪对个体助人行为的影响，是因为研究者们对个体存在着非理性决策的共识。助人行为作为一种行为决策，它的产生不仅仅存在于个体的理性的利害计算中，也存在于个体非理性的情绪决策中。情绪、情感与心境是三个密切关联的概念，情感（affect）是一个统称，包括情绪与心境两个成分；情绪（emotion）是一种强烈的情感，指的是个体受到某种刺激所产生的一种身心激动状态；心境（moods）则是一种比情绪更弱并且经常缺乏背景刺激的情感。

　　很多研究都关注了积极情绪对个体亲社会行为的影响（Cialdini et al., 1981; Manucia et al., 1984）。研究发现，积极情感会促进亲社会行为（Batson et al., 1987; Bizman et al., 1980）。对于积极情绪与助人行为之间的关系，不同的学者给出了不同的解释观点。与自我验证理论的内涵相一致，有研究者提出了情绪的一致性理论。即当个体体会到积极情绪时，他会为了保持这种积极状态，而去做一些使得自我感觉良好的事（Batson & Powell,

2003）。Cialdini 等（1973）也认为，个体为了保持积极情绪状态下产生的诸如愉悦、优越感等感觉，会去做出助人行为。Duval 等人（1979）则从行动者自我认知的角度解释了积极事件对行动者助人行为的影响。他们认为，某些外在事件的发生会影响到行动者的自我意识，而行动者的自我意识会进一步影响到其助人行为。比如说，当一个积极事件发生时，行动者的自我意识就会得到提升和改善，他 / 她对自己的看法就会更加积极，因此，根据自我验证理论，行动者也会采取积极的行为以维持感知到的自我形象。但是，Carlson 等人（1988）指出，积极事件与积极自我意识之间的关系并不一定是稳定的。比如说，某人的工作得到了领导的表扬，但他可能并不认为这说明自己能力很强，而是更加担心下一次如果表现不好领导不满意了怎么办。因此，二者之间的关系还会受到个体认知推理过程的影响。Clark 和 Isen（1982）指出，积极情绪会增加个体的积极自由联想，从而激活个体更多积极美好的记忆，这些东西可能会一起促进个体回报社会的意愿。也就是说，积极情绪其实会影响个体对整个社会的看法，即他认为社会是温暖美好的、人们是善良友善的，还是冷酷无情、残忍竞争的，而这种社会观会深刻影响到他采取的后续行为。

Rosenhan 等学者（1981）认为，当消极情绪发生时，行动者的他 / 她的认知可能会变得僵硬，行动也不那么积极，个体行动资源出现下降，从而减少助人行为。这整个解释逻辑是基于注意焦点理论的框架。也就是说，一定的情绪情感状态会影响到个体的注意力聚焦点，从而占据个体的认知及决策资源，继而影响到个体的助人行为。个体的消极情绪会使得他的关注点更在集中于自己身上，从而忽略外界他人的需求。Gendolla（2000）则认为，消极情绪是通过影响人们的认知决策来影响行为的。在消极情绪状态下，人们做出的决策更加短视，只考虑短期结果，而不考察长期影响。而很多类型的亲社会行为可能短期来看是不能给行动者带来收益的，因此消极情绪下的个体会较少参与助人行为。

Baumann（1981）提出，个体感知到消极情绪时，会有一种减轻这种情绪的动机机制迫使他们从事一些可以让自己感觉良好的事情。而助人行为由于其社会赞许性及正当性，会有助于减轻个体内心的痛苦、失望等负面感觉。然而，Carlson 等人（1987）的分析发现，能够直接证明 Baumann 观点的证据并不多。也有研究发现，消极情绪也可以增加亲社会行为（e.g., Cialdini et al., 1973）。Duval 等人（1979）发现，当个体责任感很强，由于没有完成本职工作而出现了内疚情绪时，他的助人行为可能是增加的。也就是说，可能存在着个体性格特点（如责任感）与情绪状态（如内疚、羞愧感）的交互作用，它们共同影响了个体的助人行为。Cialdini 等人（1973）进一步指出，应该区分不同的消极情绪类型以及产生的不同原因，不同类型的消极情绪对助人行为的影响是不一样的。由于责任感过强引起的内疚情绪可能会增加助人行为，但由于他人的行为而产生的愤怒或失败感可能会减少助人行为。

以往的研究一般是将积极情绪与消极情绪分开研究的，但 Cunningham 等学者（1986）将二者整合在一起，考察了个体同时经历积极情绪与消极情绪时对助人行为产生的影响。他们认为，积极情绪产生的动机作用与消极情绪产生的动机作用存在于两个不同的系统中，这两个系统是相互分离、相互抑制、相互抵消的，因此，同时经历两种相对立情绪的个体的助人行为并不会增加。但是，尚没有严谨的实证研究验证这个假说的正确与否。后来，Cunningham 又指出，积极心境和消极心境对人们的注意力引导方向其实是不同的。积极心境使人们更关注外部环境，更具有社交倾向，更愿意投入到外界积极的活动中。而消极心境则使得人们更加倾向于关注自己的内心，更自我中心主义。他据此得出的结论是，积极心境能够在高社会情境下促进个体的助人行为；相比之下，消极心境可能会占用个体的心智资源，使得个体更关注自我利益，并且只有在助人行为能够带来这些期望利益的情境下才能加以实施。

也有研究者探究了情绪影响助人行为的中介机制。如 Gendolla（2000）提出心境会直接或者间接影响个体的助人行为。其中，间接影响是通过心境的信息作用。也就是说，当个体感知到自己的情绪时，他会评估情绪所传达出的信息。如果是积极情绪，个体可能会推测自己对现在的社会情境及面对人群具有较高的重视程度，可能会表现出更多亲社会行为。此外，心境也是一种信息的反馈机制，如在进行助人行为的过程中，如果情绪的反映一直是积极的，个体可能就会认为自己应该有更多的坚持，付出更多的努力；但如果情绪反映是消极的，个体可能就会考虑中断这种行为。

2.1.2 观点采择

观点采择一直被认为是助人行为的重要预测变量。观点采择指个体理解和感受他人想法及情感的能力（Kuet al.，2010）。这种认知策略被很多研究者发现具有显著的亲社会倾向（Galinsky et al.，2005；Galinsky et al.，2008）。研究者们发现，观点采择会通过共情反应或亲社会推理等中介变量，间接作用于个体的助人行为（Eisenberg et al., 2001）。也就是说，在个体采取了观点采择行为之后，体会到了对方的感受，但只有在感受到别人的痛苦和忧愁等情感，并且自己也出现了相应的反应性情感时，才会导致助人行为。

但是，也有研究发现，观点采择在某些情况下并不能够预测助人行为，它们之间的关系还会受到其他变量的调节作用影响（Cesario et al.，2006）。Cesario 等（2006）发现，个体与群体的关系状况会调节个体观点采择与其助人行为之间的关系。具体的，对内群体（in-group) 的观点采择会增多个体的助人行为，但对外群体（out-group) 的观点采择会减少个体的助人行为。这是由于，个体在内群体的背景下更多是合作取向的，而在外群体的背景下，更多是竞争取向的。因此，当他们觉察到内群体成员的情感情绪时，会更多地展现

[附录三]

出共情反映。而在觉察到外群体成员的情感问题时，他们可能会自我解读出更多的敌对情绪。有其他研究也发现了类型的结果。如 Stürmer 等学者（2005）研究发现，当个体认为自己与受助者具有一定的相似处时，会表现出更多的助人行为。这种人际相似性其实也与内外群体的划分有关。Epley 等学者（2006）发现，观点采择与助人行为之间的关系受到了团队氛围的影响。在竞争性的团队氛围下，观点采择会使得个体的决策更加自我中心主义，更具有自利倾向；而在合作性的氛围下，观点采择会带来更好的团队信息加工和观点融合，从而增加了助人行为。而人们更愿意帮助熟人的现象，也可以用内外群体来理解。在中国情景下，人们会倾向于将熟人关系才亲属化，将熟人纳入自己的内圈子之后，由于关系更加紧密了，从而也会出现更多的助人行为。

2.1.3 社会阶层的影响

社会阶层有不同的衡量标准，个体的收入水平、教育程度、职业地位等是较为常用的指标。这些因素决定了个体所处的社会地位差异（Grossmann & Varnum, 2011; Kraus et al., 2012）。而社会阶层的测量方法有主观和客观两种。客观的测量就是选择收入、教育程度及职业等指标中的一个或多个指标（Kraus & Keltner, 2009; Piff et al., 2010）。主观的测量一般选用 MacArthur 主观社会阶层量表，该量表将整体社会阶层表示为了一个 10 级的阶梯，让被试者从中选择一个他们认为符合自己当前阶层状况的位置。

低社会阶层者拥有更少的资源，面临更多的威胁的挑战，更少的自我控制感。一般意义上大家可能会认为他们会更把以自我利益为中心，正是"穷山恶水出刁民"。比如，就有研究者提出，低社会阶层者面临着比高社会阶层者更多的生活压力，如夫妻关系的不和谐甚至家庭暴力（Staggs et al., 2007）。低社会阶层者自顾不暇，更不用说帮助他人了。也有其他研究者表达了相类似的观点，即低社会阶层者会比高社会阶层者表现出更少的亲社会行为（Dovidio et al., 2006）。其中的一个解释是，亲社会行为本身是需要消耗一定资源的，而低社会阶层的个体拥有更少的受教育机会、物质资本（Snibbe & Markus, 2005），相对而言，高社会阶层者处于丰富的社会网络连接中，他们有更好的能力去承担这些成本。Wilson 和 Musick（1997）指出，对于高收入者而言，他们较少受制于自己的工作中，因此具有更多的自由时间从事志愿服务活动。也有研究者从社会嵌入的角度分析，认为高社会阶层者由于地位的显赫性，使得其在所处团队中所处的地位更为中心化，融入程度更高，这种嵌套性会使得他们更为积极地参与社区志愿服务活动（Penner et al., 2005）。也有学者从个体控制感的角度进行解释，认为相对于高社会阶层的人而言，低社会阶层的人具有较低的社会控制感，这会使得他们的行为更趋于关注自我需要，并且较为被动，从而表现出更少的助人行为（Goetz et al. 2010; Kraus et al., 2009）。

- 344 -

但是，McMahon 等学者（2006）的研究发现，低社会阶层者比高社会阶层者具有更高的共情水平，这种在共情反应上的差异可能影响到了他们亲社会行为的差异。Greve（2009）的一项问卷调查显示，在美国低社会阶层者的年收入中用于慈善事业捐赠的比例明显高于高社会阶层者的捐赠比例。Piff 等学者（2010）通过四个研究发现，年收入低于 25,000 美元的人会比那些年收入达到或者超过 75,000 美元的人对自己的实验搭档有更高的信任水平，并且也愿意花费更多的时间和精力帮助实验搭档。Piff 等人认为，这说明处于较低社会阶层的个体会将助人行为作为一种应对这种敌对环境的方式，对平等观念更加执着，并且产生更多的共情，因此他们更慷慨，具有更高的概化信任，更乐于助人。Rao 等人（2011）也发现，处于劣势地位的个体会表现出比处于优势地位的个体更多的亲社会行为。他们给出了与 Piff 等相似的解释逻辑，这是由于处于劣势中的个体自己的力量较小，无法单独面对生活中的挑战，他们通过帮助他人，与他人合作的方式提高自己对环境的适应能力，提高自己的生存几率（Kraus et al., 2009）。这个推理过程暗含的一个假设是，发生在较低社会阶层人群之间的互助行为一般是双向的，因为这样可以让助人者在长期内获益。

针对这些不一致的结果，芦学璋、郭永玉和李静（2014）的研究发现，高社会阶层与低社会阶层的个体在助人行为方面的差异会受到他们回报预期的调节作用影响。具体而言，当回报预期较高时，两个阶层的个体表现出的亲社会行为并不存在显著差异。但是当回报预期较低时，低社会阶层的个体亲社会行为显著低于高社会阶层的亲社会行为。他们认为，这正说明了低社会阶层个体在实施亲社会行为中的工具性目的。即他们之所以做出亲社会行为，是希望对方根据双向互惠原则，在以后也帮助自己。此外，值得注意的是，高社会阶层者的助人行为在不同的回报预期情况下并没有发生显著变化。芦学璋等认为，这是由于低社会阶层者具有较少的个体资源，更多受到外部的影响和控制，具有情境主义（contextualism）的社会认知倾向，行为更易受到我外界条件的影响。而高社会阶层者由于本身已经占据了很多的社会资源并且具有较高的社会地位，因此他们则具有唯我主义（solipsism）的社会认知倾向，行为更多受到个体价值观等的影响。

2.1.4 道德因素

Gino 和 Desai（2012）发现个体的某些记忆唤醒有助于促进他们的亲社会行为。具体的，他们提出，个体对童年记忆的回忆就是促进其亲社会行为的一种重要方面。进一步的，他们提出，这种关系受到了道德纯净（moral purity）的中介作用。道德纯净指一种感觉自己在道德上是清白无辜的心理状态。他们认为，人们对童年的一般理解都是天真烂漫，纯净无瑕，如天使般可爱。因此，当个体这部分的记忆被唤醒时，他们会希望保持自己的良好自我感觉，特别是从道德上维持自己被唤醒的良好自我形象。

此外，研究者们还探究了个体道德认同（moral identity）在决定个体道德行为及亲社会行为中的作用（Aquino et al., 2009）。道德认同是个体自我概念的一部分，它反映了个体对社会道德价值的认可及内化程度（Aquino et al., 2009）。根据自我验证理论，具有高道德认同的个体会努力做出更多的亲社会行为，避免做出违反自我道德观念的行为，以维持自我概念的一致性（Shao et al., 2008）。

道德自我调节（moral self-regulation）也会影响到个体的亲社会行为。道德自我调节指人们的道德行为会受到其自我道德概念的影响。其中，个体的自我道德概念包含了两个层面。一个层面是理想的道德形象，它是个体希望自己达到的道德标准，在一定程度上体现了个体对社会道德规范的内化程度。另一个层面是实际的道德知觉（moral self-perception），它是个体在具体情境下感知到的自己的道德水平，属于一种实时评估（Monin & Jordan, 2009；Sachdeva et al., 2009）。实际的道德知觉可能会低于或高于理想的道德形象，正是这种实际情况与理想情况的不相符造成了个体道德行为的波动。当实际的道德知觉低于理想的道德形象时，个体会倾向于增加后续的道德行为；当实际的道德知觉高于理想的道德形象时，个体会倾向于减少后续的道德行为。前者属于"道德净化效应（moral cleansing effect）"，后者则属于"道德许可效应（moral licensing effect)"。所谓道德净化，即通过增加道德行为，改善自己的道德形象，类似于"洗白"。所谓道德许可，即当感到自己的道德水平很高时，放松对自己的要求，允许自己做一些违反道德的事情。有研究发现，在研究者要求下对同伴实施电击的被试会更倾向于答应后续的助人要求，而他们这样做的目的是补偿自己受损的道德形象，而不是帮助之前的受害者（Carlsmith & Gross, 1969）。Ramanathan 和 Williams（2007）的研究则发现，如果在消费者的认知中自己是一个自制节俭的人，那么，当消费者做出了过度消费行为后，他会为了挽回自己心目中的节俭形象，在接下来的消费选择中做出更加实惠的选择。Sachdeva 等人（2009）的实验研究则发现，在实验中道德自我知觉降低的被试在后续的捐赠活动中会愿意捐赠更多的钱或者出现更多的合作助人行为。然而，那些道德自我知觉提高的被试，则表现出了更少的合作行为，或者更少的捐赠数目。

针对道德许可效应的解释主要有三种（Miller & Effron, 2010）。一种观点认为，个体的行为是以自己理想的道德形象为标准的。当个体的实时自我知觉高于他的自我道德形象时，他会认为自己没有必要再做出更多的道德努力了，因为他已经达到了自己的标准，更多的道德行为只会增加自己付出的不必要时间和精力成本。第二种观点认为，人们的心目中存在着一个类似于道德账户的机制，人们努力去维护这个账户的收支平衡。道德行为是这个账户中的道德储蓄，不道德行为则是这个账户的道德债务。当个体从过去的道德行为中积累了很多的道德储蓄时，他们会认为自己有资格做一些非道德的行为，因为这些道德债务会得到平衡。第三种观点则认为，个体以往的道德良好记录会让个体对自己的道德评价出现膨胀，以至于个体不认为自己后续的不道德行为是不道德的，相反，他会认为自己是一个有道德的人，做出的行为都是符合道德的。Sachdeva 等人（2009）指出，不管是道德的净化效应还是许可效应，其实都属于道德的负反馈机制，本质上是个体希望将自己的道德形象维持在一个稳定水平的体现。

李谷等人（2013）通过实验方法探究了个体的道德自我调节对其亲社会行为和违规行为的影响。研究结果发现即在第一阶段任务中自我道德知觉较低的被试，在第二阶段任务中表现出了更多的道德行为。但是，在第一阶段任务中自我道德知觉较高的被试，在第二阶段中同样表现出了较多的道德行为。研究结果部分支持了"道德净化效应"，却没有支持"道德许可效应"。他们认为，这是由于被试在接受正面特质词汇强化时，其道德认同也同时被启动，而道德认同会促使个体保持道德行为的一致性。因此，他们建议未来的研究者同时考虑道德认同与道德自我调节的作用，以更准确预测个体的亲社会行为。

2.2 受助者特征

2.2.1 交往经历

个体会更容易帮助以前曾经帮助（试图帮助）自己的人 (e.g., Fehr et al., 2002; McCabe et al., 2003; Rand et al., 2011)。早期的实验也表明，人们对那些在之前实验中对自己很慷慨的个体会更加慷慨（Kahneman et al.,1986）。

这种帮助曾经帮助过自己的人是一种直接互惠的模式，也是一种日常生活中最常见的模式，正所谓"礼尚往来"。很多研究都发现，个体在参与亲社会行为时其实是将其看做一种投资，希望将来有所回报，而当这种回报可能性变小时，个体可能会选择放弃这种亲社会行为（Greiner & Levati, 2005）。

但是，个体也可以从潜在受助者以前如何对待第三方方面决定自己的态度。个体在亲社会行为方面是具有选择性的，这种选择性不仅仅与受助者如何对待自己有关，也与受助者如何对待他人有关（Fehr & Gächter, 2002）。而这种情况就属于间接互惠，或者说广义互惠（Nowak & Sigmund, 1998）。

2.2.2 人际关系

熟悉性、相似性及团队认同有关。潜在受助者在助人者所处团队中所具有的熟悉度、相似性及团队成员身份都会影响到助人者的最终决策 (e.g., Bernhard, et al., 2006; Tajfel, 1982)。尽管有很多的证据表明，人们愿意帮助大街上的陌生人 (e.g., Moss & Page, 1972),

也会与素未谋面的受助者分享自己的资源（Nowak, 2006），但是相比较之下，人们的亲社会行为还是更多集中在熟悉或亲密的人身上（Cole & Teboul, 2004）。熟悉度或相似度一般反映的是亲情、友情和团队成员身份。并且，我们所熟悉的个体也更有可能喜欢我们，在将来也会更多地回报我们的帮助。因此，他们不仅仅对熟悉或相似的人更乐于帮助，也会更多倾向于与他们属于同一个群体的人（e.g., Chen & Li, 2009）。

针对团队成员的有选择性的亲社会行为能够反映出很多的动机，比如说，希望与团队内成员有更多的交流，或者向他们表明自己乐于助人的性格特点，或者去帮助那些最有可能在之后的交往中为自己提供帮助的人，或者希望与看起来最有帮助的人形成友谊关系。希望将来的研究能够区分熟悉性、相似性及团队身份的明确标记，以便更深入研究内在动机过程。

2.2.3 受助者的处境

潜在受助者的不幸及需要是影响亲社会行为的重要因素。人们的亲社会行为的一个基本目的就是帮助那些需要帮助的人（people in need）。并且，Bekkers 和 Wiepking（2011）的综述表明，受助者的需要程度直接影响到个体亲社会行为发生的可能性。很多研究认为对他人不幸经历或潜在需求的同情心会促使个体采取亲社会行为（e.g., Batson, 1991）。当看到别人的处于需要处境时个体的消极情感会增加其亲社会行为和意向 (e.g., Eisenberg et al., 1989)。如果受害者的处境激发起了行动者的同情心，这种同情心会促使个体在潜在助人成本很高的情况下依然选择助人行为（e.g., Batson, et al., 1981）。

2.3 情境特征

情境特征会影响到亲社会行为发生的几率。显性强化、他人的关注以及行为成本等因素都是重要的情境特征。

2.3.1 物质奖励及言语赞美

有研究发现，外在的物质奖励会降低个体的亲社会行为 (e.g., Gneezy & Rustichini, 2000)。其中的一种解释逻辑与认知评价理论具有一致性。外在奖励会引起过度理由效应（overjustification effect），破坏个体参与亲社会活动的内在动机 (e.g., Batson & Powell, 2003)。而第二种解释可能也比较常见，即存在显而易见的外在奖励的情况下，亲社会行为会被其他人解读为具有某种工具性目的，而无法用于个体的声誉提升（Ariely et al., 2009）。

Grant 和 Gino（2010）从求助者和助人者双方互动的角度考察了亲社会行为的产生过程。他们设计了一个大学生请求被试帮助修改求职申请信的情景，并且通过 3 个实验室研究和一个现场试验，发现求助者在求助时表达感激的行为会显著提高被求助者的助人行为。进一步的，他们还发现，当助人者在得到别人的帮助请求并且感受到别人的感激之情时，他们的自我价值观会得到提升，感到自己得到了他人的重视，从而更愿意帮助求助者。

2.3.2 社会助人氛围

研究发现，感受到他人亲和行为的个体会更倾向于参与到工具性帮助行为中（van Baaren et al., 2004），给慈善机构捐赠更多的钱（van Baaren et al., 2004），更多小费（van Baaren et al., 2003）。亲和启动效应会更多引起个体的一般性助人倾向，而不是帮助具体某个人的动机（Carpenter et al., 2013）。

Steblay（1987）发现，农村居民比城市居民具有更多的助人行为。而且，这种差异在现场试验及实验室研究中均显著。同时也发现，女性求助者会得到更多的帮助，男性求助者在城市和乡村背景下得到的帮助率区别会更大。城市与乡村人助人行为的差异体现在"当一个陌生人请求帮助时，在乡村的情景中更容易得到帮助"。但是，与之前研究的观点不同的是，这并不等同于城市人口比乡村人口更不乐于帮助别人，而只能说明，一个人的助人行为，受到了其所在情境(context)的影响。而之前的研究所秉持的观点是，城市性格(urban personality)与乡村性格（country personality）带来了人们助人行为的不同，这即本文之前所提到的社会阶层差异带来的助人行为差异。

米尔格兰姆在研究城市环境下人们的社会沟通网络时发现，城市生活给人们带来的巨大压力使得人们在面对陌生人的求助请求时表现出了无动于衷的特点。城市的人面对巨大的生存压力，基本上只考虑与个人目标实现有关系的事情，而忽视了他人的需求，特别是与自己没有直接社会网络联系的陌生人的需求。Fischer（1976）的解释认为，城市中的人口具有更大的多元性及异质性。在一群不太熟悉的人中间，人们更不容易感到安全，这种对陌生人交往的消极预期导致人们出现了退缩行为。人们更容易将陌生人看做是不熟悉的、反常的，以及包含潜在风险的。作者还指出，需要进一步探究旁观者效应发挥作用的机制。不能简单说，在场人数的多少直接导致了助人行为发生的几率。同时，作者也发现，在非城镇人口样本中，人口数量与助人行为呈现正相关关系；但是，在城镇人口中，二者的相关性并不显著。也就是说，并不能推断城市中的旁观者效应比在乡村中更多见。Piliavin（1981）指出，在危急状况下，助人者会在快速评估风险和收益之后做出助人决策。当助人者认为助人的风险大于收益时，他会有以下选择：将责任推卸到他人身上；试图从当前的情景中抽身而退；改变自己对当前实际帮助情况的认知。女性被试更容易得到帮助，是因为助人者认为帮助她们的风险更小。也就是说，可能有三种原因影响了城市居民的助人行为，第一，城市的拥挤与压力（Milgram）。第二，更多的潜在风险（Piliavin）。第三，增加的多样性（Fischer）。

2.4 亲社会行为的动机观点

2.4.1 进化论的解释

空间选择（spatial selection）理论认为，如果利他者出现了群居效应，则他们所在的社群会更容易生存并且超过其他群体（Nowak et al., 2010）。多层次选择理论则认为，如果利他的合作者在和自私的背叛者竞争，背叛者可能会利用合作者，但是那些相互交流的合作者会不断发展兴旺，并且随着时间的发展超过背叛者（Smith & Price, 1973)。

具体的，针对人们的亲社会行为更多发生在具有亲属关系的人之间的现象，Barrett 等人（2002）提出了亲缘选择理论（kin selection theory）进行解释。他们认为，人们更倾向于帮助亲属是因为这样即使他们自己无法存活，他们相类似的基因还可以保留，从而有利于与自己相关基因的代际传递。这个进化论角度的解释得到了一些研究的支持。比如，有研究发现，火灾当头人们会更愿意帮助具有更大生存希望的亲属，因为这样更有利于与自己相关基因的传递（Burnstei et al., 1994）。但是，Wilson（2005）指出，这个理论并不能解释人们为什么会帮助与自己毫无亲缘关系的人。他认为，环境、经济、个体性格等因素会对人们的助人行为具有更好的预测作用。

针对人们在面对内群体成员和外群体成员时表现出来的亲社会行为差异现象，Kokko 等人（2001）提出了群体选择理论（group selection theory）。群体选择理论其实是亲缘选择理论在群体层次的延伸，也是亲缘关系向外拓展到内群体关系的体现。从进化的角度看，如果群体成员之间是互帮互助的关系，那么这个群体就会比彼此孤立竞争的群体更容易存活并且发展下去。而内群体的身份会给群体成员更多的自我身份认同及归属感，并且他们会更多地感知到群体成员与自己得相似性，因此，他们就会更加乐意帮助同伴，就像帮助自己一样。

在一次性助人行为中，个体无法期望未来的好处而不需要担心不采取行动的未来惩罚，但是他们依然选择了帮助他人。过度概括化（over-generalization）的观点认为，人们之所以在一次性合作经历中非常慷慨，可能部分是由于他们将自己在重复博弈环境下养成的习惯扩展到了一次性交易环境中（Rand & Nowak, 2013）。也就是说，不管在什么样的交往环境中，个体都遵循着合作是有利的这一原则，而忽视了他们和受助者之间不会有重复交往这个事实。事实上，在实验中已经发现，在匿名的一次性经济游戏中，个体所拥有的有关合作的决策时间越长，越容易变得自私（Rand et al., 2012）。

2.4.2 社会交换理论的解释

针对人们也会帮助陌生人的亲社会行为现象，有学者提出了"互惠利他"（reciprocal altruism）的概念进行解释（Trivers, 1971）。这个概念其实表达了广义社会交换的涵义，即我帮助了别人，当我需要帮助的时候，也会有人帮助我。这个交换不一定发生在最开始的两个人之间，也可能涉及到第三方。互惠利他理论中所指的互惠，不仅有他人的帮助等相对显性的收益，也包括个体收获的地位及名誉上的提升等相对隐性的收益（Wedekin & Braithwaite, 2002）。但也有学者提出，可能个体的亲社会行为，并不是自发主动的选择，而是在外界的压力下做出的被动选择。比如说，个体的助人行为可能不是为了获得收益，而是为了避免惩罚。为了避免付出过高的代价，个体会选择接受外资环境制定的行为规则，表现出助人行为。

利他，源于互惠预期，相当于对未来的投资。很多貌似在当前属于自我牺牲的行为其实都是为了寻求未来的长期合作，获得更长远的利益（Nowak, 2006; Sigmund, 2010）。除了直接互惠之外，还会有间接互惠，即第三方观察到个体的慷慨行为，提高了个体的名声，增加了个体从其他人那里获得一些回报的可能性（Nowak & Sigmund, 2005）。可以看出，直接互惠和间接互惠其实都是个体为了自己的长期自我利益而做出亲社会行为。也就是说，亲社会行为相当于对未来的投资。

2.4.3 心理学的声誉解释

长期以来，社会心理学者（Baumeister,1999）和经济学者（Benabou & Tirole，2006）都强调了自我形象的重要性。有些助人者其实是自己的观众，他们所作所从可能是为了感动自己。Murnighan 等学者（2001）以及 Gneezy 等人（2012）都认为，人们的慷慨行为来自他们对自我形象的考虑。

而管理在他人心目中的形象也是重要动机之一（Ariely et al., 2009）；在一次性的匿名实验中，有些人为了表达自己的慷慨，会在资源分配时遵从平均原则（Andreoni &Bernheim，2009）。研究者认为，当被试去想象其他人对自己的看法时，即使这些人处于一种匿名的状况，他们也会变得十分重要，并且在决定一个人自我印象时扮演了重要角色。个体对可能的名誉影响非常敏感，当他们感知到如果表现不好可能会有谣言蜚语时，更倾向于表现得更加亲社会（Feinberg et al., 2014）。或者也可以理解为，在虚拟的匿名环境下，人们在做出决策时，潜意识里还是将在真实非匿名互动中的习惯代入进来。也就是说，匿名并不能完全消除个体的声誉考虑。

2.5 亲社会行为的认知观点

2.5.1 "损失—赞赏"激励模型

Dovidio 等学者（1991）提出了"损失—赞赏"的激励模型（The arousal：cost-reward model），用来分析人们在做出助人决策时，对助人行为可能的收益及损失进行评估的过程。

这个认知模型的基本假定是，人们做出助人行为的决策标准是使得自己的收益最大化，损失最小化。值得注意的是，这个模型不仅仅比较了提高帮助时可能的收益和损失，还包括了不提供帮助时个体可能的损失。这里的收益可能包括了很多无形的东西，并且它们的重要性因人而异。比如说，可能对某些人来说，助人之后得到的地位提高及社会荣誉很重要，而另外一些人更重视自己助人之后心情和情绪的改善。而助人的损失可能包括助人者提供的时间、金钱等财力、人力、物力等。但是，即使不提供帮助，当事人可能也会出现一些情绪上的压力，如内疚、羞愧等（Guéguen & De Gail, 2003）。因此，即使有时候助人的损失大于助人的收益，当事人为了避免受到良心的谴责，可能还是会选择帮助他人。

2.5.2 社会信息加工五步模型

Crick 和 Dodge（1994）则从社会信息加工的角度提出了个体的助人行为决策过程。具体的，他们提出了认知加工的五个阶段。如图：

图 2-1 助人行为认知加工的五个阶段

想象路人 A 看到一位老人摔倒在路上，首先，A 会注意到老人求助的线索，比如老人痛苦的表情，呻吟的声音。这个阶段其实涉及到了当事人 A 觉察并且理解老人处境的能力，也即共情反应。Crick 和 Dodge 认为，个体编码和体验他人需求的能力是亲社会行为的基础。在第二阶段，A 会对自己编码得到的信息进行解释，比如，老人的痛苦程度有多严重，我的第一阶段编码是否准确。结合社会现实，A 可能还会思考，老人的痛苦是真的还是假的。在完成解释后，便进入第三阶段，即产生多种多样的行为选择。A 可能给自己列出了很多的方案，或者是自己上前帮助老人，或者是打电话给公安局或医院，或者是默默离开。这些可能的行为选择与 A 拥有的资源和能力有一定关系。比如，A 觉得自己没什么钱，万一老人需要医药费，自己也支付不起，这个时候，A 可能就会只考虑其他两种方案，而不考虑直接帮助老人的方案。在第四阶段，个体会评估第三阶段产生的各个方案的可能后果。这一阶段，个体考虑的主要是自己在实施每一种方案时所具备的能力以及这种方案会给自己及被救助者带来的影响。在完成这两方面的评估后，A 可能就会选择出他认为的最佳行为。值得注意的是，这一阶段的评估中个体的人格特质、道德规范等内在心理特征可能会影响到他们的选择（Gutiérrez et al., 2011）。在第五阶段的执行中，可能还是会出现一些干扰因素。比如，A 在第四阶段的评估出现一些失误，导致第五阶段的行为并不符合真正的现实需要。

2.5.3 亲社会推理模型

Eisenberg 和 Fabes（1998）提出了亲社会推理过程的理论，该理论主要从社会认知角度考察了亲社会行为的产生过程。他们认为，每一种亲社会行为背后其实都包含了一定的认知推理过程。比如说，一个人看到路上有一位需要帮助的老人，但是他又有很重要的一单生意要谈。在这个情景中，他面临着是帮助老人还是保证自己的生意成功这个选择困境。此时，他的自我需要和他人需要存在着冲突，他需要用一系列的推理过程，根据自己的原则和标准对这个情景进行分析和评估，然后才能够做出决策。Eisenberg 和 Fabes 认为，存在着五种形式的亲社会推理过程（图 3 ）。

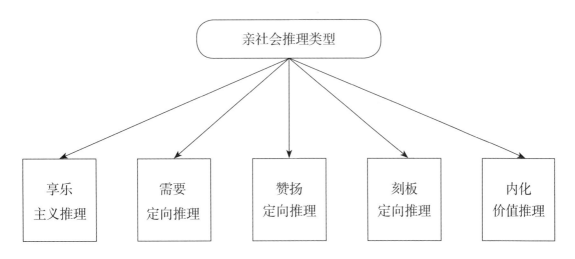

图 2-2 亲社会推理类型

第一种是考虑个体收益的享乐主义定向推理。这类推理考虑的是自己的直接收益，比如个体的内在需要是否能够得到满足。第二是考虑他人需要的需要定向推理。这类推理指的是，在面临个人需要与他人需要的冲突时，个体会更加关注对方的实际需要，考察对方面临的困境的危急程度，评估对方需要立即帮助的程度。第三是考察他人评价的赞扬定向推理，即个体是否采取帮助行为，取决于如果无作为，会受到别人怎样的负面评价；如果有作为，能够得到他人的积极评价。第四是根据对方善恶而采取决策的刻板定向推理。也就是说，在决定是否帮助他人之前，会首先对对方进行好人还是坏人的划分，并且对自己的行为进行是善行还是恶行的归类。第五是根据个体内部价值观规范而进行的推理，即内化价值定向推理。具体地，个体会根据自己内化的有关责任与义务的信念、价值观等来做出助人决策。后来的研究也发现，不同类型的亲社会行为，其背景的认知推理过程存在着差异。洪慧芳和寇彧（2008）指出，如果个体的助人行为属于利他性质的，这类个体一般启动的是自己的移情及观点采择能力；而如果个体的助人行为是在公众场合发生的，则他们可能更多关注的是他人的赞赏，并且根据他人的态度进行认知推理。

2.6 研究不足及未来研究方向

第一，从前文的综述可以看出，研究们从多个角度探究了助人行为的影响因素。但是，从总体来看，现有的研究仍然较多关注了对现象的描述与提炼概括，对前因变量与助人行为之间的作用机制关注过少。以情绪对助人行为的影响为例，很多研究停留在重复前人实验设计的层次上，并没有自己独特的贡献。并且，现有的研究也不够精细化。以道德推理对助人行为的影响为例，有的研究结论是二者具有正相关关系，有的研究结论认为没有影响。但是，几乎很少有研究识别了会导致这两种不同关系的边界条件。因此，本文认为，未来的助人行为研究应该更加注重变量作用过程与发生作用的边界条件的探究。

第二，从研究方法上看，由于助人行为的可操作化较强，现有的研究多采用实验室研究法探究助人行为的影响因素。虽然实验法能够控制无关变量的干扰，提高因果关系推断的有效性。但由于脱离了现实背景，实验法得出的结论生态效度不太理想。况且，助人行为的一大特征就在于它是一种人际互动，离开了这个社会大背景，可能研究结果的意义也会受到影响。由于人为控制的实验环境与自然环境存在着一定的差异，而自然环境更为复杂，因此，希望以后更多地在自然环境下进行研究。但在自然情景中进行研究也会遇到很多问题，比如各种会影响到结论的干扰因素。因此，希望以后的研究能够采取准实验法，最大限度地减少推断的不准确性。

第三，现有的助人行为研究出现了较为分散的状态。各个研究者采取了不同的视角探究了这个问题。但是，这样的研究状况在促进我们对助人行为的理解时，也阻碍了我们形成对助人行为的一个完整的认识。希望以后的研究能够对这些研究视角进行整合。与此相关的是，现有的针对助人行为的理论解释视角也呈现一种百花齐放的状态，但是，这些理论相互之间存在着差幅，比如说，Eisenberg 和 Fabes（1998）提出的亲社会推理模型提出的五种推理类型，其实和亲社会行为的动机理论有些相似之处。因此，如何对多样化的理论进行整合也成为了一个关键的问题。

第三章 研究模型及假设

3.1 研究模型

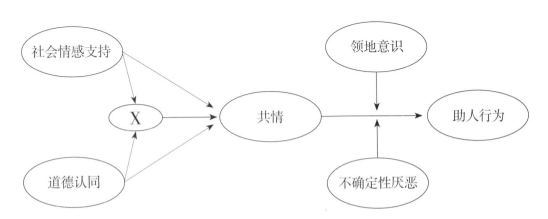

图 3-1 本文研究模型

在提出上述研究模型时，本文思考的是，在顺风车的情景下，有哪些因素会促进车主的助人行为，又有哪些因素会阻碍车主的助人行为？

结合笔者自身经历与相关研究文献，笔者首先确定了共情因素对车主助人行为的影响。笔者认为，只有当车主转变角色，设身处地为焦急等车的行人思考，体会到他们在瑟瑟寒风或炎炎夏日中等车的辛劳时，他/她才会有更强烈的意愿去做顺风车这件事。笔者接下来思考的是，有哪些因素会影响车主的共情反应？

通过对共情两个认知和情感维度的分析，笔者最终识别了两个关键变量：代表个体认知图式的道德认同，以及代表个体情感体验的社会情感支持。笔者认为，当一个人具有较高的道德认同，希望自己成为一个有道德的人，并且他/她周围的人都持有很支持的态度，给予他/她情感上的温暖时，他/她便更有可能成为一个为他人着想，并且努力理解他人情感的人。

结合顺风车的实际情景，本文认为，当车主体会到行人等车的不易时，也不一定就会采取助人行为，因为顺风车助人情境中确实存在着不得不考虑的实际问题。

首先，顺风车其实存在很多的不确定性。车主无法确定自己的好意是不是会有人愿意接受，无法确定会不会被当作黑车受到处罚，无法确定万一出了事故自己需要承担多大的责任，无法确定上自己车的是不是都是善良的行人……因此，车主对于不确定性的态度会影响到其最终助人决策。因此，本文识别的第一个调节变量便是不确定性厌恶，它表示一个人对不确定性的接受程度，接受程度越低，不确定性厌恶程度越高，共情与助人行为之间的关系越弱。

此外，车子其实是一个很特别的助人工具，因为对于一些人而言，车是他们身份的体现和地位的象征，是一个很私密的空间。结合笔者多来年的顺风车经历，确实有些车主由于担心自己的隐私受到破坏，而不去选择顺风车这种助人方式。本文认为，个体的领地意识可能能够解释这一现象。领地意识指个体对目标物的排他性占有感，领地意识越强的人，越不愿意分享自己的所有物。因此，当车主的领地意识很强时，他/她可能便不太愿意参加顺风车活动。

3.2 关键变量
3.2.1 道德认同

目前关于道德认同的研究，可以分为两类，一类秉持社会认知视角，另一类秉持性格视角（Shao et al.2008）。社会认知视角的研究以 Aquino 及其合作者为典型，他们认为道德认同是一种认知图式，它包含个体所具有的道德价值观、道德目标、道德特质和道德行为脚本等，它们共同组成了个体的道德性格（Aquino & Reed 2002; Aquino et al.2009）。社会认知视角主要采用了知识的可获取性来解释道德认同在道德行为中发挥的作用。如果个体的道德图式具有很高的可获取性，那么它便会对个体行为产生更大的影响（Aquino & Reed 2002）。而性格视角关注的是比较狭窄的一系列道德行为，他们一般产生于个体的深思熟虑（Hardy & Carlo, 2005）。对于性格视角，有学者提出质疑，认为它无法解释个体在一些日常道德问题中所作出的快速、自动、无意识的反应，因为这些反应一般不是被精细的计算驱动的，而是具有道德的启发性（Lapsley & Narvaez, 2004; Narvaez et al., 2006; Shao et al. 2008）。因此，现在多采用社会认知视角定义并且理解道德认同的作用机制。

Aquino 和 Reed（2002）从社会认知的角度将道德认同定义为一种围绕着一系列道德特质而形成的自我认知图式。Aquino 等学者（2009）将这个定义进行了拓展，并指出，道德认同是个体用来建构自己对社会事件理解的一种道德思维图式，它长期储存在个体的头脑中，很容易被启动，并且会影响个体的社会信息加工（Narvaez et al., 2006）。Aquino 和 Reed（2002）认为，道德认同同时具有公共和私人两个方面。道德认同的私人方面指道德的内化，即道德特质对个体自我概念的重要程度。公共方面指道德的现实表征和象征性，即在现实世界中个体的行动在多大程度上反映了这些道德特质。已有研究发现，道德认同和道德行为之间存在显著的正相关关系，如自我报告的志愿行为，捐赠行为，减少对外群体的伤害行为，以及作弊行为（Aquino & Reed, 2002; Aquino et al. 2009; Gino et al., 2011; Reed & Aquino, 2003）。

　　道德认同之所以能够对个体的道德行为产生影响，主要是由于个体具有保持自我一致性（self-consistency）的需要（Aquino et al.2009）。道德认同反映了道德价值观在个体身份认同中所具有的重要性和显著性（Blasi, 1984）。对于那些道德认同感很高的人而言，他们会考虑自己日常生活中的一言一行的道德影响，因为道德身份就是他们存在的重要支撑所在。而对这些人而言，他们的道德图式就会处于经常被使用的状态，在之后的信息加工中会越来越容易获取。而对于另外一些人而言，他们可能并不会经常考虑，甚至完全不考虑自己行为和言语的道德影响，因此道德在他们的自我概念中并不占据主要地位（Aquino & Reed, 2002）。虽然在某些时候这些人的道德图式会被相关概念所激发，但在大多数时候他们的道德原则和价值观在决策考虑中的作用是微乎其微的。Aquino (2009) 发现，道德认同的作用是否显著受到了它的可接触性影响（accessibility），也就是说，个体的道德图式是否在某个环境下受到了激发。Gino (2011) 发现道德认同调节了自我控制消耗和不道德行为之间的关系。具体的，他们认为，高道德认同的个体不需要消耗认知资源来抵抗违规的诱惑，因为他们对道德原则的高度认同使得他们不需要刻意约束自己，而是自然而然地表现。

　　3.2.2 社会情感支持

　　很多研究都证明了社会支持与个体健康及幸福感的原因（e.g., Albrecht & Goldsmith, 2003; Brown et al., 2003; Liang et al., 2001; Lindsey & Yates, 2004）。House (1981) 提出，社会支持可以分为四个类型，即情感关怀（emotional concern）、工具性支持（instrumental aid）、信息支持（information assistance）、评估（appraisal）。其中，情感关怀指表达出喜欢或爱意，工具性支持指提供各种服务，信息支持指提供环境信息，评估即帮助个体进行自我评价。Semmer 等学者（2008）提出，信息支持可以看做是一种工具性支持，因为信息可以帮助个体解决问题。而评估也可以被可以被看做是一种情感性支持，因为他人对个体表达出来的赞扬和肯定也可以被看做一种情感上的行为。因此，Semmer 等学者认为，社会支持一共分为两个维度：情感支持和工具性支持（Semmer et al., 2008）。研究发现，拥有更多社会支持的个体会有更好的健康和更高的幸福感（Fratiglioni, et al., 2000),能够更快地从疾病中康复（Lang, 2001），在困境面前会表现出更好的适应性（Cohen et al., 2000），更不容易陷入抑郁状态（Stice et al., 2004）。

在社会支持的两个维度中，本文主要关注了个体受到的情感支持。这是因为本文希望研究个体的感知社会支持与个体共情反应之间的关系。共情反应的一个关键成分就是理解和体验到他人情绪情感，共情反应的这种情感成分会与个体得到的情感支持更加相关。而由于工具性支持包含了更多的交易性成分（如提供资金和物资支持等），它与个体共情反应的联系会较微弱。

3.2.3 共情

在当代认知神经科学，共情被认为是人类独有的特征，属于人类对复杂社会环境的一种自适应行为（Carter et al., 2009）。不同的学者对共情有不同的理解。有学者将共情看作了一种包含认知能力和情感能力的能力结合体（Feshback，1987）。其中，认知能力指个体识别并且理解他人情感状态的能力，情感能力是个体产生相类似情感反应的能力。但是也有其他学者认为，共情是一种情绪体验状态（Hoffman，2002），或者一种情绪情感反应（Eisenberg & Strayer，1987）。在认知神经科学的研究中，共情被操作化为个体对痛苦，恐惧和饥饿等情绪表现的脑部反应。更深层次的，研究者们还探究了共情所包含的具体成分。Davis（1996）认为共情包括观点采择、想象、个人悲伤（（personal distress））和共情关怀（empathy concern）等四个部分。Decety 等学者（2006）则在利用脑机制研究的基础上，提出共情应该包括情感共享（affect sharing）、观点采择和情绪调节等三个成分。他们还指出，共情的前提基础是能够区分自己与他人的情感体验，而不至于造成混淆。虽然学者们在具体的共情成分方面存在分歧，但不难发现，他们的定义和成分划分中，共情均包含着识别和理解他人情感及想法的认知过程及产生类似情绪反应的情感过程。

对人类而言，使用情感性信息来预测他人的行为以及控制自己的行为会有助于自己快速适应社会。共情既包括自下而上的信息处理过程，即情感唤醒（affective arousal），情绪反应（emotional responses），以及对他人状态的初步理解；也包括自上而下的控制过程，即在认知加工过程中主体的动机、记忆、意图和态度均会影响个体共情体验的程度（Decety & Lamm, 2006; Decety & Meyer, 2008）。共情的心智视角（theory of mind perspective）理论从人类进化角度探究了共情问题。该视角认为，共情属于信息加工的"冷处理"方式，即人们利用从自己经验到中得到的规则系统来表示他人的情感状态。如果能正确地将别人的思维和情感精确表示出来，将有助于我们精确地监控他人的行为倾向，预测他们的行为，享受自己在社会生活中的优势。这种认知能力能够促进个体之间的合作，减少竞争。与心理视角不同的是，模拟视角认为，当个体觉察到他人的外在行为和情感表现时，会自发本能地模仿他人的心理活动，并想象自己的反应，从而激活自己脑中得相应反应部位，形成与他人共享的同形的情绪表征，达到理解他人的思想和感觉的效果（Decety & Lamm,

2006）。这个过程也被称为情绪共享。

很多研究者认为共情能够抑制反社会行为（Jolliffe & Farrington, 2004; Miller & Eisenberg, 1988），促进亲社会行为（Eisenberg & Miller, 1987）。具有较高共情反应的人会利用自己得到的有关他人情感状态的信息，来指导自己的行为，以避免参与到具有潜在伤害性的行为，或者来减轻别人受到的伤害。相反地，共情反应比较差的个体无法利用这些信息指导自己的行为。研究者们认为，共情障碍出现的原因可能包括无法有效识别他人的情绪表情，采纳别人的观点，分享他人的情绪经历，或者关心他们的痛苦。一些有关共情障碍的临床观察发现，这类群体一般情感都比较肤浅，无法体会到很深刻的感情，倾向于用一种漠不关心、轻蔑、或幸灾乐祸的心态看待他人经受的痛苦。

但是，针对共情前因变量的研究却相对匮乏。Eklund 等学者（2009）采用让被试读故事并且回顾自己过去经历的实验方法，发现当被试有过类似的经历时，他们的共情反映会更显著。而 Batson 等学者（2007）的研究发现，对他人幸福感的重视会增加个体的共情关怀（empathic concern）。Melloni 等学者（2014）通过研究人们对痛苦的共情反应，发现共情反应具有高度情境化的特征。刺激实体（stimulus reality）、个人经验（personal experience）、情感联结、情绪线索（emotional cues）、威胁信息（threat information）、团队身份（group membership）、对他人的态度等情境线索都可能会影响到个体共情的情感和认知过程。值得注意的是，这些研究关注的重点都是状态性共情反应，缺乏对特质性共情反应的研究。

3.2.4 不确定性厌恶

不确定性厌恶是一个反映个体对情境不确定性忍受程度的概念，它反映了个体在面对不确定性情景时出现在认知、情绪或行为等方面的反应差异性（Zvolensky et al., 2010）。在我们的生活中充满了不确定性，但人们面对不确定性的应对方式却大相径庭。有的个体能够接受，甚至喜欢不确定性，未知的环境对他们甚至有更强的吸引力。而有的个体却厌恶不确定性，未知对他们意味着可能的损失和风险，给他们带来了强大的压力和诸多困扰，因此，他们总是在试图逃避不确定性。研究发现，不确定性厌恶高的个体，会对未来将要发生的事情具有更消极的预期，并且倾向于认为消极事件无法预测。他们更容易将模糊的信息解读为具有威胁性的（Dugas et al., 2005）。高不确定性厌恶会导致个体为了避免风险而采取不作为的方式应对，并且会出现个体对模糊情境的刻意回避（Dugas et al., 1997）。研究者们还发现了不确定性厌恶对于个体解释倾向及注意力偏差（Fergus et al., 2013）、情绪焦虑反应如广泛性焦虑障碍（generalized anxiety disorder, Dugas et al., 2005）、强迫症（obsessive compulsive disorder, Tolin et al., 2003）、惊恐性障碍（panic disorder, McEvoy & Mahoney, 2012）等均有显著预测作用。

3.2.5 领地意识

在我们的日常生活中，经常发生这样的一些现象：有些人特别介意别人使用自己的物品，哪怕他（她）提前打了招呼，自己碍于情面勉强同意，内心也还是百般不情愿；有些人特别不喜欢邀请别人到自己家里做客，哪怕是好朋友；有些人自己做事时，不容他人的异议和干涉。这些现象，都反映了一个共同的主题：人们的领地意识。对于领地意识较强的人而言，在他们的工作和生活中，他们会特别注意维持固定边界，控制现有局面。边界和控制的概念不仅仅会影响他们的决策和行为，甚至可能形成更深层次的潜意识。当个体的物理或心理边界被打破时，个体的心理安全感可能会受到影响，出现降低的情况。

领地行为的研究最开始集中于生物学领域（Burt, 1943）。在生物学中，动物的领地行为是维持自己领地的一个重要手段。比如说，非洲角马通过自己的气味标记领地；猴子通过不同种群之间的混战来维持自己的领地；斑马用粪便标记自己的地盘。动物的领地行为从生物进化角度来讲，是具有重要意义的。它可以保障动物的基因繁衍，提高种群数量等（Carpenter, 1958）。之后，由动物的领地性延伸到了人类的领地性问题。受动物领地性研究的影响，早期人类领地性研究一直是在物理空间领域。研究者们主要关心领地性的生物基础和进化发展意义（Sundstrom & Altman, 1974）。到了 20 世纪 70 年代，学者们开始关注人类领地性的社会机能，并且发现人类空间领地性与个体冲突管理、安全感、攻击行为、边界控制等均具有一定关系（Edney, 1970）。

Brown 等学者将在组织背景下讨论了领地概念，并且将其扩展到了物理空间之外，对领地性的对象进行了拓展。Brown 等学者认为，领地性不仅仅存在于个体对有形的地域空间的占有，也包括个体对无形的想法、信息等的占有。Brown（2005）将领地性定义为，对有形（如空间和物品）或无形（想法职责）目标物所有权的行为表达，即个体在与他人的社会交流中通过特定的行为表现出自己对目标物品的优先接近权。Brown 等学者（2005）认为，领地行为包括标记行为和防卫行为。其中，标记行为又分为身份标记行为（identity-oriented marking）和控制导向的标记行为（control-oriented marking）；防卫行为又分为预先防卫行为（anticipatory defenses）和反应性防卫行为（reactionary defenses）。Brown 等学者还提出，领地行为会经历四个阶段，即建立（Constructing）、告知（Communicating）、维护（Maintaining）和修复（Restoring）。

但是，也有研究者提出了针对领地性的不同定义。Malmberg (1980) 认为，领地性具有动机作用，它会促使个体建立对自己领地的长期或暂时性控制。Taylor (1988) 将领地性定义为个体的一系列相互交织的情绪、信念和行为，并且认为它们具有地域特异性，会受到社会及文化的影响。Taylor 认为，领地性包含了三个成分，分别是领地性认知、情绪和行为。

领地认知包括个体对于谁可以进入自己的领地，谁可以在领地区域活动，谁来管理领地等一系列信念或想法。尽管这些学者从不同的方面定义了领地性，不难发现，它们包含了两个共同的特征。第一就是心理层面，个体对领地的依附。第二就是社会层面，个体对领地的占有和维护。

本文将个体的领地意识定义为个体对目标物的排他性占有感。与领地意识相近的一个概念是个体的心理所有权。心理所有权指个体对目标物的占有感，以及在心理上与该目标物存在的依附及依赖（Pierce et al. 2001）。心理所有权是领地意识形成的基础，领地意识与心理所有权不同的一个突出特征就是它的"排他性占有感"，即防止他人接近或占有的意识或行为意图。本文认为，领地意识会发挥心理认知图式的功能，从而影响个体自上而下的加工过程。与心理所有权相似，本文认为领地意识也是为了满足个体三种基本的心理需要。第一，满足个体的自我效能感；第二，满足个体的个性及自我身份认同需求；第三，满足个体对自我私密空间的需求，以获得安全感。

3.3 变量间关系假设

3.3.1 道德认同与共情反应

关于共情，不同的学者有不同的理解。学者们将共情理解为一种能力（Feshback，1987），一种认知和情感状态（Hogan，1969），或者一种情绪情感反应（Eisenberg &Strayer，1987）。由于本文旨在研究共情与个体特征及社会支持网络之间的关系，因此，本文将共情定义为了一种能力。如此定义的优势在于，第一，能力是一个相对稳定的概念。第二，能力概念有助于更好理解不同个体在同一刺激情景下的不同共情体验。第三，能力型定义能够反映出共情反应的可发展性和可培养性，更具有实践指导意义。本文认为，共情反应包括识别和理解他人情感及想法的认知能力及产生类似情绪反应的情感能力。

本文认为，道德认同会通过引导个体的注意力焦点，影响个体的共情反应。根据Aquino 和 Reed（2002）的观点，高道德认同个体的道德认知图式处于不断被激活和使用的状态，他们在生活中的一言一行都会考虑其道德影响。由此可以推断出，高道德认同的个体不仅仅关注自己的世界，他们更会关注自己行为对他人世界造成的影响，而这种经常考虑他人世界的思考问题方式，会有效引导个体的注意力资源。当个体的注意力焦点从自己身上转移到他人身上时，自我中心主义的问题思考方式便转变为以他人为中心的思考方式。这种思维方式的转变有助于增强个体识别和理解他人情感及想法的认知能力。而对于低道德认同的个体而言，他们的心智资源都用来维护自我利益，思考问题时会更加自我中心主义，表现出较低的识别和理解他人情感及想法的意愿及能力。

假设 1：道德认同和共情反应存在显著正相关关系。

3.3.2 感知社会支持与共情反应

此外，本文还认为，个体的社会情感支持网络也会影响到其共情反应。拥有丰富社会情感支持的个体会感受到更多的情感关怀，这为个体学习如何与他人相处提供了很好的条件。先前关于个体共情反应培养的研究更多集中于青少年，研究结果发现，父母的教养方式会显著影响下一辈的共情反应（Farrant et al., 2012）。当父母多采用温情的教育方式时，孩子的共情反应会显著提高。据此，本文推测，个体所处的社会支持环境中的情感性支持氛围也会影响到个体的共情反应。当周围人都采取一种支持性的、理解性的态度对待个体时，个体在这个环境中便习得了如何去理解和体会他人的能力，在与他人接触时，会更加注意他人的情绪感受。另一方面，拥有较丰富社会情感支持网络的个体能够与更多的人打交道，在这个过程中他的社会交际能力便会得到锻炼，从而提高理解和感受他人情绪的能力。

假设 2：社会情感支持和共情反应存在显著正相关关系。

3.3.3 道德认同与感知社会支持的共同作用

从假设 3 和假设 4 的论述可知，道德认同主要通过影响个体的认知过程从而影响个体的共情反应；而社会情感支持主要通过影响个体的情感过程而发挥作用。很多理论都支持个体的认知和情感共同作用于个体情境反应的观点。如 Mischel 和 Shoda（1995）的认知－情感个性系统理论指出，个性系统中复杂的"认知—情感"单元会交互作用影响人们对事情的反应。进一步地，个体特定认知或情感的可得性（availability）、认知和情感联结的模式和强度等均存在差异，会导致其被激活的容易程度存在差异，从而使得个体的情境反应也出现差异。此外，社会认知理论也指出，个体认知中存在冷（cold）、热（hot）两个方面，其中，冷指认知层面，热指情感层面，它们共同组成了个体个性系统中统一的"认知—情感"单元。由此可以看出，个体的道德认同与社会情感支持在影响个体共情反应时，应该发挥了协同增强的作用。因此，本文预测，在同时存在高道德认同和高社会情感支持的情况下，个体的共情反应会达到最高。

假设 3：道德认同和社会情感支持对共情反应有相互加强的交互影响作用。

3.3.4 道德认同与助人行为

Aquino and Reed（2002）指出，道德认同是个体围绕着一系列道德特质而形成的自我认知图式。这种认知图式在个体的行为决策和行为反应了扮演了重要角色。本文认为，道德认同能够显著预测个体的助人行为。这是因为，道德认同反映了道德价值观、道德标准、道德义务等在个体自我概念中的重要性（Blasi, 1984）。根据自我一致性理论（self-verification theory），个体会努力践行自己的价值观和信念，以保持自我形象的一致性（Aquino et al.，2009）。此外，高道德认同的个体在日常的社会环境信息加工中，由于他们的道德认知图式处于高度激活的状态，他们会对环境中道德线索更加敏感，并且会考虑自己日常生活中的一言一行的道德影响，从而能够发现更多的助人机会。Winterich 等学者（2009）认为，高道德认同的个体能够冲破个人心理上的群体边界，将自己的道德关怀从内群体扩展到外群体，进而从整体上扩大个体的道德关注圈（Reed &Aquino，2003）。已有研究显示，道德认同与个体的志愿服务次数、慈善捐赠行为等助人行为之间有显著正相关关系（Gino et al.，2011; Sage et al.，2006）。

假设 4：道德认同和助人行为存在显著正相关关系。

3.3.5 感知社会支持与助人行为

社会情感支持指个体在生活中感知到的来自家人、朋友、同事、领导等的情感关怀。本文认为，个体所拥有的社会情感支持程度能够正向预测个体的助人行为，这个作用主要是通过三个途径。第一，当个体拥有较多的社会情感支持时，他的自我意识会得到提高。根据意义建构（sense making）理论（Dervin，1998），当周围人给予个体很多帮助和支持时，个体会将其解读为他人对自己的重视和理解，提高自我价值观，改善自我意识。当个体的自我意识得到提升时，他会自己的看法会更加积极。根据自我一致性理论（Korman，1970），个体也会采取更加积极的行为维持感知到的积极自我形象。这种积极行为，就会包括亲社会的助人行为。第二，当个体拥有较多的社会情感支持时，他对整个社会的认知会得到改善。当周围人都很友善而乐于助人时，个体会更多地认为这个社会是温暖而充满爱的。这种积极的社会观会促使个体参与更多的助人行为。第三，当个体拥有较多的社会情感支持时，说明他周围的人都比较乐于助人。根据社会学习理论，个体在这样的环境中经过慢慢的观察学习过程，也会更多地去帮助他人。相关研究也发现，感受到他人亲和行为的个体会更倾向于参与到工具性帮助行为中（van Baaren et al.，2004）。

假设 5：社会支持和助人行为存在显著正相关关系。

3.3.6 共情反应的中介作用

有关共情与助人行为之间的研究已经持续了近一个世纪。研究者们认为，共情是影响助人行为最直接、最深远、也最稳定的变量。许多研究发现，共情与亲社会行为显著正相关。本文认为，共情反应中介了道德认同及感知社会支持与助人行为之间的关系。这是因为，从社会信息加工的认知角度看，道德认同与感知社会支持属于较为远端的变量，它们会影响个体自上而下的信息加工过程。而共情则属于较为近端的变量，它反映了个体与潜在受助者之间的互动关系。此外，共情和助人行为都具有对象性，这也说明了二者的关系更紧密。从个体认知过程看，道德认同首先影响了个体的认知聚焦点，引导着个体将注意力转向外界，从而增强了个体的共情反应能力。然后，当个体遇到了潜在的受助目标，产生了共情时，便会出现助人行为。对于感知社会支持，它则通过社会学习和社会互动提高了个体的共情反应，然后进一步导致了个体的助人行为。

假设 6：a. 共情反应中介了道德认同和助人行为之间的关系。

b. 共情反应中介了感知社会支持和助人行为之间的关系。

3.3.7 不确定性厌恶的调节作用

根据助人行为的损失 – 奖赏的激励模型（Dovidio et al., 1991），个体在做出最终的助人决策时，会对助人行为可能的收益及损失进行评估。当可能的损失大于收益时，个体会放弃采取助人行为。需要注意的是，模型中的助人收益既可以指有形的好处，如得到了金钱的奖赏；也可以指无形的好处，如助人者自我形象的提升，心情及情绪的改善。在顺风车助人情景中，助人者的可能收益就是帮助他人之后自我的满足感及成就感，然而，助人者也承担着很多的不确定性。正如本文开篇所提到的，助人者面临着事故风险以及其后可能的法律纠纷、黑车嫌疑以及可能的运营处罚，以及乘客的人品无法保证等。而不同的个体对这些不确定性的态度是不同的。有的个体对不确定的接受程度较高，他们可能并不会很担心这些不确定性。但是，有些个体对不确定的接受程度很低，表现出了较高的不确定性厌恶倾向。在这种潜在风险存在的情况下，他们可能会对损失特别敏感，并且过于夸大可能的损失（Fergus et al., 2013）。根据助人行为的损失 – 奖赏的激励模型，这种情况下，个体可能就会避免做出助人行为。

假设 7：a. 不确定性厌恶调节了共情反应与顺风车助人行为之间的关系：不确定性厌恶越高，共情反应与顺风车助人行为之间的相关性越低。

3.3.8 领地意识的调节作用

当个体具有较高领地意识时，他 / 她与他人之间的界限会很鲜明，各自管好自己的一亩三分地的意识会比较强。因此，一方面，他 / 她秉承着"己所不欲勿施于人"的精神，可能会担心自己主动提供顺风车的行为会干涉到其他人的生活边界，从而降低自己的助人意愿。现实生活中，也确实有很多乘客并不会接受顺风车车主的坐车邀请，认为对方"管得太多了"。另一方面，他 / 她会很在意陌生人进入自己的私人领地。再加上在当今中国，车子被赋予了更多的符号和情感意义。"车与老婆恕不外借"这句话虽然有着很强的戏谑意味，但也反映出了车的私密性和车主所有权的排他性。因此，领地意识较强的人，可能会因为考虑到自己的私人领地隐私问题，而放弃加入顺风车的队伍中。

b. 领地意识调节了共情反应与顺风车助人行为之间的关系：领地意识越强，共情反应与顺风车助人行为之间的相关性越低。

第四章 研究方法

4.1 样本和步骤

本研究采用了在线网络问卷调查的方式向顺风车车主发放问卷。调查对象是曾经参与了笔者顺风车公益项目的车主。由于顺风车车主的稳定性较差而流动性较大，给分阶段的纵向数据追踪收集带来了困难，因此笔者采用了横截面的数据收集方法。经过近一个月的数据收集，本文最终回收了 1125 份有效问卷。

在数据收集的过程中，本文充分考虑了车主的地域分布和职业分布。除了 265 份问卷的地址缺失之外，其他问卷均标注了详细的地址分布。据粗略统计，此次调查北京市车主最多，达到了 240 人；其次为河北地区车主， 80 人；然后是江苏地区车主，76 人；接下来依次是湖南（66 人）、山东（64 人）、上海（63 人）、河南（56 人）、山西（55 人）、深圳（52 人）、广东（41 人）、浙江（35 人）、陕西（25 人）等地的车主。其他地区如江西、天津、福建、重庆、四川等地由于人数较少，不再一一列举。大体上看，被调查的车主集中于东南沿海发达地区以及一些中部人口大省，或者类似于北京之类的公益活动比较多的地区。

在车主的职业分布方面，有传媒行业总经理、办公室文员、创业者、IT 行业媒体总监，也有大学教授、国企员工、医生等。由于每个被试所填写的职业较为具体，如四鲜生联合创始人、电子烟实体店老板、私营企业技工、酒店管理人员等，无法做出具体的统计，但总体上被调查者的职业分布较为分散，这也说明顺风车活动已经在各行各业具有一定的知名度。

在性别分布上，有 71.9% 的被试为男性。这也与本文在前面的访谈结果相符，即很多女性车主由于担心自己在助人过程中的人身财产安全，或者不想让自己的私人空间受到破坏，而对顺风车活动的态度不太积极。

在年龄分布上，分布最多的年龄段是 30~34 岁，占比 25.2%；其次为 35~39 岁区间，占比 22.4%；然后是 40~44 岁区间，占比 20.1%；再往后是 25~29 岁区间，占比 13.9%；剩下的年龄段依次为 45~49 岁，占比 8.1%；50~54 岁，占比 5.2%。这个年龄阶段的分布也与目前社会上顺风车活动的主要参与者的年龄比例相类似，即 30~44 岁阶段的人已经积累了一定的资本，有财力购买汽车，同时思想也较为开放，对待社会事务比较积极，公益活动参与度较高。

在被试的教育程度分布方面，本科学历最多（38.8%），其次为研究生学历（24.8%），然后是大专学历（20.9%）、高中学历（11.6%）、以及初中及以下学历（3.9%）。在被试的收入分布方面，28.1%的人月收入在5000~9999元，22.5%的人月收入在2000~4999元，19.4%的人月收入在1~2万元，15.4%的人月收入在4万元以上，仅有2.5%的人月收入在2000元以下。从这里可以看出，顺风车车主的学历较高，月收入也在中等及以上程度，这些条件为其参与公益活动提供了良好的知识及财务基础。

4.2 测量工具

本研究一共涉及6个研究变量，其中，道德认同、社会情感支持、不确定性厌恶等3个变量均采用已经开发成熟的量表。由于这3个变量的问卷初始版本是英文的，本文采用了Brislin（1980）推荐的双盲翻译步骤进行了中文问卷条目的确定和调整。首先，请一名组织行为学领域的博士生将初始英文量表翻译成中文，然后，再请另外的一名博士生将中文量表回译为英文，并且将翻译过后的英文版本与原始英文版本进行对照，之后根据二者的差异对中文翻译稿进行修改。在确保中英文量表具有语义方面的一致性后，本文又根据汉语的语言习惯对中文量表进行了微调，以符合汉语阅读和思考习惯。本研究中，所有的问卷条目都是7点评分法，1代表"非常不同意"，7代表"非常同意"。

道德认同采用Aquino和Reed（2002）开发的量表。该量表由10个条目构成。举例条目为"我强烈渴望拥有这些道德品质""如果我能够拥有这些品质，我将会感觉非常良好""拥有这些品质对我来说其实并不重要（反向计分）"。在本文中，该量表的信度系数为0.71。

感知社会支持采用Shakespeare-Finch和Obst（2015）开发的7条目量表，举例条目为"在我的生活中，有人可以为我提供情感支持""我身边有一群很重视我的人""在我的生活中，有人可以为我提供情感支持"。该量表是与感知社会工具性支持一起开发的，所以能够比较清晰地在测量上区分情感支持与工具性支持。在本文中，该量表的信度系数为0.89。

不确定性厌恶采用Carleton等学者（2007）开发的12个条目量表。举例条目为"无法预料的事会让我很不安""我要求自己提前准备好一切事情""我必须摆脱所有不确定的情况"。由于问卷长度的限制以及一些前期问卷作答者的反馈，本文最终采用了本量表中的11个条目，其中的条目"我必须摆脱所有的不确定情况"这个问题没有包括在最终问卷中。在本文中，该量表的信度系数为0.86。

为了更好地体现共情变量的情景特征，本文根据以往的共情量表以及顺风车的具体情景，编制了具有鲜明情景特征的共情反应量表，共计 8 个条目。在开发共情量表条目的过程中，本文借鉴了 Carré，Stefaniak，Ambrosio，Bensalah 以及 Besche-Richard（2013）开发的"基本共情量表（The Basic Empathy Scale in Adults (BES-A)）"以及 Hsiao，Tsai 和 Kao (2013) 修订的 Jefferson 共情量表（Jefferson Scale of Empathy）中文版。首先，本文作者在前期与一些顺风车车主进行了访谈，从中了解了车主们在决定帮助行人时内在的心理过程。鉴于笔者也是一名顺风车车主，在访谈的过程中也加入了一些本人的体会和分享。然后，根据访谈结果，笔者从以上两份量表中截取了与顺风车情景较为契合的条目，并且根据顺风车情景对量表条目的具体表达方式进行了调整，最终得到了 8 个条目。本文中，共情量表的举例条目为"当看到有人在着急打车时，我能感受到他们的焦急""当看到有人打不到车时，我能感受他们的失落""我在帮助乘客时，会设身处地地为他们着想"。在本文中，该量表的信度系数为 0.65。

由于领地意识是本文在前人有关领地行为的研究基础上提出的一个新变量，因此，它的测量条目也是本文根据前期的文献回顾及访谈进行确定的。本次研究也有助于本文对该量表进行进一步验证和修订。领地意识的举例条目为"采取措施保护自己的想法（资源、信息等）是非常必要的""拥有属于自己的空间会让我觉得很安全""我无法接受私人空间被他人侵占"。助人行为用车主实际的助人次数及频率表示。本文中，该量表的信度系数为 0.75。

控制变量 以往研究已经发现，性别和年龄对个体的助人决策具有一定的影响。如 Eagly 和 Crowley（1986）发现，女性和男性倾向于参与的助人行为类型存在差异。而学历和收入反映了个体所处社会阶层的差异。已经有研究发现，以收入水平、教育程度等为指标的社会阶层能够有效反映个体的助人倾向及助人行为（Dovidio et al., 2006；Goetz et al. 2010；Kraus et al., 2009；Snibbe & Markus, 2005；Staggs et al., 2007）。基于以上发现，本文控制了顺风车车主的性别、年龄、学历、收入等四个变量。其中，性别被编码为类别变量，1 代表男性，2 代表女性；受教育程度也被编码为类别变量，1 代表"初中"，2 代表"高中或中专"，3 代表"大专"，4 代表"本科"，5 代表"研究生"。年龄分为 9 个类别，"1"为 25 岁或以下，"2"代表 25~29 岁，"3"代表 30~34 岁，"4"代表 35~39 岁，"5"代表 40~44 岁，"6"代表 45~49 岁，"7"代表 50~54 岁，"8"代表 55~59 岁，"9"代表 60 岁及以上。收入分为 6 个类别，"1"代表 2000 元以下，"2"代表 2000~4999 元，"3"代表 5000~9999 元，"4"代表 1~2 万元，"5"代表 2~4 万元，"6"代表 4 万元以上。

此外，有关助人行为的情绪研究文献还发现，具有积极情感特质的个体更倾向于帮助他人。因此，本文还控制了个体的积极情感特质。积极情感特质采用 Watson, Clark 和 Tellegen（1988）开发的量表，举例条目为"警觉度高""备受鼓舞""有决心"。在本文中，积极情感特质量表的信度系数为 0.92。

表 4-1 本研究模型中的量表及其来源

序号	测量量表	来源	题项数量	Cronbach α 系数值
1	道德认同	Aquino 和 Reed（2002）	10	0.71
2	社会情感支持	Shakespeare-Finch 和 Obst（2015）	7	0.89
3	共情反应	本研究自行编制	8	0.86
4	领地意识	本研究自行编制	9	0.65
5	不确定性厌恶	Carleton 等学者（2007）	11	0.75
6	积极情感特质	Watson, Clark 和 Tellegen（1988）	10	0.92

4.3 统计方法

本研究使用了 AMOS 20.0 以及 SPSS 20.0 对调查数据进行分析。AMOS 20.0 软件主要进行验证性因子分析，考察各个构念之间的区分效度。SPSS 20.0 软件主要用于测量各个量表的内部一致性系数（Cronbach's Alpha）、各个变量的均值和方差、变量间相关关系以及回归方程检验。

第五章 假设检验与结果

5.1 测量模型因子载荷

　　为了检验每个测量条目在对应构念上的因子载荷，本文利用结构方程模型构建了一个六因子的测量模型。从表5-1可以看出每个测量条目在各自构念上的因子载荷。可以发现，在道德认同构念下，由于第3个"拥有这些特征，会让我感到很羞耻"以及第4个"拥有这些特征，其实对我并不重要"条目是反向计分，因此因子载荷出现了偏低的情况。而在共情反应的测量条目中，"当看到有人在着急打车时，我能感受到他们的焦急"这个条目的载荷有点低，这可能是由于这是该条目作为共情反应测量的第一个条目，其作答受到了上一个构念的影响。在领地意识的测量条目中，"我不喜欢与那些'爱串门'的同事交往"这个条目可能由于被试对"爱串门"在理解上的偏差，而出现载荷过低的情况。

表 5-1 测量模型因子载荷

条目	因子载荷					
	1	2	3	4	5	6
1. 成为一个拥有这些特征的人，会让我感觉良好	.38					
2. 成为一个拥有这些特征的人，是我自我身份认同中重要的一部分	.51					
3. 拥有这些特征，会让我感到很羞耻	.10					
4. 拥有这些特征，其实对我并不重要	.23					
5. 我非常希望拥有这些特征	.62					
6. 我愿穿那些令我看起来拥有这些特征的服饰	.55					
7. 我在业余时间所做的事，能够清楚地体现出我具有这些特征	.69					
8. 我的阅读物以及阅读内容，能够反映出我具有这些特征	.69					
9. 我愿意通过自己在某些组织/团体的身份，将我拥有这些特征的信息传递给别人	.79					

10. 我愿积极地参与到能够向别人展示我有这些特征的活动中	.82		
11. 存在那么一个人，能让我诉说生活中的压力	.58		
12. 至少有一个人，可以让我与之分享很多事情	.63		
13. 当我情绪低落的时候，有人可以依靠	.72		
14. 在我的生活中，有人可以为我提供情感支持	.84		
15. 至少有一个人，让我觉得可以信任	.84		
16. 我的生命中存在那么一个人，让我觉得自己是有价值的	.80		
17. 我身边有一群很重视我的人	.74		
18. 当看到有人在着急打车时，我能感受到他们的焦急		.12	
19. 当看到有人打不到车时，我能感受他们的失落		.71	
20. 我能够理解那些没有车的人日常出行的不易		.68	
21. 当帮助他人成功地坐上车时，我能感受到他们喜悦		.30	
22. 打不到车的那些人的遭遇，并不会很让我在意		.81	
23. 对于那些坐不上车的人，我能感受到他们的心情		.75	
24. 我在帮助乘客时，会设身处地地为他们着想		.86	
25. 因为每个人是不同的，所以从乘客的角度来看事情是困难的		.85	
26. 关于"哪些东西是属于我的，哪些属于别人"，在我的认识中有清晰的区分			.59
27. 采取措施保护自己的想法（资源、信息等）是非常必要的			.70
28. 拥有属于自己的空间会让我觉得很安全			.68
29. 我无法接受私人空间被他人侵占			.62
30. 即使有分享自己想法的机会或者被这样要求，我也不情愿这样做			.60
31. 如果我要好的朋友跟别人的关系也很亲近，我会感觉不爽			.42
32. 如果有人向我打听我最近在做什么，我会变得很谨慎			.28

续表

33. 与别人靠得太近，会让我感觉不舒服	.24	
34. 我不喜欢与那些"爱串门"的同事交往	.11	
35. 无法预料的事情会让我感到很不安		.60
36. 当得不到所需要的所有信息时，我会感到不安		.59
37. 人应该总是为将来着想，以免发生意外		.40
38. 即使做了最完备的计划，一个小的意外事件也可以毁掉一切		.37
39. 我总想知道我的未来会发生什么		.53
40. 我不能忍受有任何意外发生		.68
41. 我应该做到提前准备好一切事情		.44
42. 不确定性使我的生活不再完整		.72
43. 到了该采取行动时，不确定性会使我丧失行动能力		.69
44. 当我感到不确定时，我无法很好地开展工作		.71
45. 哪怕很小的不确定性也会阻止我采取行动		.68
46. 警觉度高		.78
47. 备受鼓舞		.84
48. 有决心		.88
49. 注意力集中		.77
50. 积极主动		.81
51. 兴趣盎然		.81
52. 兴奋		.70
53. 劲头足		.80
54. 热忱		.70
55. 自豪		.30

5.2 验证性因子分析

由于本文的变量都是由顺风车主在同一个时间点汇报的，数据之间的区分效度可能会受到影响。为了确定本文所测量构念之间的区分效度，本研究进行了验证性因子分析（confirmatory factor analyses，CFAs）。

由于道德认同、社会情感支持、共情、领地意识、不确定性厌恶、积极情感特质等六个变量的初始测量条目都比较多，而结构方程模型在未知参数过多时会出现模型无法识别的情况。此外，结构方程模型的拟合指标也倾向于惩罚复杂模型，因此，本文在做整体模型测量之前，对构念的测量条目做了降低数目的处理。

具体地，本文将这六个概念的测量项目都进行了打包。首先，本文通过探索性因子分析，将每个变量都强制抽取了一个因子。然后，根据每个问卷条目在这个因子上的载荷高低，本文将因子载荷最高与最低的条目进行合并，以此类推，从而得到新的变量。在问卷条目过多的情况下，本文也根据群组进行了条目合并。按照这个方法，道德认同最初 10 个条目，打包后变成了 3 个条目；共情，最初 8 个条目，打包后变成了 4 个条目；积极情感特质，最初 10 个条目，打包后变成了 3 个条目；领地意识，最初 9 个条目，打包后变成了 4 个条目；不确定性厌恶，最初 11 个条目，打包后变成了 3 个条目。

结构方程模型中区分效度的检验主要是通过比较不同测量模型的拟合优度而实现的。如果原始的观测变量与潜变量之间具有较好的对应关系，那么符合该数据结构的测量模型便会具有较好的拟合优度。而如果打乱原有的数据结构，模型的拟合优度便会变差。因此，本文首先检验了包含六个构念的结构方程模型。然后，本文根据构念在理论内涵上的联系，逐渐合并构念，依次检验了五因子模型（合并道德认同与社会情感支持），四因子模型（合并道德认同、社会情感支持与共情），三因子模型（合并道德认同、社会情感支持、共情与积极情感特质），二因子模型（合并道德认同、社会情感支持、积极情感特质、共情与不确定性厌恶），一因子模型（合并道德认同、社会情感支持、积极情感特质、共情、不确定性厌恶与领地意识）。

六个结构方程模型的拟合优度检验结果见表 5–2。本文选择的拟合优度判断指标为：近似误差的均方根（RMSEA），卡方拟合优度检验（$\chi 2$），比较拟合指数 CFI，Tucker–Lewis 指数（TLI）。其中，由于 $\chi 2$ 值受样本量影响很大，因此，一般通过考察卡方系数与自由度之比（$\chi 2/df$）来考察模型拟合程度。通常采用的判断标准是 $\chi 2/df < 5$，$\chi 2/df$ 值越接近 0，观测数据与模型拟合得越好。RMSEA 的取值范围在 0 和 1 之间，越接近于 0，表示观测数据与模型拟合得越好，通常采用 RMSEA < 0.1。CFI 与 TLI 的取值范围在 0 至 1 之间，越接近 1，表示模型拟合得越好，通常采用的标准为 > 0.90。

从表 5–2 可以看出，六因子模型与其他模型相比，拟合优度均表现较好（$\chi 2/df=5.385$；RMSEA=0.062；CFI=0.944；TLI=0.931）。而其余替代模型的拟合优度的总体拟合情况均劣于原六因子模型。因此，可以推测六个构念之间具有良好的区分效度。需要注意的是，六因子模型的 $\chi 2/df$ 的值比一般常用的标准要高出一些。本文认为，这并不能说明本文的模型拟合优度不佳，而这些可能是由于本文的样本量过大，而 χ2 受样本量影响很大，从而造成了 χ2 的值比较大，χ2/df 的值稍稍超出了判断标准。

表 5-2 验证性因子分析结果

模型	χ2	df	TLI	CFI	RMSEA
六因子模型 a	834.632	155	.931	.944	.062
五因子模型 b	1551.410	160	.863	.885	.088
四因子模型 c	2818.370	164	.746	.780	.120
三因子模型 d	4085.131	167	.631	.676	.144
二因子模型 e	5902.860	169	.467	.526	.174
一因子模型 f	7139.675	170	.356	.423	.191

Note. n=1125

a：六因子模型：道德认同、社会情感支持、积极情感特质、共情、不确定性厌恶、领地意识

b：在模型 a 的基础上将道德认同与社会情感支持合并

c：在模型 a 的基础上将道德认同、社会情感支持与共情合并

d：在模型 a 的基础上将道德认同、社会情感支持、共情与积极情感特质合并

e：在模型 a 的基础上将道德认同、社会情感支持、积极情感特质、共情与不确定性厌恶合并

f 在模型 a 的基础上将道德认同、社会情感支持、积极情感特质、共情、不确定性厌恶与领地意识合并

5.3 描述性统计分析

表 5-3 包含了本研究中所有变量的均值、标准差和零阶相关系数。从上表可以看出，变量间的相关性与本文先前的假设是一致的：道德认同、社会情感支持两个变量与共情（（γ=0.40，p<0.001；γ=0.35，p<0.001）、助人次数（γ=0.13，p<0.001；γ=0.09，p<0.01）都具有显著的相关关系。此外，性别、年龄、受教育程度、平均月收入等四个变量均与助人次数呈现出负相关关系，说明男性比女性、年轻人比年长者、教育程度低的比教育程度高的、平均月收入低的比平均月收入高的个体更容易提供顺风车服务。

表 5-3 关键变量描述性统计及相关系数

	均值 Mean	标准差 SD	1.性别	2.年龄	3.受教育程度	4.平均月收入	5.过去经历	6.积极情感	7.道德认同	8.情感支持	8.领地意识	9.不确定性厌恶	10.共情	11.助人次数
1. 性别	1.28	.45	1											
2. 年龄	3.97	1.57	-.02	1										
3. 受教育程度	3.69	1.09	.06	.06*	1									
4. 平均月收入	3.62	1.42	-.07*	.20***	.42***	1								
5. 过去经历	5.23	2.17	-.027	-.05	-.19**	-.08**	1							
6. 积极情感特质	5.93	.90	-.10**	.01	-.19***	-.08**	.30**	1						
7. 道德认同	6.23	.75	.01	.05	-.07*	-.07	.25**	.42***	(.92)					
8. 社会情感支持	6.15	1.00	.01	.01	-.11***	-.10**	.30**	.42***	.50***	(.71)				
9. 领地意识	4.41	1.02	-.003	-.08*	.002	-.08*	-.03	-.01	-.10**	.06*	(.89)			
10. 不确定性厌恶	4.43	1.18	-.08**	-.09**	-.14***	-.13***	.08*	.18***	.11***	.12***	.48***	(.75)		
11. 共情	5.99	.81	-.03	.01	-.25***	-.20***	.34***	.53***	.40***	.35***	-.04	.18***	(.86)	
12. 助人次数	3.00	1.66	-.16***	-.07*	-.23***	-.21***	.29***	.15***	.13***	.09**	-.05	.05	.21***	(.65)

注：N=1125；** p<0.01，* p<0.05，† p<0.1

5.4 回归分析

假设 1 和假设 2 认为道德认同、社会情感支持均与个体共情反应具有显著正相关关系，如本文表 5–4 中"模型 2"所示，道德认同正向影响了共情反应（β =0.20，p<0.001），但是，社会情感支持的影响并没有得到支持（β =0.03，n.s.），假设 1 得到了支持，但假设 2 没有得到支持。假设 3 认为道德认同和社会情感支持对共情反应有相互加强的交互影响作用，如本文表 5–4 中"模型 3"所示，道德认同与社会情感支持的交互项对共情反应的影响边际显著（β =.02, p < 0.10），假设 3 得到了支持。

表 5–4 层次回归统计结果：主效应及调节效应

	共情		
	模型 1	模型 2	模型 3
截距	3.57***	2.71***	2.91***
控制变量			
性别	.02	.01	.01
年龄	.02†	.02	.02
教育程度	−.06**	−.07**	−.07**
平均月收入	−.07***	−.07***	−.07***
以往经历	.07***	.05***	.06***
积极情感特质	.41***	.34***	.34***
自变量			
道德认同		.20***	.18***
社会情感支持		.03	.02
交互项			
道德认同 * 社会情感支持			.02†
R^2	.343	.374	.376
ΔR^2	.343	.031	.002
F	97.253	83.448	74.717
ΔF	97.253	27.962	3.417

注：N =1125; *** p < 0.001，** p < 0.01，* p < 0.05，† p < 0.10

假设 4 和假设 5 认为，道德认同、社会情感支持和助人行为显著正相关，如表 5-5 中的"模型 5"所示，道德认同与助人行为具有显著的正相关关系（β=0.19，p<0.05），社会情感支持与助人行为的关系呈现边际显著性（β=.02，p < 0.10），假设 4 和假设 5 都得到了支持。

假设 6 提出了共情反应的中介效应。在检验共情反应的中介效应时，本文采用了 Baron 和 Kenny（1986）推荐的步骤。Baron 和 Kenny（1986）指出，中介作用的存在必须满足以下四个标准：第一，自变量显著影响到了因变量；第二，自变量显著影响到了中介变量；第三，中介变量显著影响了因变量；第四，当加入中介变量后，自变量与因变量之间的回归系数有所下降甚至变得不显著。如果加入中介变量后，自变量与因变量之间的回归系数有所下降但是仍然显著，便出现了部分中介；如果二者之间的回归系数变得不再显著，便出现了完全中介。

假设 6a 认为，共情反应中介了道德认同和助人行为之间的关系，如表 5-5 中的"模型 6"所示，在加入了共情变量之后，道德认同与助人行为之间仍然存在显著的相关关系（β=0.16，p<0.05），而共情反应与助人行为间关系也是显著的（β=0.15，p<0.05）因此，可以初步认为共情反应在道德认同和助人行为之间发挥了部分中介作用。

假设 6b 认为，共情反应中介了感知社会支持和助人行为之间的关系，但由于感知社会支持与共情反应之间的关系不显著，因此，假设 6b 也没有得到支持。

假设 7a 认为，不确定性厌恶调节了共情反应与顺风车助人行为之间的关系：不确定性厌恶越高，共情反应与顺风车助人行为之间的相关性越低，如表 5-5 中的"模型 8"所示，共情与不确定性厌恶的交互项的相关系数是显著的（β=-0.13，p<0.05），因此，假设 7a 得到了支持。而假设 7b 认为，领地意识调节了共情反应与顺风车助人行为之间的关系：领地意识越强，共情反应与顺风车助人行为之间的相关性越低，如表 5-5 中的"模型 8"所示，共情与领地意识的交互项的相关系数是不显著的（β=0.03，n.s.），假设 7b 没有得到支持。

由于采用 Baron 和 Kenny（1986）推荐的检验方法来检验中介效应会带来回归方程检验中的统计检验错误，因此，本文根据 Preacher 和 Hayes（2004）的建议，采用了 Sobel（1982）方法对共情反应在道德认同及助人行为之间的中介效应显著性进行了检验。Sobel test 的结果显示，道德认同→共情反应→助人行为的间接效应为（t=2.04，p<0.05），假设 6a 得到了支持。

表 5-5 层级回归统计结果：中介效应及调节效应

	助人次数				
	模型 4	模型 5	模型 6	模型 7	模型 8
截距	3.68***	3.25***	2.80***	3.19***	3.22***
控制变量					
年龄	−.55***	−.57***	−.57***	−.57***	−.55***
性别	−.02	−.03	−.03	−.03	−.03
教育程度	−.15**	−.16**	−.15**	−.15**	−.14**
平均月收入	−.17***	−.17***	−.16***	−.17***	−.17***
过去经历	.18***	.18***	.17***	.17***	.17***
积极情感特质	.06	.05	−.02	.002	.004
自变量					
道德认同		.19*	.16*	.14†	.15†
社会情感支持		.10†	.10†	.09†	.09
道德认同 * 社会情感支持		.01	.01	.01	.02
中介变量					
共情			.15*	.15*	.12†
调节变量					
不确定性厌恶				−.05	−.05
领地意识				−.02	−.003
交互项					
共情 * 不确定性厌恶					−.13*
共情 * 领地意识					.03
R2	.152	.158	.161	.163	.167
ΔR2	.152	.006	.003	.002	.004
F	33.485	26.097	21.416	17.998	15.878
ΔF	33.485	7.388	4.701	.921	2.810

注：N =1125; ** p < 0.01， * p < 0.05， † p < 0.10

5.5 研究假设支持情况汇总

对于本研究提出的总体模型框架下假设的验证分析，具体支持情况见表 5-6。

表 5-6 本研究模型假设支持情况总结

假设	假设关系	支持情况
H1	道德认同→共情反应	支持
H2	社会情感支持→共情反应	不支持
H3	道德认同＊社会情感支持→共情反应	支持
H4	道德认同→助人行为	支持
H5	社会情感支持→助人行为	支持（边际显著）
H6a	道德认同→共情反应→助人行为	部分中介
H6b	社会情感支持→共情反应→助人行为	不支持
H7a	共情反应＊不确定性厌恶→助人行为	支持
H7b	共情反应＊领地意识→助人行为	不支持

第六章 讨 论

6.1 研究发现

本文数据分析结果显示，个体的道德认同能够显著预测个体的助人行为，并且共情反应在其中发挥了中介作用。此外，个体的不确定性厌恶也调节了共情反应与助人行为之间的关系，个体的不确定性厌恶倾向越强，其共情反应与助人行为之间的关系越弱。社会情感支持对助人行为有边际显著的预测作用，但是与共情反应之间的相关关系并不显著，共情反应在社会情感支持与助人行为之间的中介作用也没有得到支持。此外，领地意识在共情反应与助人行为关系间的调节作用也并没有得到支持。

6.2 理论意义

首先，本文发现了道德认同以及社会情感支持对个体助人行为的预测作用。道德认同对顺风车助人行为的影响可以从社会认同理论来理解。社会认同理论认为，个体的自我概念是一种社会性建构，是各种角色的集合体，它构成个体的社会自我图式（social self-schema）。社会认同感会使得个体产生保持自我同一性的倾向，个体会希望自己的行为与自我概念（sense of self）保持一致性，去实践理想自我。道德认同是社会认同的一种，它反映了道德价值观在个体身份认同中所具有的重要性和显著性（Blasi，1984）。对每个个体而言，道德认同对他们自我概念的重要性差异反映了个体道德认同水平的不同。由于个体总是希望通过自己的行为表达自己的个性特点，因此，道德认同水平高的个体，会更倾向于通过一系列的助人行为表达自己的个性特征。此外，道德认同也会让人们在道德决策情形中形成责任判断，发挥对个体道德行为的动力机制作用，从而有高度的道德责任感去践行顺风车之类的助人行为。

要理解社会情感支持对助人行为的作用机制，就需要结合本文其他的研究发现。数据结果显示，社会情感支持对助人行为有边际显著的预测作用，但是对共情反应的预测作用却并不显著，因此，共情反应在二者关系间的中介作用也便没有得到支持。本文认为，这说明社会情感支持对助人行为的预测作用可能是通过其他作用机制产生的。社会情感支持表明个体拥有质量较高的社会支持网络，能够感受到周围人的温暖，因此，它对顺风车助人行为的影响可能是通过广义社会交换机制产生的。也就是说，感受到周围人温暖、关爱和支持的个体产生了回报社会的心理，从而将这份温暖传递给了需要乘车的客人。而本文假设的社会情感支持对共情反应的影响是一个社会学习的过程。鉴于顺风车车主平均年龄已经在 35 岁以上，可能这个年龄阶段个体的共情反应较少受到社会学习的影响而较为稳定。也希望未来的研究能够探究社会情感支持通过广义社会交换影响个体的助人行为这个命题是否成立。

其次，本文也发现了道德认同对个体共情反应的影响。道德认同对个体共情反应的影响，可以从社会认知的角度来理解。由于共情是对他人所表现出来的情感的共享与理解，因此共情的一个重要前提就是，个体要能够注意并且觉察到他人的情感反应，而这种注意力的分配与个体的思考方式有着不可分割的联系。道德认同代表了道德相关的规则对个体自我概念的重要性。道德认同越高，道德相关概念对个体自我意识的重要性越高。而道德规则一个重要的特征就是，个体不仅仅要关注自己的内心世界，更需要将眼光放到世界整体的概念下，看到他人的世界，以及自我行为对他人世界可能产生的影响。这种从他人角度考虑的思考问题方式，会深刻地影响个体的注意力资源加工。此外，Aquino 和 Reed（2002）也提出，对于高道德认同个体而言，他们的道德认知图式处在不断被激活和使用的状态，他们会在日常生活中特别注意自己行为的道德影响。而一旦个体将注意力资源转移到他人身上，个体便会产生更多地对他人情感及想法的理解和认识，并且个体识别和理解他人情感和想法的能力也会得到提高，而这种加深的理解和认识能力会影响到个体的共情反应。

第三，本文还发现了共情反应在道德认同与顺风车助人行为之间的中介作用。这个中介作用可以从个体产生行动的心理过程进行分析。道德认同作为一种个体自我意识，从个体认知过程看，道德认同首先影响了个体的认知聚焦点，引导着个体将注意力转向外界，从而增强了个体的共情反应能力。然后，当个体遇到了潜在的受助目标，产生了共情时，便会出现助人行为。也就是说，道德认同与顺风车助人行为之间存在着一个注意力聚焦和情感共享的过程。

第四，数据分析结果还显示，不确定性厌恶调节了共情反应与顺风车助人行为之间的关系，个体的不确定性厌恶倾向越高，其共情反应越不太可能转化为助人行为。这个发现与顺风车助人情景的特殊性有着十分重要的联系。顺风车助人情景中充满着不确定性。而助人行为的"损失—奖赏"的激励模型（Dovidio et al., 1991）指出，个体的最终助人行为其实取决于他 / 她对助人行为可能产生的收益和损失进行的权衡比较，只有在潜在的收益大于损失时，个体才会采取助人行为。在顺风车情景中，个体的收益可以理解为自我形象的提升，心情及情绪的改善等，而个体的损失则多种多样。这些损失都是由顺风车情景的不确定性引起的。这些不确定性可能包括，可能的事故风险、法律纠纷、执法部门的不认可以及运营处罚等。高不确定性厌恶的个体对于风险具有很低的容忍程度。因此，他们也会对由风险带来的潜在损失特别敏感，并且有可能会夸大可能的损失。共情反应可能会促使个体产生助人的愿望，但不确定性厌恶可能会通过引起个体对助人行为可能损失的关注，从而降低由共情反应带来的助人意愿转化为最终实际助人行为的概率。

在本文中，个体按照自己的认知和情感采取助人行为是一种心理上的收益，而个体面临的不确定性失却尚未得到足够多的重视。因此，本文关注了个体的不确定性厌恶程度对共情及助人行为之间关系的调节作用，个体的不确定性厌恶程度越高，个体的共情反应与助人行为之间的关系越弱。

6.3 实践意义

首先，本文选择顺风车这一情景进行研究就具有丰富的实践意义。顺风车活动响应了当代社会的环保号召，有助于缓解交通压力，提高人们出行效率，促进整个社会更好的发展。此外，由于顺风车为个体出行提供了更多的机会，减少了车辆的重复使用率，也有助于为现在的大气污染整治做出一些贡献。另一方面，从社会舆论风气角度讲，顺风车活动有助于促进人与人之间真诚互助的关系，减少人们之间的冷漠与隔膜，促进更友好的社会人际关系的实现。而从社会公益角度讲，对顺风车活动研究也有助于我们更好地开展此类公益活动，以更加科学和合理的方式对其进行推广，从而鼓励社会志愿服务事业的发展，弘扬社会志愿服务精神。

第二，本文发现了道德认同对个体共情反应以及顺风车助人行为的预测作用。这说明道德认同对于促进个体对他人处境的理解进而带来个体的助人行为都有着重要的作用。在强调社会主义道德建设的今天，个体道德认同感的培养更加凸显了独特的含义。加强个体的道德认同感是需要多方努力的，它不仅仅与个体的学校及家庭教育密切相关，与整个社会大环境也有紧密联系。因此，整个社会的道德建设、公民基本道德规范的建立、家庭与学校对道德的从小培养，都是十分重要的。这也为相关管理部门提供一些培训参考，如加强社会道德建设，提高个体的道德认知水平；营造整个社会团队和谐助人的社会氛围，让个体感到的社会的温暖等。另一方面，对于发起顺风车活动的组织者而言，在争取顺风车活动注册车主时，也有必要考虑下个体的道德认同，以这个为标准，进行更加有效的甄别和选择。此外，社会情感支持对共情反应的预测作用也启示我们，个体接收到的社会上的温暖越多，他／她对社会的反馈意愿越强烈，也越能够给予其他人以温暖与理解。因此，如果能够为个体的成长与发展提供充足的情感支持，也是培养其共情反应的一个有效途径。

第三，本文发现个体的不确定性厌恶会阻碍其共情反应转化为实际的顺风车助人行为。这个发现启示我们，顺风车的组织者以及相关监管部门，为了促进顺风车的发展，应该采取一些措施，降低车主对顺风车助人行为的感知不确定性。比如，在制度层次，明确相关监管部门对顺风车的态度，完善相关的制度建设，尽快出台详细的发展指导意见，以规范顺风车市场，降低顺风车被误认为黑车的风险，提高对顺风车这种公益活动的科学治理水平，同时也净化顺风车市场，避免让一些黑车钻顺风车制度缺失的漏洞。此外，顺风车的组织者也应该普及有关顺风车的知识，增加社会公众对顺风车活动的理解和认识，减少由于认识不够而产生的不确定感。

6.4 研究不足及未来研究方向

第一，需要重视的是，本文有几个假设并没有得到数据支持。首先，虽然道德认同与社会情感支持都对共情反应具有主效应，但二者对共情反应的交互影响却并不显著。这可能是由于本文对社会情感支持的测量未能直接表现出影响个体共情反应的情感过程。本文在假设中指出，道德认同是从认知角度影响个体的注意力焦点，从而影响个体的共情反应；而社会情感支持测量的是个体所面临的社会支持环境，它个体共情反应的影响是一个社会学习的过程，而不是直接的情感过程，从而导致了道德认同与社会情感支持的交互效应不显著。未来的研究可以直接测量能够体现个体情感过程的变量，以解决这一问题。其次，社会情感支持对顺风车助人行为的主效应也并不显著。正如社会情感支持与道德认同的交互作用不显著的原因一样，本文认为社会情感支持与助人行为之间关系不显著应该也与它的非直接性相关。也就是说，他人对个体的态度，如提供很多情感支持，也许并不能有效预测个体对第三方的态度，即受到他人温暖对待的个体也许并不能将这种正能量传递。这个问题的解决方式也是改良社会情感支持的量表，直接测量个体的情感能力。最后，领地意识对共情反应与顺风车助人之间关系间的调节作用不显著。笔者认为，这可能是由于随着经济社会的不断发展，人与人的社交网络联系越来越多，活动空间也不断交错，从而导致整个社会的平均领地意识程度出现了下降。从本文的数据结果看，领地意识的均值和方差都比不确定性规避要小（mean=4.41，S.D.= 1.02），这可能在一定上导致高领地意识和低领地意识的群组相差不大，从而没有出现显著的调节作用。此外，本文中领地意识平均值较低结果的出现可能与本文的调查对象大多为顺风车主有关。由于顺风车主已经参与了顺风车活动，他们的领地意识可能就会弱一些。因此，未来的研究可以注意平衡调查对象的比例，保证领地意识这个变量具有足够多的变化。

第二，由于顺风车车主样本收集比较困难，本文在收集数据时只收集了横截面数据，而没有严格按照模型设计，收集纵向数据。由于数据都是由车主自己汇报的，因此可能会出现同源方法误差的问题。虽然本文的验证性因子分析结果支持了各个构念之间的区分效度，但共同方法偏差仍然会在一定程度上干扰到本文的研究结论。此外，为了维护自己的良好形象，被试在回答道德认同、共情反应、顺风车助人行为等变量时，可能会受到社会称许性的影响。希望未来的研究能够采用更科学的多时间段、多来源的数据收集方式，比如采用第三方平台统计顺风车车主的实际搭载次数，通过深度访谈、现场记录等，以更客观准确地反映本文想要测量的变量。

第三，本文在模型设计中对前因变量及控制变量的考虑还不够完善。

比如，在控制变量方面，本文控制了车主的人口统计学数据、积极情感特质等可能会影响到结果变量的因素，但对于其他可能造成影响的因素，如个体的亲社会动机、五大人格等并没有加以控制。此外，本文将共情反应作为了中介变量，但共情与观点采择概念有着紧密的联系，本文未能在控制观点采择的中介效应的基础上，验证共情反应独特的解释能力。

第四，共情是作为一个整体测量的，而没有区分其认知和情感维度。

有学者指出，共情反应应该包括认知和情感两个方面，其中认知能力指个体识别并且理解他人情感状态的能力，情感能力是个体产生相类似情感反应的能力（Feshback，1987），本文的共情量表是自行开发的，并没有充分区分认知与情感维度，可能无法体现出共情反应这一变量更为深刻的内涵。因此，希望未来的研究能够在变量测量中区分共情的认知与情感维度，以便更明确地区分道德认同和社会情感支持对共情反应产生的影响，并进一步思考认知和情感在个体助人决策中各自扮演的不同角色。

第五，从乘客角度进行研究。

顺风车情景中涉及到了多个行为主体，但本文主要关注了车主在提供顺风车帮助时的心理活动。未来的研究如果能够探究乘客在乘车时的选择与决策过程，也能够为顺风车行为提供一些启示。正如开篇中作者所提到的，有些乘客出于安全考虑，并不愿意乘坐顺风车。因此，研究乘客的不确定性厌恶以及可能的后果，可能是一个充满希望的方向。

附 录

顺风车项目状况调查

尊敬的先生 / 女士：

您好！

我是王永——品牌联盟（北京）咨询股份公司董事长和微微拼车创始人、公益顺风车发起人。因学习需要，目前正从事一项与顺风车相关的学术研究，想请您帮忙填写以下调查问卷。期待您对我们研究工作的支持！

本调查的目的，仅是为了纯粹的科研目的，您所提供的信息将与其他很多人的反馈一并做统计分析而得出客观而普适的科研结论，您反馈的信息，我们不会以任何方式透露给其他人，所以请您放心作答。问卷问题没有标准答案，所以您不必担心，仅需您表达您的真实感受。

若您对问卷有任何疑问，请与我的助理张迅畅联系，电话 189-1197-9187。

为了答谢您的支持，我将为每一位留下地址的朋友赠送一本我亲笔签名的新书《永不放弃》，本论文将作为主要内容在书中呈现。该书预计在 2016 年下半年出版，敬请期待。当然，如果您觉得敏感，也可以不留联系方式。

再次感谢您花时间填写此问卷，祝愿您工作顺利，家庭和睦！

王 永

2015 年 8 月

联 系 人	
手机电话	
邮寄地址	
邮政编码	

第一部分：

下面是形容个体特征的几个短语："**有爱心、富有同情心、公正、友好、慷慨、勤奋、乐于助人、诚实、善良**"。拥有这些特征的人可能是你，也可能是别人。请在你的脑海中想象下拥有这些特征的人，他们如何思考、感受以及行动。当你很明确这种人是什么样的之后，请选择最能代表您意见的数字，"1"代表"非常不同意"，"7"代表"非常同意"。

非常不同意　　　非常同意

$\longleftrightarrow$

1	成为一个拥有这些特征的人，会让我感觉良好	1 2 3 4 5 6 7
2	成为一个拥有这些特征的人，是我自我身份认同中重要的一部分	1 2 3 4 5 6 7
3	拥有这些特征，会让我感到很羞耻	1 2 3 4 5 6 7
4	拥有这些特征，其实对我并不重要	1 2 3 4 5 6 7
5	我非常希望拥有这些特征	1 2 3 4 5 6 7
6	我愿穿那些令我看起来拥有这些特征的服饰	1 2 3 4 5 6 7
7	我在业余时间所做的事，能够清楚地体现出我具有这些特征	1 2 3 4 5 6 7
8	我的阅读物以及阅读内容，能够反映出我具有这些特征	1 2 3 4 5 6 7
9	我愿意通过自己在某些组织/团体的身份，将我拥有这些特征的信息传递给别人	1 2 3 4 5 6 7
10	我愿积极地参与到能够向别人展示我有这些特征的活动中	1 2 3 4 5 6 7

第二部分：

以下是对您的生活状态的描述，请根据您的真实感受选择最符合您内心想法的选项。

非常不同意　　　非常同意

$\longleftrightarrow$

11	存在那么一个人，能让我诉说生活中的压力	1 2 3 4 5 6 7
12	至少有一个人，可以让我与之分享很多事情	1 2 3 4 5 6 7
13	当我情绪低落的时候，有人可以依靠	1 2 3 4 5 6 7
14	在我的生活中，有人可以为我提供情感支持	1 2 3 4 5 6 7
15	至少有一个人，让我觉得可以信任	1 2 3 4 5 6 7
16	我的生命中存在那么一个人，让我觉得自己是有价值的	1 2 3 4 5 6 7
17	我身边有一群很重视我的人	1 2 3 4 5 6 7

[附录三]

第三部分：

以下是对您的自我感受的描述，请根据您的真实感受选择最符合您内心想法的选项。

<table>
<tr><td></td><td></td><td colspan="7" align="center">非常不同意　　　　非常同意</td></tr>
<tr><td>18</td><td>关于"哪些东西是属于我的，哪些属于别人"，在我的认识中有清晰的区分</td><td>1 2 3 4 5 6 7</td></tr>
<tr><td>19</td><td>采取措施保护自己的想法（资源、信息等）是非常必要的</td><td>1 2 3 4 5 6 7</td></tr>
<tr><td>20</td><td>拥有属于自己的空间会让我觉得很安全</td><td>1 2 3 4 5 6 7</td></tr>
<tr><td>21</td><td>我无法接受私人空间被他人侵占</td><td>1 2 3 4 5 6 7</td></tr>
<tr><td>22</td><td>即使有分享自己想法的机会或者被这样要求，我也不情愿这样做</td><td>1 2 3 4 5 6 7</td></tr>
<tr><td>23</td><td>如果我要好的朋友跟别人的关系也很亲近，我会感觉不爽</td><td>1 2 3 4 5 6 7</td></tr>
<tr><td>24</td><td>如果有人向我打听我最近在做什么，我会变得很谨慎</td><td>1 2 3 4 5 6 7</td></tr>
<tr><td>25</td><td>与别人靠得太近，会让我感觉不舒服</td><td>1 2 3 4 5 6 7</td></tr>
<tr><td>26</td><td>我不喜欢与那些"爱串门"的同事交往</td><td>1 2 3 4 5 6 7</td></tr>
<tr><td>27</td><td>我买车的时候／如果我买车，更偏爱空间大一些的车</td><td>1 2 3 4 5 6 7</td></tr>
<tr><td>28</td><td>在我（我的家人）需要的时候，曾有人免费提供顺风车服务</td><td>1 2 3 4 5 6 7</td></tr>
<tr><td>29</td><td>无法预料的事情会让我感到很不安</td><td>1 2 3 4 5 6 7</td></tr>
<tr><td>30</td><td>当得不到所需要的所有信息时，我会感到不安</td><td>1 2 3 4 5 6 7</td></tr>
<tr><td>31</td><td>人应该总是为将来着想，以免发生意外</td><td>1 2 3 4 5 6 7</td></tr>
<tr><td>32</td><td>即使做了最完备的计划，一个小的意外事件也可以毁掉一切</td><td>1 2 3 4 5 6 7</td></tr>
<tr><td>33</td><td>我总想知道我的未来会发生什么</td><td>1 2 3 4 5 6 7</td></tr>
<tr><td>34</td><td>我不能忍受有任何意外发生</td><td>1 2 3 4 5 6 7</td></tr>
<tr><td>35</td><td>我应该做到提前准备好一切事情</td><td>1 2 3 4 5 6 7</td></tr>
<tr><td>36</td><td>不确定性使我的生活不再完整</td><td>1 2 3 4 5 6 7</td></tr>
<tr><td>37</td><td>到了该采取行动时，不确定性会使我丧失行动能力</td><td>1 2 3 4 5 6 7</td></tr>
<tr><td>38</td><td>当我感到不确定时，我无法很好地开展工作</td><td>1 2 3 4 5 6 7</td></tr>
<tr><td>39</td><td>哪怕很小的不确定性也会阻止我采取行动</td><td>1 2 3 4 5 6 7</td></tr>
</table>

第四部分：

以下是对您的自我感受的描述，请根据您的真实感受选择最符合您内心想法的选项。

		非常不同意 　　　非常同意
40	我会怀疑及讽刺别人的企图	1　2　3　4　5　6　7
41	我相信如果你允许别人占你的便宜，很多人都会这样做	1　2　3　4　5　6　7
42	如果需要，我会去操纵别人而达到我所想要的	1　2　3　4　5　6　7
43	有些人觉得我自私又自我中心	1　2　3　4　5　6　7
44	有些人觉得我冷漠又爱算计	1　2　3　4　5　6　7
45	我通常会尽力体贴及顾虑周到	1　2　3　4　5　6　7
46	大部分认识我的人都喜欢我	1　2　3　4　5　6　7
47	我宁愿与人合作，而不愿与人竞争	1　2　3　4　5　6　7
48	如果我不喜欢某一个人，我会让他知道	1　2　3　4　5　6　7
49	我时常和家人及同事起争执	1　2　3　4　5　6　7
50	我努力对我遇到的每一个人都礼貌相待	1　2　3　4　5　6　7
51	在态度上，我是顽固不妥协的	1　2　3　4　5　6　7

第五部分：

以下是对您在顺风车行动中一些自我感受的描述，请根据您的真实经历选择最符合您内心想法的选项。

		非常不同意 　　　非常同意
52	当看到有人在着急打车时，我能感受到他们的焦急	1　2　3　4　5　6　7
53	当看到有人打不到车时，我能感受他们的失落	1　2　3　4　5　6　7
54	我能够理解那些没有车的人日常出行的不易	1　2　3　4　5　6　7
55	当帮助他人成功地坐上车时，我能感受到他们喜悦	1　2　3　4　5　6　7
56	打不到车的那些人的遭遇，并不会很让我在意	1　2　3　4　5　6　7
57	对于那些坐不上车的人，我能感受到他们的心情	1　2　3　4　5　6　7
58	我在帮助乘客时，会设身处地地为他们着想	1　2　3　4　5　6　7
59	因为每个人是不同的，所以从乘客的角度来看事情是困难的	1　2　3　4　5　6　7

第六部分：

以下词语描述了一个人的情绪状态。请根据您一直以来的一般性情绪状态，选择最符合您真实感受的选项。

		几乎没有	比较少	中等程度	比较多	极其多
60	警觉度高	1	2	3	4	5
61	备受鼓舞	1	2	3	4	5
62	有决心	1	2	3	4	5
63	注意力集中	1	2	3	4	5
64	积极主动	1	2	3	4	5
65	兴趣盎然	1	2	3	4	5
66	兴奋	1	2	3	4	5
67	劲头足	1	2	3	4	5
68	热忱	1	2	3	4	5
69	自豪	1	2	3	4	5

第七部分：

以下是关于您的个人资料。请于方格中打"√"或在空格上填上适当的资料。再次强调，本人是为了严肃的学术目的而采集这些信息，这些信息会受到严密监管，学术研究之后会销毁，所以，请您不必担心您个人的隐私会被泄露或被他用。

70. 您的性别： □男 □女

71. 您的年龄： □ 25 岁或以下 □ 25~29 岁 □ 30~34 岁 □ 35~39 岁
□ 40~44 岁 □ 45~49 岁 □ 50~54 岁 □ 55~59 岁 □ 60 岁或以上

72. 您的学历： □初中或以下 □高中或相当程度 □大专 □本科 □研究生

73. 平均月收入： □ 2 千元以下 □ 2000~4999 元 □ 5000~9999 元
□ 1~2 万元 □ 2~4 万元 □ 4 万以上

74. 您的职业：

75. 您是我们的"车主"还是"乘客"，或者两者皆是？(以下答案可多选)
□车主 →您家有几辆车？ □ 1 辆 □ 2 辆 □ 3 辆及以上
→您搭载顺风乘客的次数？ □尚未搭载过 □仅 1 次 □不超过 5 次
□不超过 20 次 □不超过 100 次 □ 100 次以上
□乘客 →您搭载顺风车的次数？ □仅 1 次 □ 2~5 次 □ 6~20 次
□ 21~100 次 □ 100 次以上

参考文献

• Albrecht, T. L., Goldsmith, D. J., & Thompson, T. (2003). Social support, social networks, and health. Handbook of Health Communication, 263-284.

• Aquino, K., Freeman, D., Reed, A., I. I., Lim, V. K. G., & Felps, W.(2009). Testing a social-cognitive model of moral behavior: The interactive influence of situations and moral identity centrality. Journal of Personality and Social Psychology, 97(1), 123-141.

• Aquino, K., & Reed, A. (2002). The self-importance of moral identity. Journal of Personality and Social Psychology, 83(6), 1423-1434.

• Ariely, D., Bracha, A., & Meier, S. (2009). Doing good or doing well? Image motivation and monetary incentives in behaving prosocially. American Economic Review, 99, 544-555.

• Baron, R. M., & Kenny, D. A. (1986). The moderator–mediator variable distinction in social psychological research: Conceptual, strategic, and statistical considerations. Journal of Personality and Social Psychology, 51(6), 1173-1182.

• Batson, C. D. (1991). The altruism question: Toward a socialpsychological answer. Hillsdale, NJ: Erlbaum.

• Batson, C. D., Duncan, B. D., Ackerman, P., Buckley, T., & Birch, K. (1981). Is empathic emotion a source of altruistic motivation? Journal of Personality and Social Psychology, 40, 290-302.

• Batson, C. D., Eklund, J. H., Chermok, V. L., Hoyt, J. L., & Ortiz, B. G. (2007). An additional antecedent of empathic concern: valuing the welfare of the person in need. Journal of Personality and Social Psychology, 93(1), 65-74.

• Batson, C. D., Fultz, J., & Schoenrade, P. A. (1987). Distress and empathy: Two qualitatively distinct vicarious emotions with different motivational consequences. Journal of Personality, 55(1), 19-39.

• Batson, C. D., & Powell, A. A. (2003). Altruism and prosocial behavior. In T. Millon & M. J. Lerner (Eds.), Handbook of psychology, Vol. 5: Personality and social psychology (pp. 463-484).

Hoboken, NJ: Wiley.

• Baumann, D. J., Cialdini, R. B., & Kendrick, D. T. (1981). Altruism as hedonism: Helping and self-gratification as equivalent responses. Journal of Personality and Social Psychology, 40(6), 1039-1046.

• Bekkers, R., & Wiepking, P. (2011). A literature review of empirical studies of philanthropy: Eight mechanisms that drive charitable giving. Nonprofit and Voluntary Sector Quarterly, 40, 924–973.

• Bernhard, H., Fischbacher, U., & Fehr, E. (2006, August 24). Parochial altruism in humans. Nature, 442, 912–915.

• Bizman, A., Yinon, Y., Ronco, B., & Shachar, T. (1980). Regaining self-esteem through helping behavior. The Journal of Psychology, 105(2), 203-209.

• Blasi, A. (1984). Moral identity: Its role in moral functioning. In W. Kurtines & J. Gewirtz (Eds.), Morality, moral behavior and moral development (pp. 128–139). New York: Wiley.

• Brown, G., Lawrence, T. B., & Robinson, S. L. 2005. Territoriality in organizations. Academy of Management Review, 30(3), 577-594.

• Brown, S. L., Nesse, R. M., Vinokur, A. D., & Smith, D. M. (2003). Providing social support may be more beneficial than receiving it results from a prospective study of mortality. Psychological Science, 14(4), 320-327.

• Burt, W. H. 1943. Territoriality and home range concepts as applied to mammals. Journal of Mammalogy, 24(3): 346-352.

• Carleton, R. N., Norton, M. P. J., & Asmundson, G. J. (2007). Fearing the unknown: A short version of the Intolerance of Uncertainty Scale. Journal of Anxiety Disorders, 21(1), 105-117.

• Carlsmith, J. M., & Gross, A. E. (1969). Some effects of guilt on compliance. Journal of Personality and Social Psychology, 11, 232-239.

• Carlson, M., Charlin, V., & Miller, N. (1988). Positive mood and helping behavior: a test of six hypotheses. Journal of Personality and Social Psychology, 55(2), 211-229.

• Carlson, M., & Miller, N. (1987). Explanation of the relation between negative mood and helping. Psychological Bulletin, 102(1), 91-108.

• Carpenter, C. R. 1958. Territoriality: A review of concepts and problems. In A. Roe, & G. G. Simpson (Eds.), Behavior and evolution (pp. 224-250). New Haven: Yale University Press.

• Carpenter, M., Uebel, J., & Tomasello, M. (2013). Being mimicked increases prosocial behavior in 18-month-old infants. Child Development, 84, 1511–1518.

• Carré, A., Stefaniak, N., D'Ambrosio, F., Bensalah, L., & Besche-Richard, C. (2013). The Basic Empathy Scale in Adults (BES-A): Factor structure of a revised form. Psychological Assessment, 25(3), 679-691.

• Cesario, J., Plaks, J. E., & Higgins, E. T. (2006). Automatic social behavior as motivated preparation to interact. Journal of Personality and Social Psychology, 90(6), 893-910.

• Chen, Y., & Li, S. X. (2009). Group identity and social preferences. The American Economic Review, 99, 431–457.

• Cialdini , R. B. Baumann , D. J. Kenrick , D. T. (1981). Insights from sadness: A three-step model of the development of altruism as hedonism. Developmental Review, 1, 207-223.

• Cialdini , R. B. Darby , B. L. Vincent , J. (1973). Transgression and altruism: A case for hedonism. Journal of Experimental Social Psychology, 9, 502-516.

• Clark, M. S., & Isen, A. M. (1982). Toward Understanding the Relationship between Feeling States and Social Behavior. In Albert Hastorf, Alice Isen (Eds.), Cognitive Social Psychology (pp.73-108). North Holland, New York:Elsevier.

• Cohen, S., Gottlieb, B. H., & Underwood, L. G. (2000). Social relationships and health. In S. Cohen, L. G. Underwood, & B. H. Gottlieb (Eds.), Social support measurement and intervention(pp.3–25). New York: Oxford University Press.

• Cole, T., & Teboul, B. (2004). Non-zero-sum collaboration, reciprocity, and the preference for similarity: Developing an adaptive model of close relational functioning. Personal Relationships, 11, 135–160.

• Cunningham, Michael R., et al., dual processes in the effects of mood on helping behavior, the Annual Convention of the American Psychological Association 94th, Washington, DC, August 22-26, 1986.

• Davis, M. L. (1996). Empathy: a social psychological approach. Boulder: Westview Press.

• Decety, J., & Lamm, C. (2006). Human empathy through the lens of social Neuroscience. The Science World Journal, 6,1146-1163.

• Decety, J., & Meyer, M. (2008). From emotion resonance to empathic understanding: A social developmental neuroscience account. Development and psychopathology, 20(4), 1053-1080.

• Decety, J., Philip, L., & Jackson, P. L. (2006). A social –neuroscience perspective on empathy. Current Directions in Psychological Science, 15(2),54–58.

• Dervin, B. (1998). Sense-making theory and practice: an overview of user interests in knowledge seeking and use. Journal of knowledge management, 2(2), 36-46.

• Dovidio, J. F., Piliavin, J. A., Schroeder, D. A., & Penner, L. A. (2006). The social psychology of prosocial behavior. Mahwah, NJ: Erlbaum.

• Dugas, M. J., Freeston, M. H., & Ladouceur, R. (1997). Intolerance of uncertainty and problem orientation in worry. Cognitive Therapy and Research, 21(6), 593-606.

• Dugas, M. J., Hedayati, M., Karavidas, A., Buhr, K., Francis, K., & Phillips, N. A. (2005). Intolerance of uncertainty and information processing: Evidence of biased recall and interpretations. Cognitive Therapy and Research, 29(1), 57-70.

• Dugas, M. J., Marchand, A., & Ladouceur, R. (2005). Further validation of a cognitive-behavioral model of generalized anxiety disorder: diagnostic and symptom specificity. Journal of Anxiety Disorders, 19(3), 329-343.

• Duval, S., Duval, V. H., & Neely, R. (1979). Self-focus, felt responsibility, and helping behavior. Journal of Personality and Social Psychology, 37(10), 1769-1781.

• Edney, J. J. 1970. Human territoriality. Psychological Bulletin, 81(12), 959-975.

• Eisenberg, N., Fabes, R. A., Miller, P. A., Fultz, J., Shell, R., Mathy, R. M., & Reno, R. R. (1989). Relation of sympathy and personal distress to prosocial behavior: A multimethod study. Journal of Personality and Social Psychology, 57, 55–56.

• Eisenberg, N., Fabes, R. A., & Spinrad, T. L. (1998). Prosocial development. John Wiley & Sons, Inc..

• Eisenberg, N., & Strayer, J. (1987). Critical issues in the study of empathy. In Eisenberg, N., & Strayer, J.(Eds.), Empathy and its development (pp. 3–13). New York: Cambridge University Press.

• Eisenberg, N., Zhou, Q., & Koller, S. (2001). Brazilian adolescents' prosocial moral judgment and behavior: Relations to sympathy, perspective taking, gender - role orientation, and demographic characteristics. Child development,72(2), 518-534.

• Eklund, J., ANDERSSON - STRÅBERG, T. E. R. E. S. I. A., & Hansen, E. M. (2009). "I've also experienced loss and fear": Effects of prior similar experience on empathy. ScandinavianJournal of Psychology, 50(1), 65-69.

• Epley, N., Caruso, E., & Bazerman, M. H. (2006). When perspective taking increases taking: reactive egoism in social interaction. Journal of Personality and Social Psychology, 91(5), 872-889.

• Farrant , B. Devine , T. Maybery , M. Fletcher , J. (2012). Empathy, perspective taking and prosocial behaviour: The importance of parenting practices. Infant and Child Development, 21, 175-188.

• Fehr, E., Fischbacher, U., & Gächter, S. (2002). Strong reciprocity, human cooperation, and the enforcement of social norms. Human Nature, 13(1), 1-25.

• Fehr, E., & Gächter, S. (2002). Altruistic punishment in humans. Nature,415(6868), 137-140.

• Fergus, T. A., Bardeen, J. R., & Wu, K. D. (2013). Intolerance of Uncertainty and Uncertainty-Related Attentional Biases: Evidence of Facilitated Engagement or Disengagement Difficulty?. Cognitive Therapy and Research, 37(4), 735-741.

• Feshback, N. D. (1987). Parental empathy and child adjustment/ maladjustment. In Eisenberg, N., & Strayer, J.Empathy and its development (pp. 271–290). New York: Cambridge University Press.

• Fischer,C.S.(1976).The urban experience. New York: Harcourt Brace Jovanovich.

• Fratiglioni, L., Want, H., Ericcson, K., Mayyton, M., & Winblad, B. (2000). Influence of social network on occurrence of dementia: A community based longitudinal study.The Lancet,355, 1315–1319.

• Galinsky, A. D., Ku, G., & Wang, C. S. (2005). Perspective-taking and self-other overlap: Fostering social bonds and facilitating social coordination.Group Processes & Intergroup Relations, 8(2), 109-124.

• Galinsky, A. D., Wang, C. S., & Ku, G. (2008). Perspective-takers behave more stereotypically. Journal of Personality and Social Psychology, 95(2), 404-421.

• Gendolla, G. H. (2000). On the impact of mood on behavior: An integrative theory and a review. Review of General Psychology, 4(4), 378-408.

• Gino, F., & Desai, S. D. (2012). Memory lane and morality: How childhood memories promote prosocial behavior. Journal of Personality and Social Psychology, 102(4), 743-758.

• Gino, F., Schweitzer, M. E., Mead, N. L., & Ariely, D. (2011). Unable to resist temptation: How self-control depletion promotes unethical behavior. Organizational Behavior and Human

Decision Processes, 115(2), 191–203.

• Gneezy, U., & Rustichini, A. (2000). Pay enough or don't pay at all. Quarterly Journal of Economics, 115, 791-810.

• Goetz, J. L., Keltner, D., & Simon-Thomas, E. (2010). Compassion: An evolutionary analysis and empirical review. Psychological Bulletin, 136(3), 351-374.

• Grant, A. M., & Gino, F. (2010). A little thanks goes a long way: Explaining why gratitude expressions motivate prosocial behavior. Journal of Personality and Social Psychology, 98(6), 946-955.

• Greiner, B., & Levati, M. V. (2005). Indirect reciprocity in cyclical networks: An experimental study. Journal of Economic Psychology, 26(5), 711-731.

• Greve, F. (2009). America's poor are its most generous. The Seattle Times. Retrieved from http://seattletimes. nwsource. Com.

• Grossmann, I., & Varnum, M. E. (2011). Social class, culture, and cognition.Social Psychological and Personality Science, 2(1), 81-89.

• Hardy, S. A., & Carlo, G. (2005). Identity as a source of moral motivation. Human Development, 48(4), 232-256.

• Hoffman, M. L. (2002). Empathy and moral development. London: Cambridge University Press.

• Hogan, D. (1969). Development of an empathy scale. Consulting and Clinical Psychology, 33, 307-316.

• House, J. S. (1981).Work stress and social support. Reading, MA: AddisonWesley Semmer, N., Elfering, A., Jacobshagen, N., Beehr, T., & Boos, N. (2008). The emotional meaning of social support. International Journal of Stress Management,15, 235–251.

• Jolliffe, D., & Farrington, D. P. (2006). Development and validation of the Basic Empathy Scale. Journal of Adolescence, 29(4), 589-611.

• Kahneman, D., Knetsch, J. L., & Thaler, R. H. (1991). Anomalies: The endowment effect, loss aversion, and status quo bias. The Journal of Economic Perspectives, 193-206.

• Korman, A. 1970. Toward a hypothesis of work behavior. Journal of Applied Psychology, 54, 31-41.

• Kraus, M. W., & Keltner, D. (2009). Signs of socioeconomic status a thin-slicing approach. Psychological Science, 20 (1), 99-106.

• Kraus, M. W., Piff, P. K., & Keltner, D. (2009). Social class, sense of control, and social explanation. Journal of Personality and Social Psychology, 97(6), 992-1004.

• Kraus, M. W., Piff, P. K., Mendoza-Denton, R., Rheinschmidt, M. L., & Keltner, D. (2012). Social class, solipsism, and contextualism: how the rich are different from the poor. Psychological Review, 119(3), 546-572.

• Ku, G., Wang, C. S., & Galinsky, A. D. (2010). Perception through a perspective-taking lens: Differential effects on judgment and behavior. Journal of Experimental Social Psychology, 46(5), 792-798.

• Lang, F. R. (2001). Regulation of social relationships in later adulthood. Journals of Gerontology: Series B: Psychological Science and Social Sciences, 56B, 321-326.

• Lapsley, D. K., & Narvaez, D. (2004). A social-cognitive view ofmoral character. In D. Lapsley & D. Narvaez (Eds.), Moral development: Self and identity (pp. 189–212). Mahwah, NJ: Lawrence Erlbaum.

• Liang, J., Krause, N. M., & Bennett, J. M. (2001). Social exchange and well-being: is giving better than receiving?. Psychology and aging, 16(3), 511-524.

• Lindsey, A. M., & Yates, B. C. (2004). Social support: conceptualization and measurement instruments. Sharon, Olsen. Instruments for Clinical Health Research, 164-196.

• Macaulay, J., & Berkowitz, L. (Eds.). (1970). Altruism and helping behavior: Social psychological studies of some antecedents and consequences. New York: Academic Press.

• Malmberg, T. (1980), Human Territoriality: Survey of Behavioral Territories in Man with Preliminary Analysis and Discussion of Meaning. New York, NY: Mouton.

• Manucia , G. K. Baumann , D. J. Cialdini , R. B. (1984). Mood influences on helping: Direct effects or side effects? Journal of Personality and Social Psychology, 46, 357-364.

• McCabe, K. A., Rigdon, M. L., & Smith, V. L. (2003). Positive reciprocity and intentions in trust games. Journal of Economic Behavior & Organization,52(2), 267-275.

• McEvoy, P. M., & Mahoney, A. E. (2012). To be sure, to be sure: Intolerance of uncertainty mediates symptoms of various anxiety disorders and depression. Behavior Therapy, 43(3), 533-545.

• McMahon, S. D., Wernsman, J., & Parnes, A. L. (2006). Understanding prosocial behavior: The impact of empathy and gender among African American adolescents. Journal of Adolescent Health, 39(1), 135-137.

• Melloni, M., Lopez, V., & Ibanez, A. (2014). Empathy and contextual social cognition. Cognitive, Affective, & Behavioral Neuroscience, 14(1), 407-425.

• Miller, D. T., & Effron, D. A. (2010). Psychological license: When it is needed and how it functions. In M. P. Zanna & J. Olson (Eds.), Advances in experimental social psychology (Vol. 43, pp. 115-155). San Diego, CA: Academic Press.

• Mischel W, Shoda Y . A cognitive-affective system theory of personality: Reconceptualizing situations, dispositions, dynamics, and invariance in personality structure. Psychological Review , 1995,102, 246-268.

• Monin, B., & Jordan, A. H. (2009). Dynamic moral identity: A social psychological perspective. In D. Narvaez & D. Lapsley (Eds.), Personality, Identity, and Character: Explorations in Moral Psychology (pp. 341–354). Cambridge, UK: University Press.

• Moss, M. K., & Page, R. A. (1972). Reinforcement and helping behavior. Journal of Applied Social Psychology, 2, 360-371.

• Narvaez, D., Lapsley, D. K., Hagele, S., & Lasky, B. (2006). Moral chronicity and social information processing: Tests of a social cognitive approach to the moral personality. Journal of Research in Personality, 40(6), 966–985.

• Nowak, M. A. (2006, December 8). Five rules for the evolution of cooperation. Science, 314, 1560–1563.

• Nowak, M. A., & Sigmund, K. (1998). The dynamics of indirect reciprocity. Journal of Theoretical Biology, 194(4), 561-574.

• Penner, L. A., Dovidio, J. F., Piliavin, J. A., & Schroeder, D. A. (2005). Prosocial behavior: Multilevel perspectives. Annual Review of Psycholgy, 56, 365-392.

• Pierce, J. L., Kostova, T., & Dirks, K. T. (2001). Toward a theory of psychological ownership in organizations. Academy of Management Review, 26(2), 298-310.

• Piff, P. K., Kraus, M. W.,Côté, S., Cheng, B. H., & Keltner, D. (2010). Having less, giving more: The influence of social class on prosocial behavior. Journal of Personality and Social Psychology, 99(5), 771-784.

• Piliavin, J. A., Dovidio, J. F., Gaertner, S. L., AClark, R. D., III. (1981). Emergency intervention. NewYork: Academic Press.

• Podsakoff, P. M., MacKenzie, S. B., Lee, J. Y., & Podsakoff, N. P. 2003. Common method biases in behavioral research: a critical review of the literature and recommended remedies.

Journal of Applied Psychology, 88, 879-903.

• Preacher, K. J., & Hayes, A. F. (2004). SPSS and SAS procedures for estimating indirect effects in simple mediation models. Behavior Research Methods, Instruments, & Computers, 36(4), 717-731.

• Ramanathan, S., & Williams, P. (2007). Immediate and delayed emotional consequences of indulgence: The moderating influence of personality type on mixed emotions. Journal of Consumer Research, 34, 212–223.

• Rand, D. G., Arbesman, S., & Christakis, N. A. (2011). Dynamic social networks promote cooperation in experiments with humans. Proceedings of the National Academy of Sciences, 108(48), 19193-19198.

• Rao, L. L., Han, R., Ren, X. P., Bai, X. W., Zheng, R., Liu, H., et al. (2011). Disadvantage and prosocial behavior: The effects of the Wenchuan earthquake. Evolution and Human Behavior, 32, 63-69.

• Reed, A., I. I., & Aquino, K. F. (2003). Moral identity and the expanding circle of moral regard toward out-groups. Journal of Personality and Social Psychology, 84(6), 1270-1284.

• Rosenhan, D. L., Salovey, P., & Hargis, K. (1981). The joys of helping: Focus of attention mediates the impact of positive affect on altruism. Journal of Personality and Social Psychology, 40(5), 899-905.

• Sachdeva, S., Iliev, R., & Medin, D. L. (2009). Sinning saints and saintly sinners: The paradox of moral self-regulation. Psychological Science, 20, 523-528.

• Sage, L., Kavussanu, M., & Duda, J. (2006). Goal orientations and moral identity as predictors of prosocial and antisocial functioning in male association football players. Journal of Sports Sciences, 24(05), 455-466.

• Shakespeare-Finch, J., & Obst, P. L. (2011). The development of the 2-way social support scale: a measure of giving and receiving emotional and instrumental support. Journal of personality assessment, 93(5), 483-490.

• Shao, R., Aquino, K., & Freeman, D. (2008). Beyond moral reasoning. Business Ethics Quarterly, 18(4), 513-540.

• Snibbe, A. C., & Markus, H. R. (2005). You can't always get what you want: Educational attainment, agency, and choice. Journal of Personality and Social Psychology, 88(4), 703-720.

• Staggs, S. L., Long, S. M., Mason, G. E., Krishnan, S., & Riger, S. (2007). Intimate partner violence, social support, and employment in the post-welfare reform era. Journal of Interpersonal Violence, 22(3), 345-367.

• Steblay, N. M. (1987). Helping behavior in rural and urban environments: A meta-analysis. Psychological Bulletin, 102(3), 346-356.

• Stice, E., Ragan, J., & Randall, P. (2004). Prospective relations between social support and depression: Differential direction of effects for parent and peer support? Journal of Abnormal Psychology,113, 155-159.

• Stürmer, S., Snyder, M., & Omoto, A. M. (2005). Prosocial emotions and helping: the moderating role of group membership. Journal of personality and social psychology, 88(3), 532-546.

• Sundstrom, E., & Altman, I. (1974). Field study of territorial behavior and dominance. Journal of Personality and Social Psychology, 30(1), 115-124.

• Tajfel, H. (1982). Social psychology of intergroup relations. Annual Review of Psychology, 33, 1-39.

• Taylor, R.B. (1988), Human Territorial Functioning: An Empirical, Evolutionary Perspective on Individual and Small Group Territorial Cognitions, Behaviors, and Consequences. Cambridge: Cambridge University Press.

• Tolin, D. F., Abramowitz, J. S., Brigidi, B. D., & Foa, E. B. (2003). Intolerance of uncertainty in obsessive-compulsive disorder. Journal of Anxiety Disorders, 17(2), 233-242.

• Van Baaren, R. B., Holland, R. W., Kawakami, K., & Van Knippenberg, A. (2004). Mimicry and prosocial behavior. Psychological Science, 15(1), 71-74.

• Van Baaren, R. B., Holland, R. W., Steenaert, B., & van Knippenberg, A. (2003). Mimicry for money: Behavioral consequences of imitation. Journal of Experimental Social Psychology, 39, 393–398.

• Wilson, J., & Musick, M. A. (1997). Work and volunteering: The long arm of the job. Social Forces, 76(1),251-272.

• Winterich, K. P., Mittal, V., & Ross Jr, W. T. (2009). Donation behavior toward in - groups and out - groups: The role of gender and moral identity. Journal of Consumer Research, 36(2), 199-214.

• Zvolensky, M. J., Vujanovic, A. A., Bernstein, A., & Leyro, T. (2010). Distress tolerance theory, measurement, and relations to psychopathology. Current Directions in Psychological

Science, 19(6), 406-410.

洪慧芳, & 寇彧. (2008). 用典型相关进一步研究大学生亲社会倾向和亲社会推理的关系. 心理发展与教育, 24(2), 113-118.

李谷, 周晖, & 丁如一. (2013). 道德自我调节对亲社会行为和违规行为的影响. 心理学报, 58(6), 78–85.

芦学璋, 郭永玉, & 李静. (2014). 社会阶层与亲社会行为：回报预期的调节作用. 心理科学, 37（5), 1212-1219.

后 记

　　过去的 20 年里，在推动顺风车这件事情上，我可谓不遗余力，死磕到底。从个人身体力行，号召众人参加；到紧密携手媒体，扩大活动影响；到发展分支机构，力促全国落地；再到打造品牌活动，聚焦春节回家顺风车；再到投身创业大潮，创办微微拼车；再到推动制度建设，改善法律环境⋯⋯这些年，最大的体会就是：只要永不放弃，终将梦想成真！

　　然而，一个人的力量毕竟是微不足道的！顺风车的发展和成长是环境恶化、交通拥堵的现实压力所然，也是公益环境和社会风气改善的结果，是科技发展和社会进步的必然趋势。任何人都不能贪天之功，贪人之功！我个人只是顺势而为，做了一点点力所能及的推动而已，就算没有我，也一定会有别人站出来推动顺风车的发展。

　　在这个过程中，我有幸得到了有关政府部门、新闻媒体、合作伙伴、创业企业的大力支持，得到了有关领导人、社会贤达、政府官员、企业领袖、媒体记者、两会代表、影视明星、工作团队、志愿者、爱心车主和广大乘客的大力支持！没有他们的支持，我寸步难行。对于所有人的帮助，我将始终铭记在心。

　　政府部门方面，我要真诚地感谢交通运输部、国家发改委、国资委、北京市交通委、首都文明办、北京市发改委、北京市政府法制办、北京市社会工作办公室、北京市环保局、共青团北京市委、北京市青联、北京市环保宣传中心、北京市志愿服务联合会、北京车友协会、首发集团、回龙观镇人民政府和共青团湖南省委、湖南省青联、共青团贵阳市委、共青团昆明市委、 金华市直机关工委、金华市 8890 便民服务中心、金华共青团、中国会展经济研究会、中国西部研究与发展促进等政府部门和人民团体、行业协会的大力支持！

　　新闻媒体方面，我要真诚地感谢人民日报、新华社、中央电视台、中央人民广播电台、中国青年报、中国汽车报、北京日报、北京晨报、新浪湖南、网易、凤凰网、南方都市报、浙江之声、中国交通报、劳动午报、中国企业家、经济观察报、第一财经、北京电台、车友报、大连交通广播、新华月报、中国移动手机报、湖南广播电台、天津广播电视台、河北人民广播、香港文汇报、环球时报、新疆人民广播电台、陕西人民广播电台、法制日报、法制晚报、深圳广播电台等媒体的大力支持！

　　合作伙伴方面，我要感谢北京掌上通网络技术股份有限公司、东方爱智科技公司、清华大学电子工程系、航美传媒、首都机场广告公司、蜂子二维码、善达网、新浪公益、Thirsty、北京市八一中学、太平洋保险，阳光保险集团，鸿基金，湖南省青少年发展基金会，中国移动北京分公司、中国人寿保险股份有限公司北京分公司、汽车大师、万科、世纪城、碧桂园、联想集团、吉利汽车、阿里云、沃尔沃汽车（中国）、奔驰（北京）中心、南方航空、微微拼车、北京汽车集团、大众汽车、腾讯路宝、感恩儿童安全座椅、小米手机、聚美优品、阿芙精油、海南航空在技术、经费、产品、服务、推广、场地、礼品等各个方面提供的大力支持。

赞助商方面，感谢联想集团、吉利汽车、阿里云、沃尔沃汽车（中国）、奔驰（北京）中心、南方航空、微微拼车、北京汽车集团、大众汽车、腾讯路宝、感恩儿童安全座椅、小米手机、聚美优品、阿芙精油、海南航空的大力支持。

创业企业方面，我要感谢滴滴顺风车、Uber、嘀嗒拼车、五一用车、天天用车、AA拼车、爱拼车的战友们，我们一道用商业的力量推动顺风车、拼车的发展！

除了上述单位，我还要感谢以下个人的大力支持！

首先我要感谢十届全国人大常委会副委员长顾秀莲、感谢澳大利亚第26任总理陆克文等领导人的大力支持。

感谢时任央视著名主持人陈伟鸿、赵普、郎永淳、崔永元，公益人士邓飞和六小龄童、王凯、闫文辉、吴昌华、肖庆平、徐侠客、鲁健、谭龙等春节回家顺风车联合发起人的共同参与和鼎力支持。

我还要感谢时任交通运输部部长、现任交通运输部党组书记杨传堂，时任中宣部副部长、现任新华社社长蔡名照，全国政协环资委副主任王玉庆，感谢时任北京市委常委，贵州省委常委、贵阳市委书记，现任河北省委常委、省政府副省长、党组副书记、河北雄安新区党工委书记、管委会主任陈刚，感谢时任北京市交通委主任，现任交通运输部副部长刘小明，时任北京市交通委副主任刘缙，法制处孙红军、闫林海，感谢时任共青团北京市委书记常宇、副书记杨立宪、青联秘书长余俊生、祁治国、郑品石，感谢时任首都文明办主任陈冬、首都文明办副主任卜秀均、田文松、韩龙彬、秦贵，时任北京市环保局副局长、现任局长方力，原副局长杜少中，时任北京环保宣传中心主任凌越、现任主任张立新，现任金华市副市长祝伦根，现任金华市政府办公室党组成员、金华8890便民服务中心主任丁宏田、金华8890便民服务中心副主任孔德东等各位政府官员的包容、信任和大力支持！

感谢记者于胜春、马丁、马闯、王开广、王丽辉、王晓易、王晓雪、王鉴、王誉颖、毛一竹、史雅欣、孙仲、白杰戈、田园、田智钢、来扬、刘洋、刘丽、刘畅、刘珏欣、刘

后记

冕、刘琦、关玉霞、许琨、许前程、李元胜、李冰、李晓雨、李咏、李恒晖、那佳、张雄、宋向荣、杜江茜、杜希萌、杜昊、杨静婕、吴育琛、陈瑶、孟令悦、赵炳皓、郝爽、思宁、钮小雪、侯峰、侯琛、袁小刚、徐坚毅、徐晶晶、涂书、葛景栋、谢良兵、谢欣睿、蔡小林、谭艳娟、熊晓晨、潘显宏、魏娜、魏薇、彭斐、蒋桂佳和主持人王世玲、王佳一、牛力、丹青、平平、田雨、刘甜甜、刘嘉琳、安安、李咏、李莉、李嘉佳、吴海鹏、园园、张媛、陆放、顾峰、曹禧、盛博、韩磊、静慧、张晓楠、张吕清和众多还没有列到名单里的媒体朋友的大力支持！

感谢柳传志、马云、李连杰、姚劲波、雷军、陈欧、杨澜、李开复、薛蛮子、肖庆平、路华、郭曼、冯中华、刘姝威、张醒生、陈光标、李光斗、顾环宇、李正茂、孙维跃、于雷等企业领袖和专家学者，感谢《顺风车》电影团队的田海洪、石斌斌、马艳丽、水皮、张惠玲、张会中、邬莎、李璐西、陈海、邵峰、岳晓琳、夏华、袁岳、周晓鸥、鞠革等朋友一同通过电影的力量让更多观众走进院线了解顺风车背后的故事。

感谢技术支持掌上通科技肖庆平及其团队，感谢丁耿著、王吉斌、孔令旭、石述思、北野、田智刚、朱平豆、刘国正、闫岩、牟建良、李素丽、李瑞东、杨光、邝春光、谷鹏、宋英杰、张文涛、张婉婷、张鹏、赵蕾、侯梓沐、曹月华、彭韬、韩萌、靖添尧、魏江雷等朋友，感谢影视明星王珞丹、水木年华、孔祥东、北美崔哥、李宇春、陈宝国、张梓琳、周笔畅、姚晨、景甜、缪杰等对我们的热情支持，他们借助自己的影响力来推广和宣传顺风车的理念。

感谢岳成律师事务所的岳成、岳运生、岳屾山、刘涛律师提供的法律援助。

感谢周国俊导演拍摄的顺风车系列微电影《冬日暖阳》、《一起回家》，其中《冬日暖阳》累计浏览量超过1300万。感谢水木年华缪杰为顺风车制作的单曲《一起回家》，感谢所有参与演唱的发起人和合作伙伴们。

感谢我的博士生导师、人民大学刘军教授、香港理工大学顾芳教授对我顺风车论文的大力支持，感谢清华大学张林教授、博士生姜巍巍在算法上的大力支持。

感谢全国政协常委欧阳明高，感谢全国人大代表姜明、黄明、谢子龙、谢强、谢明，感谢全国政协委员王玉庆、崔永元、冯军、金正新、李晓林（现任全国人大代表）、沈建国，时任北京市人大常委宋慰祖、时任北京市政协委员沈杰在历次两会提案中给予的帮助。

感谢北京大学国家发展研究院EMBA、香港理工大学管理学博士GMgt和湖畔大学的同学们。感谢参加我在香港理工大学顺风车博士论文调研的2000多位车主朋友。感谢在回龙观地区举行的"三人一辆车，代付高速费"的3000多名车主们的大力支持！

当然更要感谢品牌联盟、顺风车、微微拼车团队的全体成员，尤其是要感谢包括品牌联盟的张迅畅、李茜、许亚华、何宏林、卓建东、陈默、高健、谭子杰；掌上科技的田静、瞿春柳；微微拼车的付苗苗、张鹏、陈雪菲、陈楠、孟亮、高顺生、高源、蒲繁强；以及王晨飞、王志豪、王振东、牛帅、田媛媛、任学梅、刘坤明、张晓男、陈可招、张晓恬、朱慧磊、李燕妮、李纪亮、李超群、曹勇、黄子珍等历任顺风车专职团队的大力支持！

感谢丁建文、丁建华、刁海刚、于景、万小明、马龙、马江、马国栋、毛许可、王万玉、王卫红、王双全、王立兵、王永军、王亚利、王春英、王亮、王易单、王爱蒂、王继君、王振辉、王新、王静雯、王磊、王燕鹏、王凤铃、王艳、王超勇、邓军、牛钰杰、毛善忠、文志飒、尹峰、邓衡华、生保伟、卢武强、卢云祝、卢江、叶占通、叶毅、田津涛、田超民、冉隆禄、付瑜、白杨、白鸿盛、冯红彬、边鑫、吉庆、成龙灿、乔红娥、全香敏、安伟、刘高峰、刘丽、刘炜、刘利群、刘嘉会、刘怡晨、刘贺威、刘海丽、刘海强、刘蔚、巩丽霞、闫岩、闫静、江斌、孟凡华、汤美爱、孙海君、孙琼、孙博、苏哲、杜仁富、杜世军、杜礼强、李翠玲、李长具、李亚东、李沛、李忠超、李响、李景苣、李静、李毅卿、李军霞、李长具、李志军、宋普、苗书英、杨武满、杨正飞、杨明、杨倩、杨英伟、吴同礼、吴艳、何丽、何浩、汪茂盛、史小虎、张力、张龙、张东、张生、张亚安、张存明、张旭、张志刚、张茜、张勇、张晓、张涛、张超、张毅、张斌、张福友、张昭、吕卫华、吕贤贞、朱金训、何君、汪茂盛、陆洪、陈永建、陈丽娜、陈启佳、陈禹、金文斌、武世磊、罗莹、罗小青、罗烈辉、罗越、金玉洁、周仁泉、周卫红、周玉会、周东正、周光兴、周宏建、周新会、宗海华、赵大伟、赵玉、赵志刚、赵志钢、赵忠柱、胡旭辉、赵国敏、赵敏、赵晓庆、胡妮兰、畅原平、钟意、侯云剑、洪端银、姚治强、袁红宝、袁斌、高子尚、高华、高志轩、高锁来、高慧、夏超、钱永斌、栗刚、徐希广、徐连喜、郭东亮、郭亚楠、郭军、郭红敏、郭兵、郭琦炫、席佳福、席沁丽、陶花、陶能华、黄杰杰、曹英姿、曹红伟、曹振、谢江涛、梁雪、梁国旗、曾庆华、崔全伟、葛丹、董超伟、程德珍、程浩、程斌、雷坤、雷沁根、薛刚、薛志强、薛志鹏、薛福涛、魏洁、蔡月龙、管培云、戴泽丰等志愿者。

感谢包括北京、上海、天津、重庆、浙江杭州、金华（兰溪、东阳、永康）、温州、山东青岛（西海岸新区）、临沂（郯城）、泰安、聊城（临清）、滨州、日照、威海、潍坊、德州，河北石家庄（高邑）、雄安新区、保定、沧州、秦皇岛、唐山（迁安）、邯郸、邢台（隆尧、新河、宁晋）、山西太原、临汾、运城、吕梁（汾阳、文水）、晋城（晋城、高平、阳城、陵川、沁水）、大同、阳泉、太谷、江西南昌、萍乡、新余、宜春（高安）、景德镇、安徽蚌埠、合肥、淮北、宿州、阜阳、河南郑州、洛阳、信阳、南阳、安阳、濮阳、许昌、周口、驻马店、漯河、焦作、新乡、平顶山、开封、登封、江苏苏州、无锡（江阴）、扬州、镇江（扬中）、南通、徐州/邳州、宁夏银川、四川攀枝花、成都、乐山、宜宾、广安、

后记

云南昭通、湖北武汉、恩施、湖南长沙、益阳、永州、郴州、岳阳、邵阳、浏阳、宁乡、陕西渭南、西安、蒲城、商洛、甘肃张掖、武威、青海西宁、广东深圳（宝安）、清远、佛山、广西南宁、贵州贵阳、铜仁、内蒙古呼和浩特、阿拉善盟、鄂尔多斯、福建福州、厦门，海南海口、三亚，新疆乌鲁木齐等 125 个地区顺风车团队负责人、以及各地方顺风车志愿服务队大家庭的家人们大力推广和宣传顺风车理念。

还要隆重感谢所有关心、支持、宣传报道顺风车的媒体朋友们，感谢所有支持顺风车的赞助商，感谢全国顺风车团队的兄弟姐妹们，最重要的是微微拼车、顺风车的车主、乘客朋友们，还要感谢所有一路同行的兄弟姐妹们，感谢我的太太及家人对我的默默支持，没有你们的信任、包容、支持，顺风车不可能坚持到今天！

以上鸣谢万一漏挂，没有提及的朋友万望谅解，并在此一并致谢！

2018 年 3 月 20 日

公益顺风车媒体报道汇编

网络报道

【2006】全国青联委员王永：开"顺风车"就像在读博士后

http://news.163.com/06/0405/16/2DV7UQRE0001124J.html

【2006】王永：心路顺风车

http://finance.sina.com.cn/leadership/crz/20060530/18082610181.shtml

【2009】王永：我的奔驰顺风车为何如此不招人待见

http://finance.qianlong.com/30055/2009/05/19/98@4997586.htm

【2010】公司董事长 10 年开车搭载近万名街坊

http://news.sina.com.cn/s/p/2010-07-12/142220660318.shtml

【2010】公司董事长倡导低碳 十年开车搭载近万名街坊

http://news.jschina.com.cn/society/201007/t443253.shtml

【2010】回龙观有个好心人王永 十年顺风车搭载万名客

http://beijing.qianlong.com/3825/2010/07/12/2160@5880288.htm

【2010】回龙观有个好心人王永 十年顺风车搭载万名客

http://news.163.com/10/0712/15/6BDD786L00014AEE.html

【2011】"顺风车之王"免费捎近万乘客 呼吁相关制度

http://news.sohu.com/20110224/n279509960.shtml

【2011】"奔驰哥"王永的顺风车

http://baa.bitauto.com/senyam80/thread-2736210.html

【2011】身边行 - 王永顺风车（北京电视台公益广告）

http://v.youku.com/v_show/id_XMzE4ODMwMzky.html4

【2011】全球青年领袖王永倡导建立免费"顺风车"制度 - 法制网

http://www.legaldaily.com.cn/index/content/2011-03/10/content_2509737.htm?node=20908

【2011】"顺风车"制度提案提交 倡导减免高速费

http://auto.qq.com/a/20110310/000005_1.htm

【2011】王永的"顺风车"开的太"顺"了

http://pinglun.youth.cn/mtgz/201102/t20110228_1494468.htm

【2012】王永：我的奔驰顺风车为何如此不招人待见

后记

http://news.cntv.cn/society/20120427/102830.shtml

【2012】电影《顺风车》6月5日公映 "大奔哥" 王永受追捧

【2012】王永：奔驰顺风车捎您一程

http://news.cntv.cn/special/zghr2011/zghrsfcwy/index.shtml

【2012】首届顺风车日6月6日正式启航

http://www.brandcn.com/2012shunfengcheri/120606_322385_2.html

【2012】王永等五位公益哥发起春节顺风车活动

https://finance.qq.com/a/20120114/001141.htm

【2012】王永：奔驰顺风车捎您一程

http://ncws.cntv.cn/special/zghr2011/zghrsfcwy/index.shtml

【2012】为什么有钱的人就不能做雷锋——访顺风车发起人、全国青联委员 王永

http://www.cnki.com.cn/Article/CJFDTotal-RMLT201209032.htm

【2012】王永：开奔驰的顺风车司机

http://news.cntv.cn/society/20120427/102896.shtml

【2013】顺风车发通行券 多数车主不认

http://m.hexun.com/news/2013-06-18/155233300.html

【2013】顺风车还在遭遇 "非法营运"

http://zqb.cyol.com/html/2013-02/08/nw.D110000zgqnb_20130208_1-07.htm

【2013】民间运动推动政府决策 北京年底或推顺风车新政

http://www.p5w.net/news/gncj/201307/t20130706_215578.htm

【2013】你搭过顺风车吗？

http://www.zgzyz.org.cn/content/2013-03-29/content_8157310_2.htm

【2013】《中国汽车报》整版报道品牌中国产业联盟秘书长王永 "顺风车"

http://www.prnews.cn/press_release/57141.htm

【2013】[春运家国事] 对话 "顺风车" 发起人王永：素未谋面的 "你" 能带我回家
吗？ http://news.163.com/13/0123/14/8LTLBEA600014JB5.html

【2013】央视名嘴 给顺风车讨 "特权"

http://news.hexun.com/2013-03-20/152298336.html

【2013】顺风车项目启动 "三人一辆车，代付高速费" 试点

http://hope.huanqiu.com/domesticnews/2013-06/4016331.html

【2013】王永：顺风车一起来 有你更精彩

http://finance.sina.com.cn/hy/20130808/150116388000.shtml

【2013】《经济观察报》报道品牌中国产业联盟秘书长王永"顺风车"

http://news.jinxun.cc/20130710/0405071.html

【2013】开奔驰免费拉送上万陌生人"顺风车"发起人抵乌鲁木齐

http://roll.sohu.com/20130315/n368883083.shtml

【2013】王永：市交通委或将评选"合乘达人"鼓励顺风车

http://finance.sina.com.cn/roll/20130702/081015983035.shtml

【2013】商人否认发起顺风车活动牟利质疑：拿这赚钱太累

http://finance.ifeng.com/a/20130715/10168820_0.shtml

【2013】第二届顺风车日公益活动举办

http://district.ce.cn/zg/201306/07/t20130607_24459776.shtml

【2013】"免费顺风车"开进贵阳 首批 300 名私家车主加入

http://www.gywb.cn/content/2013-10/17/content_307901.htm

【2013】顺风车情暖回家路——让身旁空座成为他人回家的希望

http://www.wenming.cn/zyfw_298/yw_zyfw/201302/t20130218_1072746.shtml?bsh_bid=197185341

【2013】欢迎搭我们的'顺风车'回家！‐公益行,签订协议

http://news.enorth.com.cn/system/2013/02/02/010602687.shtml

【2013】王永讲述 17 年顺风车的故事

http://www.xinhuanet.com/talking/20150611b/index.htm

http://ent.news.cn/2015-03/23/c_127608991.htm

【2013】顺风车活动 10 月转战世纪城

http://www.bj.chinanews.com/news/2013/0923/34079.html

【2014】【热点追踪】"顺风车"亟待法律护航【2014】顺风车帮助两万多人回家
近三成人爽约

http://m.hexun.com/tech/2014-02-27/162565583.html

【2014】贵阳顺风车突破 1500 辆 欲利用新媒体破信任难题

http://www.gywb.cn/content/2014-08/08/content_1236321.htm

【2014】《公益先锋》栏目专访顺风车发起人王永

http://gongyi.ifeng.com/photo/gaoqing/detail_2014_01/14/33002986_0.shtml#p=1

【2014】我与顺风车的故事：记顺风车发起人王永

http://gongyi.qq.com/a/20140123/015280.htm

【2014】手机 APP 成"顺风车"招募台 律师：拼车确实存风险

http://shizheng.xilu.com/20140126/1000010000276298.html

【2014】让"顺风车"成为一种生活方式——对话顺风车发起人王永

http://gz.people.com.cn/n/2014/0811/c222152-21946243-2.html

【2015】《顺风车》今日公映 揭秘四大看点

http://ent.sina.com.cn/m/c/2015-06-05-doc-icrvvrak2743757.shtml

【2015】微微拼车 CEO 王永：我在湖畔大学的一周学习笔记

http://www.admin5.com/article/20150402/592105.shtml

【2015】王永：拍摄电影《顺风车》源于对公益事业的情怀

http://www.xinhuanet.com/talking/2015-06/11/c_127905922.htm

【2015】微微拼车创始人王永：希望加快拼车政策化

http://mobile.yesky.com/474/52652974.shtml

【2015】《顺风车》公映 "大奔哥"王永首"触电"（图）

http://www.chinanews.com/yl/2015/05-27/7305479.shtml

【2015】王永携轻喜剧电影《顺风车》亮相甘肃兰州

http://www.gs.chinanews.com/news/2015/02-17/252563.shtml

【2015】王永：不要把顺风车和拼车混为一谈

http://www.xinhuanet.com/talking/2015-06/11/c_127905983.htm

【2015】访电影《顺风车》原型王永：顺风车一直在路上

http://ent.qq.com/a/20150602/022733.htm

【2015】电影《顺风车》6 月 5 日公映 "大奔哥"王永受追捧

http://ent.southcn.com/8/2015-03-23/content_120580544.htm

【2015】《顺风车》主演、活动发起人王永媒体见面会

http://www.pcauto.com.cn/qcbj/591/5914527.html

【2015】王永自曝微微拼车团队如何从 300 人沦落到 30 人

http://www.sohu.com/a/50085398_131976

【2015】王永携喜剧电影《顺风车》亮相江城

http://hb.youth.cn/2015/0302/1015625.shtml

【2015】公益顺风车发起人王永来洛

http://mobile.lyd.com.cn/news/system/2015/03/14/010382383.shtml

【2015】王永的"顺风车"之路

http://news.163.com/15/0212/10/AI8EI09H00014AED.html

【2015】《顺风车》主演王永乌鲁木齐媒体见面会

http://www.pcauto.com.cn/qcbj/593/5938200.html

【2015】公益人演公益人——《顺风车》主演王永讲述 17 年顺风车的故事

http://www.xinhuanet.com/gongyi/2015-06/05/c_127882416.htm

【2015】交通部长：我也拼车！

http://www.haokoo.com/carpool/2059592.html

【2015】顺风车新疆车友会成立

http://news.hexun.com/2015-02-12/173321891.html

【2015】专访《顺风车》原型王永：顺风车一直在路上

http://www.xinhuanet.com/ent/2015-06/02/c_127869208.htm

【2015】公益顺风车温暖职工回家路

http://www.hbgrb.net/news/SHXW/2015/1211/151211221943J10HE8I65EDE60BC3293.html

【2015】王永：《小客车合乘出行意见》让顺风车业务合法化

http://www.xinhuanet.com/talking/2015-06/11/c_127905864.htm

【2015】"顺风车"发起人王永的使命与梦想

http://www.xinhuanet.com/gongyi/2015-04/22/c_127719666.htm

【2016】海航集团公益路线大起底 顺风车王永如是说

https://finance.qq.com/a/20160706/057911.htm

【2016】第五届"顺风车日"在京举行

http://www.cnautonews.com/qchl/xf/201606/t20160606_471228.htm

【2016】北京车友协会换届 顺风车发起人王永当选第二届会长（组图）

http://roll.sohu.com/20160725/n460898516.shtml

【2016】"顺风车一起来，有你更精彩！"

http://www.sohu.com/a/81235619_134105

【2016】顺风车发起人王永当选第二届会长

http://auto.ifeng.com/shenzhen/xinwen/2016/0725/18539.shtml

【2016】2016 春节回家顺风车公益活动启动

http://www.xinhuanet.com/gongyi/2016-01/25/c_128665088.htm

【2016】顺风车发起人王永当选第二届会长

http://auto.ifeng.com/shenzhen/xinwen/2016/0725/18539.shtml

【2017】顺风车——王永的中国梦！

http://www.sohu.com/a/144303934_695125

【2017】王永谈公益：希望顺风车成为一种生活方式

https://www.toutiao.com/i6415489552772760066/

【2018】王永：坚持了20年的顺风车对我来说是一种享受

http://finance.sina.com.cn/meeting/2018-02-06/doc-ifyreuzn3658913.shtml

【2018】王永：13年顺风车终于获认可

http://news.ifeng.com/gundong/detail_2011_01/10/4211186_0.shtml

http://roll.sohu.com/20140216/n395069208.shtml

视频资料

【2010】真情耀中华 王永顺风车

http://video.tudou.com/v/XMjAzMjYwNjUxNg==.html

【2013】男子开顺风车十年载万人

http://tv.people.com.cn/n/2013/0301/c347314-20640722.html

专访：免费顺风车是否可以变有偿？

http://news.chinacars.com/news/spzb/czft/310095.shtml

《顺风车》6月5日温情上映 王永本色出演倍受追捧娱乐

http://www.le.com/ptv/vplay/22892433.html

[资讯] 王永顺风车 唤来更多追随者 100720 特别关注

http://v.youku.com/v_show/id_XMTkxMjA5MDI4.html

顺风车微电影采访——王永

http://v.youku.com/v_show/id_XNDk4NzU4MjMy.html

天津卫视：《绿色英雄》

http://www.tudou.com/programs/view/1cXAeCAkYTY

BTV-1《特别关注》：十年顺风车义务搭载万余客

http://v.youku.com/v_show/id_XMTg5ODY2Nzcy.html

安徽卫视《超级新闻场》：十年顺风车 义务搭载万余客

http://v.youku.com/v_show/id_XMTkwMDY1MzE2.html

BTV-1《北京新闻》：为北京环保做贡献 十年顺风车义务搭载万余客

http://v.youku.com/v_show/id_XMTg5OTYyNzIw.html

BTV-1《北京您早》：十年顺风车义务搭载万余客

http://v.youku.com/v_show/id_XMTkwMDcyODg0.html

非常向上 予人玫瑰手留余香 王永顺风车

http://v.youku.com/v_show/id_XMzQ4NTEzNTI4.html

CCTV- 新闻《共同关注》：奔驰车主十年免费搭客上万人

http://news.cntv.cn/society/20100716/104005.shtml

光头王永的顺风车

http://www.iqiyi.com/v_19rrk7aajc.html

CCTV- 新闻《法治在线》:[小人物大英雄]《北京奔驰车主 10 年免费搭客上万人》

http://news.cntv.cn/law/20100717/102100.shtml

[综艺] 王永应邀作客 BTV《真情耀中华》讲述"顺风车"

http://v.youku.com/v_show/id_XMjIxOTE1MzQw.html

BTV-1《特别关注》（7 月 20 日）：王永顺风车 唤来更多追随者

http://v.youku.com/v_show/id_XMTkxMjA5MDI4.html

《面对面》 20130203 王永 : 春运"顺风车"

http://tv.cntv.cn/video/C10359/26cef9b572e642ce90516a9c85fba265

总裁在线第 104 期专访微微拼车董事长王永

http://finance.ifeng.com/business/special/zczx104/

其他参考资料

1、社会百态 : 都市顺风车捎你一路，你坐还是不坐?

http://news.sohu.com/12/40/news145694012.shtml

2、"顺风车"的时兴与是非

http://www.people.com.cn/GB/guandian/35560/3004778.html

3、鼓励大众"绿色出行"（望海楼）

http://opinion.people.com.cn/GB/11592928.html